国家社会科学基金教育学青年课题"民族地区县域城乡义务教育一体化发展的文化模式研究"（CMA180243）的研究成果

民族地区县域城乡义务教育一体化发展的文化模式研究

谭天美 等 著

GUANGXI NORMAL UNIVERSITY PRESS
广西师范大学出版社
·桂林·

图书在版编目（CIP）数据

民族地区县域城乡义务教育一体化发展的文化模式研究 / 谭天美等著. --桂林：广西师范大学出版社，2023.12
ISBN 978-7-5598-6620-2

Ⅰ．①民… Ⅱ．①谭… Ⅲ. ①民族地区－义务教育－城乡一体化－发展－研究－中国 Ⅳ．①G522.3

中国国家版本馆 CIP 数据核字（2023）第 222411 号

广西师范大学出版社出版发行

（广西桂林市五里店路 9 号　邮政编码：541004 ）
网址：http://www.bbtpress.com

出版人：黄轩庄

全国新华书店经销

广西思畅印务有限公司印刷

（南宁市望州路北四里 2 号　邮政编码：530012）

开本：787 mm × 1 092 mm　1/16

印张：16.75　　字数：290 千

2023 年 12 月第 1 版　　2023 年 12 月第 1 次印刷

定价：58.00 元

序

以县域为单元统筹推进城乡义务教育一体化,是加快推进义务教育优质均衡发展的重要战略。谭天美博士课题组基于实地考察,提炼出民族地区县域城乡义务教育一体化发展的文化模式,既体现实践性,又彰显学理性,是推动县域义务教育生态重构和高质量发展的重要理论成果。

本书在以下几个方面值得提及:

一是深入田野进行考察,具备翔实的调研材料。作者及其团队成员深入广西壮族自治区的三江侗族自治县、恭城瑶族自治县和龙胜各族自治县调研,分别选择当地具有代表性的两所学校,从硬件资源、教师与学生、课程与教学、教育信息化等方面进行文化考察,对影响县域城乡义务教育一体化发展的文化要素及要素间的关系进行分析,获取了大量的一手资料。从文化考察的过程看,作者的研究对象清晰、研究目标明确、研究内容具体,离不开作者在调研前的精心筹划,彰显出其深厚的学术功底。

二是聚焦少数民族自治县,创造性地提出县域城乡义务教育一体化发展的文化模式。著作以文化人类学为理论基础,在对三江侗族自治县、恭城瑶族自治县和龙胜各族自治县进行文化考察的基础上,提炼出民族地区县域城乡义务教育一体化发展的三种文化模式,包括三江"文旅促教"模式、恭城"耕读并进"模式以及龙胜"山田育人"模式。同时,本书对三个文化模式的本质内涵、主要特征、构成要素、内在结构等方面进行了深刻的理论阐释。这三个文化模式既是对县域城乡义务教育一体化发展的精准概述,又彰显出作者文化理论方面的扎实功底,值得广大读者学习和思考。

三是基于理论与实践的深度融合，探寻出切实可行的县域城乡义务教育一体化推进路径。作者通过实证研究和案例分析，将三个民族自治县的文化模式进行比较，认真分析县域城乡义务教育一体化发展的文化差异以及文化选择和整合的过程，总结出民族地区县域城乡义务教育一体化的发展经验，并提出相关发展策略，旨在深入探讨如何在文化模式观照下推动县域城乡义务教育一体化发展。这些策略经过不断地修正与完善，观照到各个民族的生产生活、习俗、文化素养等，对缩小城乡义务教育差距、促进义务教育公平的意义重大，具有较强的可读性和参考性。

总体而言，本书结构清晰、有理有据，朴实而不失理论深度的行文令人回味，不仅能够为学术界提供重要的理论参考，也能够为教育决策和教育实践提供帮助，为解决教育发展中的问题提供新思路、新方法。

当然，城乡义务教育一体化发展具有长期性和复杂性，是一个值得长期思考和深入探讨的话题。本书从文化学的视角，为解决民族地区县域城乡义务教育一体化发展问题提供参考。本书所依托的国家社科基金课题获得了结题优秀等级，难能可贵。冰冻三尺非一日之寒，水滴石穿非一日之功。期待我们继续在城乡义务教育一体化的研究道路上，继续深入探究。

希望天美同志深耕民族地区城乡教育发展的相关研究，带动更多同人和学生深入实践，引起更多人对城乡教育发展的关注和思考，共同为我国城乡教育一体化发展而努力。也期待更多学者从多维视角、采用多元方法对城乡教育一体化发展进行研究，为实现义务教育优质均衡和教育强国建设贡献力量。

邬志辉

（东北师范大学副校长，教育部人文社会科学重点研究基地东北师范大学中国农村教育发展研究院院长，教育部长江学者特聘教授，博士生导师）

前　言

　　城乡义务教育一体化发展是城乡一体化发展的重要组成部分,是实现公平而有质量教育的战略选择和实践路径。民族地区县域的民族文化、管理制度和地理空间存在差异,这些因素深刻影响着城乡义务教育一体化发展的进程。本书以文化人类学为理论基础,从文化视角调查和分析民族地区县域城乡义务教育一体化发展的文化模式,以期为打破城乡义务教育二元体制结构,全面促进民族地区义务教育高质量发展提供有益的参考建议。

　　本书所述的民族地区县域城乡义务教育一体化发展,是指少数民族地区的县级行政区在一体化思维方式的引领下,逐步缩小城乡义务教育差距,使之实现整体发展的状态和过程。基于对广西壮族自治区三江侗族自治县、恭城瑶族自治县和龙胜各族自治县的田野调查,总结概括了民族地区县域城乡义务教育一体化发展的三种文化模式。

　　一是三江"文旅促教"模式。三江侗族自治县的侗族村落、建筑、服饰、习俗、饮食、歌舞等均彰显独特的文化特色,三江素有"百节之乡""民族文化之乡""中国民间艺术之乡"之称。同时,三江侗族自治县积极开发侗族特色文化,集聚当地多彩侗族文化形成文化产业,推动文化产业与旅游业结合,享有"千年侗寨·梦萦三江"的美誉,获得"亚洲金旅奖最具民俗特色旅游县"等称号,彰显出基于侗族文化特色的少数民族地区旅游业优势,依托旅游业促进全县经济发展,进而影响县域教育发展进程,有效促进三江侗族自治县教育发展。由此,文旅教三者的良性互动构成了三江侗族自治县城乡义务教育一体化发展的"文旅促教"模式。

　　二是恭城"耕读并进"模式。恭城瑶族自治县自先秦时期就存在自发的半耕半读、耕读相兼的生活方式,这反映了特定的农耕历史境遇,彰显基本的瑶族人文特色,形成一方风俗和民间常态的"耕读传家"观念,成为恭城瑶族自治县特有的文化力量。广袤的田野、山丘和大河,让瑶族人拥有得天独厚的农耕场域,造就了以柿饼加工和蔬菜种植为主的农业生产大县,凝聚着瑶族人独特的农耕文化智慧,衍生出了较高的农业生产效益。屹立千年的恭城文庙和武庙,昭示着恭城瑶族人民对文化的敬畏,对读书的向往和对知识的谦卑。这里不仅仅因瑶族人民的勤劳而物产丰富,还因为瑶族人民热爱读书而人才辈出。由此,"耕读传家"的观念和耕读相兼的生活方式构成了恭城瑶族自治县城乡义务教育一体化发展的"耕读并进"模式。

三是龙胜"山田育人"模式。龙胜各族自治县群山环峙,山中梯田错落有致,聚居着苗、瑶、侗、壮、汉5个主要民族和其他26个民族,是一个典型的多民族杂居聚居区。龙胜各族自治县具有孕育人们博大胸怀和坚韧品质的"山"文化,以及培养人们勤劳致富精神和精致细腻性格的"田"文化。山性格博大包容,养育各个不同民族,无声教化人们和睦相处。梯田的柔韧教会这里的人民繁衍生息。各族人民日出而作,日落而息,用勤劳的双手开垦出龙胜梯田,山的"兼收并蓄"与田的"勤勉淳朴"交互构筑自然与人文共生场域,并以这种独特的场域影响和教化着这里的学生。山的包容和田的淳厚很好地将这里的教育连接成整体,形成独具城乡融合品性的教育特色,促成龙胜各族自治县城乡义务教育一体化发展的"山田育人"模式。

通过深入比较三个县域城乡义务教育一体化发展的基本情况、内涵、特征、要素和结构,本书总结出民族地区县域城乡义务教育一体化发展经验。民族文化传承对民族地区县域城乡义务教育一体化发展具有推动作用。"耕读并进"能够有效推动民族地区县域城乡义务教育一体化持续发展;特色旅游资源对民族地区县域城乡义务教育一体化发展具有经济保障功能;自然与人文共生为民族地区县域城乡义务教育一体化发展提供可持续力;多元文化交融为民族地区县域城乡义务教育一体化发展创造广阔空间;民族团结进步教育是民族地区县域城乡义务教育一体化发展的动力源泉等。对此,在多元文化模式观照下,民族地区县域城乡义务教育一体化发展应转变文化观念以提高民族地区县域城乡义务教育教师交流轮岗的制度实效;打破城乡二元结构现存困境以加快民族地区县域城乡义务教育一体化发展步伐;利用教育信息化优势赋能民族地区县域城乡义务教育高质量一体化发展;发挥民族文化独有优势以促成民族地区县域城乡义务教育优质均衡发展;继续加大乡村教师培训力度以补齐民族地区县域城乡义务教育一体化发展短板;深化实施乡村振兴战略以提升民族地区县域城乡义务教育一体化发展水平。

编者

2023 年 6 月

目 录

绪　论

当前,中国正向第二个百年奋斗目标进军,世界各国发展经验证明,教育是提升综合国力和国际竞争力的重要因素,也是推动经济发展和人类社会进步的可靠力量。中国式现代化强国建设需依靠教育事业,以人才和科技强国作为支撑,发挥人力资本的稳固支撑作用。义务教育是教育工作的重中之重,城乡义务教育一体化发展是推动城乡教育公平与和谐发展而作出的战略部署。中国城乡义务教育一体化发展已取得一定成效,但"乡村弱""城镇挤"的县域一体化发展问题仍待解决。2016 年 7 月,《国务院关于统筹推进县域内城乡义务教育一体化改革发展的若干意见》发布,意见指出要"巩固和均衡发展九年义务教育,加快缩小县域内城乡教育差距"。党的二十大报告也明确指出,要坚持城乡融合发展。民族地区县域内特定民族群体的社会生活和习惯体现一定的民族文化,以文化人类学理论为基础,从独特的文化视角研究城乡义务教育一体化发展的文化模式对提高一体化水平具有重要意义。

一、研究缘起

城乡义务教育一体化是党和国家高度重视的发展战略,民族地区县域城乡义务教育一体化是薄弱环节,更是关键节点所在。从文化角度来看,文化一体化是城乡义务教育一体化发展的重要追求,也是亟待研究解决的现实问题。

(一)县域城乡义务教育一体化发展是新时期建成教育强国的重要举措

2007 年 10 月,党的十七大明确提出了"建立以工促农、以城带乡长效机制,形成城乡经济社会发展一体化新格局"的发展要求。此后国家将实现城乡一体化格局视为重要发展战略。2008年10月,党的十七届三中全会审议通过《中共中央关于推进农村改革发展若干重大问题的决定》,再次提出,"加快形成城乡经济社会发展一体化新格局","建立促进城乡经济社会发展一体化制度"。2012年11月,党的十八大明确提出,城乡发展一体化是解决"三农"问题的根本途径。要加大统筹城乡发展力度,增强农村发展活力,逐步缩小城乡差距,促进城乡共同繁荣。加快完善城乡发展一体化体制机制,着力在城乡规划、基础设施、公共服务等方面推进一体化,促进城乡要素平等交换和公共资源均衡配置,形成以工促农、以城带乡、工农互惠、城乡一体的新型工农、城乡关系。2013年11月,党的十八届三中全会通过的《中共中央关于全面深化改革若干重大问题的决定》提出,"必须健全体制机制,形成以工促农、以城带乡、工农互惠、城乡一体的新型工农城乡关系,让广大农民平等参与现代化进程、共同分享现代化成果"。2013年的政府工作报告提到"城乡发展一体化",党的十八大报告提到"城乡发展一体化是解决'三农'问题的根本途径"。可见,城乡一体化历年来是国家工作重点对象,城乡发展一体化是国家实现可持续发展目标的重要战略。

城乡教育一体化是在中国城乡发展一体化背景下,在统筹城乡教育改革、城乡教育均衡发展等政策实施以来,中央为破解中国城乡教育二元结构、推动城乡教育公平与和谐发展而作出的战略部署,是国家教育发展的重大举措。义务教育是教育工作的重中之重,故城乡义务教育一体化发展的实现是推动城乡教育一体化发展的核心。2010年7月,中共中央、国务院颁布的《国家中长期教育改革和发展规划纲要(2010—2020年)》提出"建立城乡一体化义务教育发展机制"。2017年10月18日,在中国共产党第十九次全国代表大会上,习近平代表第十八届中央委员会向大会作题为《决胜全面建成小康社会 夺取新时代中国特色社会主义伟大胜利》的报告,再次强调要"推动城乡义务教育一体化发展,高度重视农村义务教育"。这是推动义务教育全面发展的又一重要举措。2021年11月29日,教育部办公厅发布的《教育部办公厅关于开展县域义务教育优质均衡创建工作的通知》进一步将相关工作具体化,通知指出基本任务之一是"推进县域内城乡义务教育一体化发展,科学合理布局城乡学校,全面解决'城镇挤、乡村弱'问题"。2022年,党的二十大报告指出,"加快义务教育优质均衡发展和城乡一体化,优化区域教育资源配置"。义务教育是全民必须接受的基础性教育,具有普及性、强制性、免费性等特征,为国家发展壮大所需人才的基本素质提升提供基本保障。城乡义务教育一体化不仅是城乡教育一体化的核心和城乡发展一体化的重要组成部分,也是建成教育强国和全面建成社会主义现代化强国的重要举措,更是实现第二个百年奋斗目标,迈向共同富裕伟大目标的必由之路。

(二)民族地区县域城乡义务教育一体化发展是义务教育高质量发展的重心

党的十七届三中全会通过的《中共中央关于推进农村改革发展若干重大问题的决定》明确提出,大力扶持贫困地区、民族地区农村教育是促进农村社会全面进步的关键性措施。我国幅员辽阔,地域之间发展水平差异明显,广西壮族自治区是西部民族地区,经济社会发展较为落后,乡村义务教育经费投入不足,城乡义务教育二元结构尤为突出。我国历来高度重视乡村教育发展问题,乡村义务教育发展水平逐步提高,但城乡之间的义务教育发展水平仍然存在较大差距。民族地区由于受到自然、社会、文化、经济等方面的特殊因素影响,城乡之间差距尤为明显,进一步导致民族地区县域城乡义务教育发展水平与全国平均水平存在较大差距。要想实现义务教育高质量发展还需聚焦民族地区县域发展薄弱环节。相较于中东部地区来说,民族地区县域城乡义务教育一体化发展是义务教育高质量发展的短板,也是城乡义务教育一体化发展的攻坚克难环节。《国家中长期教育改革和发展规划纲要(2010—2020年)》提出,建立城乡一体化义务教育发展机制,率先在县(区)域内实现城乡均衡发展。这不仅是我国"以县为主"的义务教育阶段管理机制的内在需求,也是推动城乡义务教育一体化发展的现实诉求。2016年,国务院发布的《国务院关于统筹推进县域内城乡义务教育一体化改革发展的若干意见》中指出,我国已经进入全面建成小康社会的决胜阶段,正处于新型城镇化深入发展的关键期,这对整体提升义务教育办学条件和教育质量提出了新要求,并鼓励有条件的地区在更大范围内开展城乡义务教育一体化改革试点,加快缩小县域内城乡教育差距,并提出具体措施。因此,在全面建成小康社会的决胜阶段,新型城镇化深入发展的关键时期,聚焦民族地区县域内城乡义务教育一体化发展,既是民族地区县域城乡义务教育发展的迫切需要,也是更大范围推进城乡义务教育一体化发展的前提和基础,更是中国整体、全面、持续、有效提升义务教育办学水平,实现高质量义务教育发展的"补齐短板"之战。

(三)文化一体化是民族地区县域城乡义务教育一体化发展的价值内核

民族地区县域城乡义务教育一体化旨在使民族地区县域城乡义务教育从二元对立转向融合共生,追求系统、整体、联系的民族地区县域城乡义务教育发展价值观。而就当前民族地区县域城乡义务教育的发展趋势来看,虽然在物力投入、人力投入方面充分关注乡村薄弱学校,却逐渐偏离一体化的方向,误入分立共存的境地。这种现象产生的原因一方面可归结于在政策制定和学术研究中区别看待民族地区城市和乡村义务教育的价值取向偏误,尤其是"研究乡村教育问题没有跳出'教育'来看'中国',而是就'乡村'谈'乡村教育',并未给出乡村教育发展问题的合理价值选择,以至于乡村教育处于一边被'逃离'一边被'发展'之中"[①]。这种单向度的思维方式和问题解决模式,不仅难以取得实际效果,还会助长城乡二元分化的文化根脉。另一方面可归结于城市文化日渐对乡村文化的吞噬,城乡文化走入发展失调的境地。早在 1933 年,费孝通先生在《中国文化内部变异的研究举例》一文中就提到"社会问题起于文化失调。所谓文化失调,就是说任何文化都有它特殊的结构模式,新的文化特质引入之后,不能配合于原有的模式中,于是发生失调的现象"[②]。随着城市化步伐的加快,城市文化逐渐渗透进乡村之中,影响到原有乡村文化的结构模式,乡村文化一度陷入存或留的两难困境,进而导致城乡文化之间的对抗与失调问题。当前民族地区县域城乡义务教育一体化在经费投入、校舍等物质设备建设的一体化方面取得了可喜成就。但是,"文化的物质设备本身并不是一种动力,单单物质设备,没有我们可称作精神的相配部分,是死的,是没有用的"[③]。所以需要在城乡之间建立"二元一体""和而不同"的文化关系,奠定构建城乡一体化制度体系的文化基石。[④] 通过制度设计实现教育资源配置一体化、教育管理一体化和教育人事制度一体化等并不能从根本上统筹城乡教育发展,如无法消除城乡二元结构背后二元文化的对立,城乡教育一体化的实现就缺乏相应的文化生态。民族地区县域城乡教育一体化实现的标准并不是城乡教育制度的一体化,而是兼顾城乡教育发展的内在文化机制的一体化,当前我国民族地区县域城乡教育一体化的体制机制创新面临很大困难,其根本原因就是城乡二元结构中文化阻滞力牵绊,妨碍了新的城乡文化模式的产生。[⑤] 因此,物力、人力是实现民族地区县域城乡义务教育一体化的基本保障,文化一体化是民族地区县域城乡义务教育一体化发展的核心内容,实现文化一体化是实现民族地区县域城乡义务教育一体化的重要前提。从"物、人、文化"三个层面实现城乡统筹,推动民族地区县域城乡义务教育

---

① 欧阳修俊.新中国成立 70 年乡村教育研究回顾与思考[J].现代远程教育研究,2019(02):11-22.
② 费孝通.文化与文化自觉[M].北京:群言出版社,2016:1.
③ 费孝通.文化与文化自觉[M].北京:群言出版社,2016:16.
④ 魏峰.城乡教育一体化:基于文化视角的分析[J].复旦教育论坛,2010(05):20-24.
⑤ 方晓田,靖东阁.论我国城乡教育一体化的文化阻滞力[J].高等农业教育,2014(10):17-21.

从二元对立、分立共存走向融合共生、协调发展是民族地区县域城乡义务教育一体化发展的价值内核。

二、研究综述

本书主要探讨"民族地区县域城乡义务教育一体化发展的文化模式",以文化模式的相关理论为研究的理论基础,以民族地区县域城乡义务教育一体化发展为研究对象,故需先厘清"县域"的概念,再从"文化模式"和"城乡义务教育一体化"两个方面展开综述。

（一）作为研究对象与范围的"县域"概念分析

县域属于空间地理概念,也属于地理行政区划概念,主要指的是县级政府作为领导主体管理的范畴。县域是具有地域特色的、功能齐全的行政区划,这种行政区划在地理空间上以县级行政区为主,其调控主体是县级政权。县域不仅具有明确的区域界线,而且具有相对的独立性和能动性。在地域特色上,其形成与当地的地理区位、历史人文、特定资源等密切相关。作为国家行政的基本单元,县域在中央和地方政府之间起着上传下达的作用,是国家行政管理中的重要组成部分。县域内经济、教育、卫生等涉及社会发展和民生的事项,在符合国家相关规定和管理的前提下,县域有依据自身条件发展的自主性。其中,义务教育的主要发展责任在县级政府。[①]

目前,国内教育学术界关于"城""乡"的准确定义和具体划分基本上是直接依据《中国教育统计年鉴》对于目前我国教育城乡的具体定义等来进行,主要采用三种新的基本方式划分:第一种就是把整个城乡划分为城市、县镇和农村三个不同经济规模或者不同类型的特殊地区;第二种就是把整个城乡划分为城市和农村两个特殊地区,其中城市就已经包含了大的县镇;第三种是将整个城乡划分为城市和乡村两个特殊地区,其中乡村范畴包含了县镇。[②] 本书主要以县域为研究范畴,研究民族地区县域范围内城乡义务教育一体化发展的文化模式。聚焦的范围设定在县域,除了因为县域城乡义务教育一体化发展是薄弱环节,还因为在义务教育发展中,县级人民政府承担主要责任。因此将研究范围划定为县域具有现实依据与实践意义。

---

① 陈慧慧.非福利主义视角下我国县域内城乡义务教育师资配置研究:以宁夏 D 县为例[D].西安:陕西师范大学,2019:17.

② 陈丰.基于财政视角的城乡义务教育均衡发展研究[D].青岛:中国海洋大学,2014:4.

（二）文化模式理论探讨及其在教育领域的应用现状

文化模式是以一定的价值系统为核心,并按一定结构组织起来的文化内涵整体,是融语言、信仰、习俗、生活方式、价值观念于一体,融器物文化、制度文化、精神文化以及人本身的文化性格为一体,组成的具有独特个性的体系。[①] 文化并不是个人行为就能构成的,通常是指某个特定区域群体的社会生活和习惯。文化研究对不同地区和文化层次的文化差异应当予以关注,而民族地区的文化研究更是把焦点集中到民族文化的特殊性上,这凸显了民族地区文化模式研究的重要性。最先将文化模式理论映入各学界眼帘的是20世纪美国文化人类学家露丝·本尼迪克特(Ruth Benedict),她的代表作有《文化模式》和《菊与刀》。20世纪30年代,在《文化模式》一书中,她构建了文化学研究的"文化模式"理论。其认为特定的民族、社会心理与思维方式酿造特定的文化模式。文化模式不是文化诸物质、现象的机械组合,而是综合有机的整体;把握民族文化心理去分析其文化模式的有机整体,进而理解纷乱复杂的文化现象,是文化研究中追溯文化发生来龙去脉的突破口,更是理解各种文化现象的根本所在。[②] 露丝·本尼迪克特的文化研究超越了心理学和人类学的局限,从哲学的视角来把握文化,形成了具有强大解释力的文化模式理论,这一理论受到西方人类学和社会学家们的一致青睐。20世纪90年代,文化模式理论在中国文学界、社会学界及人类学界得到广泛探讨及应用,而教育作为文化传播的重要途径之一,文化模式理论也自然被教育学者引入教育领域加以应用研究。

1.文化模式的相关理论研究

一是文化模式的概念研究。"文化模式"的概念同"文化"概念一样,不同领域的研究者有其不同的理解。美国文化历史学派创始人弗朗兹·博厄斯(Franz Boas)认为,"文化模式"是一种文化的总方向,这种总方向可以引导组成一个特定的文化丛并形成一种特别的文化特质和文化体系。[③] 在文化人类学领域,论述文化模式较多的是露丝·本尼迪克特。露丝·本尼迪克特是弗朗兹·博厄斯的学生,她积极地吸收了其师理论之精髓,把文化模式理解为一种心理和价值的趋向。1935年,在《文化模式》这一著作中她提出了"文化模式"这一概念,认为真正把人

---

① 孙美堂.从中西文化模式的差异看中国的启蒙[J].天津社会科学,2001(06):22-27.
② 吴平.文化模式与对外汉语词语教学[D].北京:中央民族大学,2006:15-16.
③ 徐军.当代中国文化模式问题研究述评[J].南京政治学院学报,2008(05):122-126.

们维系在一起的是他们的文化，即他们所共同具有的观念和准则。① 学者刘敏中认为，文化模式是指若干变体文化中所共同具有的那种稳定的构成要素和稳定的结构方式，它应该在变体文化中保持着某种大体相同的特征和功能，以维持一个民族或群族绵延不断的基本文化传统，凭此传统足以认定不同民族或群族的不同特征。② 露丝·本尼迪克特所说的文化模式强调的是个体的作用，是个体在其生活中形成的历史，存在于此个体的种族在传统上流传下来的一些具有约束力的模式和准则，所以给文化模式下定义必须是在文化哲学的范畴中。在文化哲学领域，学者衣俊卿对文化模式有着较为深入的研究，他认为文化模式是特定民族或特定时代人们普遍认同的，由内在的民族传统精神或时代精神、价值取向、风俗习惯、人之伦理等构成的相对稳定的行为方式，或者说是基本的生存方式或样法。③ 学者荀明俐认为，文化模式是指各民族或国家所具有的独特文化体系，它是由各种文化特质有机结合而构成的一个有特色的文化体系。④ 还有学者从社会学、心理学等角度来理解和运用文化模式，认为文化模式是一种文化各部分有机整合的状态，是全体成员普遍接受的文化结构。它有一种为全体成员认可的心理和行为趋向，有一套为全体成员遵循的行为规范与价值标准。⑤

二是文化模式的理论探讨。国内外学者对文化模式的理论探讨大多数围绕露丝·本尼迪克特的文化模式理论进行分析、评价。美国学者威廉·A.哈维兰（William A. Haviland）对露丝·本尼迪克特的文化模式理论进行了深入研究，认为《文化模式》关注文化与人格的相互关系，认识到文化差异的现实，但其对文化特征的阐释和描述容易造成误解。⑥ 学者李伟华从研究露丝·本尼迪克特文化模式理论出发，深入探究作为人的基本生存方式或样法以及作为社会内在机理和图式的文化模式对人的活动、社会运动和社会发展的一般性制约作用，对文化模式的历史演进机制完善有一定的理论和现实意义。⑦

三是文化模式的实践研究。中国学者多以露丝·本尼迪克特的文化模式理论

① 本尼迪克特.文化模式[M].王炜,等译.北京:社会科学文献出版社,2009:11.
② 刘敏中.文化模式论[J].学习与探索,1989(C1):11-21.
③ 衣俊卿.文化哲学:理论理性和实践理性交汇处的文化批判[M].昆明:云南人民出版社,2005:93.
④ 荀明俐.文化模式理论的解释力研究:读本尼迪克特的《文化模式》[J].学术交流,2008(09):178-180.
⑤ 何星亮.文化模式:传统模式向现代模式的转换[J].中南民族大学学报(人文社会科学版),2014(03):7-14.
⑥ 张景慧.本尼迪克特文化模式理论研究[D].哈尔滨:黑龙江大学,2014:2.
⑦ 李伟华.本尼迪克特文化模式理论探析[D].哈尔滨:黑龙江大学,2008:2.

为分析框架,进行实践考察和归纳分析。有学者基于社会学视角的划分,从文化模式的历史变迁、模式现状以及发展举措等方面就中国特色社会主义文化模式进行了探讨。① 学者白友涛基于对大城市回族社区文化模式变迁的思考,探讨了回族文化模式转型的有关问题。② 有学者对体育文化模式进行探究,认为体育文化模式是一个民族、社会、国家文化模式的具体层面之一,是构成体育实践活动最为深层的思想文化基础,对体育实践活动具有主导影响并决定体育实践活动指向的一种文化形态。③ 还有学者从文化模式的理论范式出发,论述文化模式对各阶层休闲体育活动的影响与作用,并从文化层面建立各阶层参与休闲体育的文化差异模型。将社会阶层等级的休闲体育划分为以文化为特质的自我实现文化模式、以娱乐为特质的情趣体验文化模式和以健康为特质的康乐文化模式。从休闲体育文化的价值精神层面、象征符号层面等对各种休闲体育文化模式进行理论概括。④ 周田田的硕士论文《中国乡村文化中的三大模式变迁研究——基于本尼迪克特的文化模式视角》,在论述中国乡村文化模式在政治、宗教、审美三个维度的变迁历程时,学习和借鉴了露丝·本尼迪克特文化模式中文化平等、差异、整合思想,以期在价值多元、变迁路径多元思想指导下紧密联系文化的特殊性,努力做到乡村文化模式变迁中普遍性与特殊性的统一,在保留优秀传统特质的基础上实现中国乡村文化发展,同时降低强制性文化转变给人们带来的伤害,促进中国乡村文化繁荣发展。⑤ 郭佳以京西王平古道沿线的传统村落为研究对象,从其文化模式对村落营造的影响入手,进行实地走访调研,归纳总结出文化对村落空间、建筑形态的影响,并探讨文化的发展与村落营造之间的相互联系。⑥

2.文化模式理论在教育领域应用的相关研究

有学者从文化模式视角来研究对外汉语词语教学,认为文化模式的差异使得汉语学习者因为思维模式和学习风格的不同,从而形成不同的语言习得、文化习得顺序和过程,了解和研究教学对象的文化模式是改革教学模式,遵循语言习得和文

① 粟国康,孔卫英.中国特色社会主义文化模式探究[J].重庆社会主义学院学报,2011(05):90-92.
② 白友涛.回族文化模式转型论:基于对大城市回族社区文化模式变迁的思考[J].贵州民族研究,2007(01):86-92.
③ 颜天民,高健,汪流,等.体育文化模式初探[J].首都体育学院学报,2014(02):101-105,114.
④ 许凤,柏慧敏.城市不同社会阶层的休闲体育文化模式[J].上海体育学院学报,2012(06):33-38.
⑤ 周田田.中国乡村文化中的三大模式变迁研究:基于本尼迪克特的文化模式视角[D].武汉:华中科技大学,2016:21.
⑥ 郭佳.文化模式视角下京西王平古道传统村落营造体系研究[D].北京:北方工业大学,2017:6.

化习得规律来组织对外汉语词语教学的一个重要方面。① 还有学者选择从文化人类学的视角，重新阐释民族美术教育学科的建立初衷，并在文化人类学视域下讨论该学科的理论背景及其意义与价值，其中用文化模式的概念分析了民族美术教育。② 也有学者对体育的文化模式及体育教育改革进行了概述，旨在找到两者间的关联性，为体育教学改革提出可行性建议。③ 还有学者对文化模式的内涵进行延伸，解析了音乐的文化模式，以田野调查为基础，结合历史文献资料，用源于自身文化模式和哲学思维体系形成的理论和方法来研究本土音乐，用本土化的语言来说本土音乐，实现民族音乐学本土化。④ 另外有学者提出，在探究大学文化的人类学范式整合中适当引入人类学的文化模式理论，可帮助大学文化从传统大学研究的窠臼中突围出来，将大学文化整合到人类学的框架中去，广泛采用社会学、心理学、教育学、科技创新和伦理道德等视角来综合考察，对大学文化模式进行重新界定，并进一步丰富大学文化范式研究的方法，以期建立大学文化方法论体系。⑤ 以上这些范例无不为本书开展研究提供较好的现实理论素材。

（三）中国城乡义务教育一体化发展研究的回顾与省思

2020 年是《国家中长期教育改革和发展规划纲要（2010—2020 年）》的顺利完成之年，也是我国城乡教育一体化目标的实现之年。当前，中国基本消除城乡二元结构壁垒，在县域内基本实现义务教育均衡发展和城乡基本公共教育服务均等化。从城乡教育一体化发展的提出到具体政策的落实，恰逢十年。认真回顾和思考中国城乡教育一体化发展过程，能够有效总结历史经验，深刻分析当下面临的问题，为全面实现乡村教育振兴，实现教育现代化 2035 目标提供有益参考。⑥

城乡教育一体化是城乡一体化的重要组成部分。城乡一体化是指一定区域范围内城市与乡村在政治、经济、文化等方面发展的有机结合，形成以城带乡、以乡促城、相互依存、互补融合、协调发展的城乡关系，其目的是逐步消除城乡二元结构格

① 吴平.文化模式与对外汉语词语教学[D].北京：中央民族大学，2006：23.
② 康笑宇.文化人类学视域下的民族美术教育[J].中央民族大学学报（哲学社会科学版），2014（06）：157-160.
③ 陈云龙，秦小平.从体育的文化模式看我国高校体育教学改革[J].运动，2014（20）：10-11，35.
④ 汤光华.音乐文化模式的选择与整合：兼谈民族音乐学的本土化[J].交响（西安音乐学院学报），2013（01）：35-39.
⑤ 赵东，李月云.从本尼迪克的"文化模式"理论探究大学文化的人类学范式整合：兼论赛珍珠"土地文化模式"的意义[J].齐齐哈尔大学学报（哲学社会科学版），2016（09）：29-32.
⑥ 谭天美，欧阳修俊.我国城乡教育一体化发展研究的回顾与省思[J].现代远程教育研究，2022（02）：64-72.

局,实现城乡共同发展。城乡教育一体化即指统筹城乡教育发展,整合城乡教育资源,打破城乡二元经济结构和社会结构的束缚,构建动态均衡、双向沟通、良性互动的教育体系和机制,促进城乡教育资源共享、优势互补,推动城乡教育相互支持、相互促进,缩小城乡之间的教育差距,有效消除地域、经济等原因导致的教育不公平,实现城乡教育均衡发展、协调发展、共同发展。① 城乡教育一体化不是城乡教育一样化,也不是要消灭农村教育,其目的在于实现城乡教育优势互补,双强共荣。城乡教育一体化发展的核心价值在于教育公平,目标是提高城乡教育质量和实现教育现代化,要解决的问题是打破城乡教育二元结构的束缚,促成公平而有质量的教育。城乡教育一体化与"教育均衡发展"和"统筹城乡教育发展"等概念相关联。"教育均衡发展"是理念层面对城乡教育一体化发展的变革要求,"统筹城乡教育发展"则是对如何实现城乡教育一体化发展的方法论变革期待。城乡教育一体化包括城乡义务教育一体化、城乡学前教育一体化、城乡职业教育一体化和城乡继续教育一体化。② 在中国,义务教育是免费教育,是公共服务的重要内容,是城乡社会一体化发展的重中之重,因此本书中的城乡教育一体化发展主要是指城乡义务教育一体化发展。③

1.城乡教育一体化发展研究概述

(1)研究总体概况

文献综述包括"叙述性文献综述"和"系统性文献综述"两种不同类型。叙述性文献综述是对文献进行描述式综述和批判性描述式综述,系统性文献综述法因受研究问题的驱动,采用标准化的文献选取和分析技术,具有鲜明的知识创新功能。④本书综合以上两种文献综述方法,并运用德尔菲法(Delphi Method)向部分国内教育界专家询问,获得关键词检索的建议,进而采用标准化可视性量化分析技术,对2010—2020年间发表的有关"城乡教育一体化"的期刊论文、学位论文、报纸和会议论文等文献进行统计、描述和分析。为保证文献研究的时效性和精细化,在文献选择上以 CNKI(中国知网)数据总库作为文献来源,采用跨库检索方式,检索日期为

---

① 褚宏启.城乡教育一体化:体系重构与制度创新——中国教育二元结构及其破解[J].教育研究,2009(11):3-10,26.
② 张乐天.城乡教育一体化:目标分解与路径选择[J].复旦教育论坛,2011(06):63-67.
③ 注:本部分内容已形成研究成果"我国城乡教育一体化发展研究的回顾与省思"一文,并发表在《现代远程教育研究》2022年第2期。以下部分内容主要来源于该文章。
④ 黄甫全,游景如,涂丽娜,等.系统性文献综述法:案例、步骤与价值[J].电化教育研究,2017(11):11-18,25.

2021年2月1日,检索获得相关文献1 945篇。基于文献检索,一方面运用中国知网文献分析工具"计量可视化分析"对全部检索文献进行结果分析;另一方面通过描述性统计对所获取文献进行对比分析。根据分析结果和研究需求,选择发文作者、发文单位、发文趋势、主题词聚类分析以及多项交叉分析等能够说明城乡教育一体化发展研究现状的关键要素进行描述。

根据文献计量分析发现,从作者发文量上来看,东北师范大学邬志辉教授高居榜首(22篇),天津师范大学纪德奎教授在这方面具有突出贡献(13篇),排在第三位的是东北师范大学的杨卫安教授(12篇)。此后依次是东北师范大学秦玉友教授(9篇),北京师范大学褚宏启教授(8篇),西南大学李玲教授(8篇)等。从发文单位总发文量来看,东北师范大学位居第一位(61篇),北京师范大学位居第二位(50篇),西南大学位居第三位(41篇),天津师范大学位居第四位(18篇)。从作者及其单位排名来看,东北师范大学在该领域具有突出贡献。进一步进行作者与单位关联分析发现,北京师范大学和西南大学虽然作者排名靠后,但单位发文量排名均在前三;天津师范大学纪德奎教授虽然居作者排名第二,但是团队排名仅排在第四位。显然,要想在某一研究领域作出成绩,不仅需要有强有力的团队领导者,还需要相应的平台和研究共同体。此外,从几家单位的发文趋势来看,北京师范大学和西南大学政策响应速度更快,东北师范大学的研究更具有持续性。

从研究主题分布来看,与"城乡教育一体化"密切相关的两个核心词是"城乡一体化"(出现频次为:305)和"城乡义务教育一体化"(出现频次为:297),此外与该检索词密切相关的主题词还有"县域内"(出现频次为:67),"统筹推进"(出现频次为:55),"均衡发展"(出现频次为:49),"农村教育"(出现频次为:41),"教育公平"(出现频次为:36)等。

由图可知,城乡教育一体化发展研究主要关注的学段为义务教育阶段,主要关注的区域为县域并以农村为重心,其核心关注要素在于"统筹城乡"和"教育公平"。这些主题词一定程度上"界定"了城乡教育一体化的范畴和含义。概括起来,这些主题词也反映出当前关于城乡教育一体化发展研究的主要领域,包括理论探索研究(基本内涵、理论观照、文化境遇和指标体系等)、政策保障研究(制度、师资、供给和信息化建设)、实践策略研究(问题与对策)。

（2）城乡教育一体化发展的历史钩沉

城乡教育一体化发展研究经历了从无到有、从有到优的发展过程并与国家政策实施保持一致性。其整体脉络体现为从保障城乡学生"有学上"的九年义务教育普及,到促进城乡学生"好上学"的教育均衡发展,再到现今的城乡学生"上好学"的教育高质量发展。具体来讲包括以下三个阶段。

第一,相关政策正式提出前,城乡教育一体化发展经历了漫长的准备和奠基阶段。城乡教育一体化发展的历史可以追溯到中国九年义务教育制度的提出与实行。1986年国家公布实施的义务教育法提出实行九年义务教育制度,这是城乡教育一体化发展的基础。2002年,党的十六大提出要"统筹城乡经济社会发展",党的十六届三中全会提出"五个统筹",其中统筹城乡教育发展成为基础工程。2006年,党的十六届六中全会明确要求各级政府把基础设施建设和社会事业发展的重点转向农村。2008年,党的十七届三中全会审议通过的《中共中央关于推进农村改革发展若干重大问题的决定》指出,要"建立促进城乡经济社会发展一体化制度",把推进城乡一体化作为国家发展战略。一系列政策的出台为城乡教育一体化发展提供了制度基础。这一阶段关于城乡教育一体化发展研究的文献数量也保持平缓增长。

第二,相关政策正式落实前后,城乡教育一体化发展研究迅速丰富并得到有效推行。这主要得益于国家层面的关注,并在制度上得到保障。2009年,温家宝总理在国家科技教育领导小组会议上明确提出,"实行城乡统筹,把农村教育放在重要地位"。2010年,国务院发布《国家中长期教育改革和发展规划纲要(2010—2020年)》,两次提到"建立城乡一体化义务教育发展机制"的问题。2012年,《国务院关于深入推进义务教育均衡发展的意见》出台,强调率先在县域内实现义务教育基本均衡发展,县域内学校之间差距明显缩小,具体目标是到2020年,全国义务教育巩固率达到95%,实现基本均衡的县(市、区)比例达到95%。2014年,教育部、财政部、人力资源和社会保障部联合印发了《关于推进县(区)域内义务教育学校校长教师交流轮岗的意见》,这一文件的发布迅速提升了城乡教育一体化发展研究的热度,并在2015年达到第一次研究高峰。

第三,在相关政策调整与完善阶段,更为具体的政策和制度建设促成了城乡教育一体化发展研究达到顶峰。2016年,习近平总书记主持召开中央全面深化改革领导小组会议,审议通过了《关于统筹推进县域内城乡义务教育一体化改革发展的若干意见》,文件明确指出其主要目标是基本实现县域内城乡义务教育均等化。这份文件的发布直接推动了城乡教育一体化发展研究的繁荣。2017年,党的十九大报告进一步提出,推动城乡义务教育一体化发展,高度重视农村义务教育。同年,《国务院办公厅关于进一步加强控辍保学提高义务教育巩固水平的通知》发布。2020年4月习近平总书记在陕西考察时强调,要推进城乡义务教育一体化发展,缩小城乡教育资源差距,促进教育公平,切断贫困代际传递。党和国家领导人的持续关注以及这一系列政策出台,促成城乡教育一体化发展研究在近两年到达历史最高峰。

2.城乡教育一体化发展研究的十大主题

基于对城乡教育一体化发展基本内涵的理解和文献计量统计分析,结合主题词出现频次和主题词聚类分析,可以将关于城乡教育一体化发展的研究具体概括为基本内涵、理论投射、制度体系、文化境遇、评价指标、根本问题、实践路径、师资配置、供给保障和信息化建设十大主题。

(1)基本内涵:城乡教育一体化概念理解的本体论思考

厘清城乡教育一体化的基本内涵是实现城乡教育一体化发展的首要研究任务。现有文献对城乡教育一体化的基本概念、价值选择、发展阶段、影响因素等进行了探索。资源共享、相互融合、协调共生、共同发展等词汇能够较为准确地阐释城乡教育一体化的基本内涵。中国城乡教育一体化体现为城市中心区与郊区教育融合的"半郊区化",县镇与乡村教育融合的"过度城镇化"两种类型。[1] 但这两种类型都具有强烈的"城市中心"倾向。故而有学者指出,城市偏向政策理应终止[2],城乡教育应从"二元对抗"走向"有差别的统一"[3],而非简单的"偏向城市"或"偏向乡村",从而走向"城、郊、乡"三元结构[4]的统一。"三元结构"是对"二元结构"的超越,体现着城乡教育一体化发展的新趋向。城乡教育一体化包括自发型阶段、政府干预型阶段和高度自主型阶段[5]三个发展阶段。目前,中国城乡教育处于政府干预型阶段。城乡教育一体化发展影响因素包括人均国内生产总值、人均国民收入、生均教育经费(政府投入)、人均教育支出(家庭支付)、人均受教育年限五个方面[6]。这些研究明晰了城乡教育一体化的基本内涵,同时也鲜明地体现出农村教育改革在城乡教育一体化发展中的核心地位。

(2)理论投射:城乡教育一体化发展的"跨学科"观照与分析

从文献来看,对城乡教育一体化的跨学科理论探讨要涉及机制设计理论、主体

① 邬志辉.城乡教育一体化:问题形态与制度突破[J].教育研究,2012(08):19-24.
② 曲铁华.城乡义务教育一体化:理论基础与必然性[J].河北师范大学学报(教育科学版),2017(03):18-21.
③ 苏刚.城乡教育一体化:从"二元对抗"走向"有差别的统一"[J].上海教育科研,2013(10):21-24.
④ 邵泽斌.流动的教育权:论我国城乡义务教育的"三元统筹"[J].社会科学战线,2014(08):214-220.
⑤ 李玲,宋乃庆,龚春燕,等.城乡教育一体化:理论、指标与测算[J].教育研究,2012(02):41-48.
⑥ 查有梁.城乡教育一体化的新思考[J].中国教育学刊,2006(01):18-20,61.

间性理论、系统理论、制度理论等。有学者将机制设计理论的信息效率与激励相容原则运用到城乡教育一体化建设当中,认为城乡教育一体化制度建设横向关系的处理需要协调国家、社会、个人等方面的利益,各级政府之间纵向关系的处理需要遵循激励相容约束原则,建立有效的激励机制和监督问责机制。① 从主体间性理论来看,城乡教育之间是主体间性的关系,城乡教育共同体的价值取向应该"和而不同",既有教育公平与教育现代化的共同愿景,也应尊重城乡教育的不同特质,合理协调共性与个性的关系。② 从系统理论视角来看,城乡教育一体化演进主要有通过"自我的技术"改变自身存在方式的内生路径和通过"统治的技术"加以外在影响的他构路径;城乡教育系统就是在这两种路径的耦合作用下迈向"依存"与"融合",实现一体化发展。③ 从制度理论视角诠释城乡教育一体化的政策逻辑可以看出,义务教育制度的确立为城乡义务教育一体化发展奠定了初始的制度基础;制度权衡下政策与制度的互动促进了教育均衡发展向城乡义务教育一体化迈进。④ 显然,不同理论观照城乡教育一体化发展时都倾向于协同、融合、权衡等具有"共生"意蕴的价值选择和路径依赖。

(3)制度体系:强制性制度变迁与诱致性制度变迁相结合

从对城乡教育一体化发展的制度研究现状来看,其主要关注制度瓶颈和制度改革两个问题。城乡教育一体化发展的制度瓶颈主要体现为:一是城乡教育管理体制中的政府职责、评估标准、问责制度不清晰⑤;二是城乡教育制度固化与制度变迁路径依赖导致制度环境过于稳定⑥;三是城乡教育现有问责机制中"以县为主"体制在推进城乡教育一体化方面的重心偏失⑦。有学者指出,这些问题产生的根源在于政府的强制性制度变迁。⑧ 强制性制度变迁导致城乡教育一体化发展形势表面化、实现动力不足、实现目标简单化等一系列问题。针对这些问题,很多学者从诱致性制度变迁视角提出了改进建议:一是主张形成融合性制度改革路径,采用强制

① 杨卫安,邬志辉.机制设计理论与城乡教育一体化建设[J].理论与改革,2012(05):57-59.
② 符太胜,严仲连.主体间性理论视域中的城乡教育一体化[J].教育理论与实践,2016(34):19-22.
③ 高树仁,李潮海.城乡一体化:教育发展新范式的内生与他构[J].中国教育学刊,2015(09):34-38.
④ 蒋平,王正惠.城乡义务教育一体化政策的制度逻辑:基于制度分析理论的视角[J].教育学术月刊,2014(09):57-62.
⑤ 薛二勇.强化省级统筹 推进城乡教育一体化发展的政策创新[J].教育研究,2014(06):41-47.
⑥ 于月萍,徐文娜.论城乡教育一体化制度体系的构建[J].教育科学,2011(05):1-6.
⑦ 范魁元,王晓玲.城乡教育一体化背景下的教育管理体制改革研究[J].教育科学研究,2011(06):5-8,12.
⑧ 张源源,刘善槐,邬志辉.我国城乡教育一体化的实现逻辑、现实冲突与未来走向[J].现代教育管理,2014(09):54-58.

性制度变迁与诱致性制度变迁相结合的方式激发改革动力①;二是主张从教育人事制度、教育投入制度、入学招生制度、办学制度和教育管理制度等②制度要素方面促成改革;三是主张构建包括目标价值系统、规则表达系统、调整对象系统和实施保障系统的系统性改革制度③;四是采用抓主要矛盾的方法,主张从某一制度改革上获得突破,例如招生制度改革④和教育质量保障制度改革⑤等。

（4）文化境遇:构建共同认可的城乡教育一体化发展秩序和文化守则

城乡教育一体化发展需面对的核心问题是文化选择问题。究竟是传承乡村教育文化,走本土化路子,还是学习城市教育,走文化现代化之路,是城乡教育一体化发展的两难问题。有学者指出,当前乡村学校在乡村文化与城市文化的碰撞与交融中迷失自我、失去内涵、消退特色和放弃自觉。⑥ 针对此,学界目前秉持两种主张:一种是主张走乡村特色道路,在城乡教育一体化总体要求下保持各自的特色和优势⑦,立足乡村学校文化再造与更新⑧;另一种是主张在保持乡村学校文化传承的基础上,实现城乡文化融合发展。城乡教育一体化要求乡村学校文化具有一体化建设思路、渐进的发展模式、本土化的文化服务和超前的价值引领,通过构建文化共同体、建立稳健的转型机制、开展改革实验等途径来进行有效调适⑨,这就依赖于对文化多样性的理解和文化自觉的精神,形成城市和农村"共同认可的基本秩序和共处的守则"⑩。诚然,面对整体思维与一元思维差异,开放性与保守性殊途,文化改造与自然承续分歧,制度建设与观念建设不同等矛盾⑪,采用教育现代化文化自觉的共生理念,搁置差异与冲突,引导两者在不同的逻辑路向上寻求价值共识不失

① 张源源,刘善槐,邬志辉.我国城乡教育一体化的实现逻辑、现实冲突与未来走向[J].现代教育管理,2014(09):54-58.
② 褚宏启.教育制度改革与城乡教育一体化:打破城乡教育二元结构的制度瓶颈[J].教育研究,2010(11):3-11.
③ 于月萍,徐文娜.论城乡教育一体化制度体系的构建[J].教育科学,2011(05):1-6.
④ 冯晋婧.城乡教育一体化进程中的入学招生制度变革[J].教育科学研究,2011(05):18-21.
⑤ 赵茜.城乡一体化的教育质量保障制度研究[J].教育科学研究,2011(06):13-16.
⑥ 赵恕敏,纪德奎.城乡教育一体化进程中乡村学校文化的定位与转型[J].社会科学战线,2013(03):232-237.
⑦ 纪德奎.城乡教育一体化进程中乡村学校文化的冲突与调适[J].教育发展研究,2013(21):13-17.
⑧ 赵恕敏,纪德奎.城乡教育一体化进程中乡村学校文化的定位与转型[J].社会科学战线,2013(03):232-237.
⑨ 纪德奎.城乡教育一体化进程中乡村学校文化的冲突与调适[J].教育发展研究,2013(21):13-17.
⑩ 魏峰.城乡教育一体化:基于文化视角的分析[J].复旦教育论坛,2010(05):20-24.
⑪ 王乐,马小芳.城乡教育一体化与乡村文化传承的悖论与化解[J].宁波大学学报(教育科学版),2021(01):19-28.

为可取之道。

(5)评价指标:有效评估城乡教育一体化发展效果的重要工具

城乡教育一体化发展作为制度性推进战略,其核心工作是督导与评估,因此关于城乡教育一体化发展的评价指标体系研究成果颇丰。经分析文献和综合考量后发现,虽然不同学者建构指标体系的方法论和立场不同,例如有从发展层级上出发①,从界定"城"与"乡"的概念出发②,从"一体化"的内容出发③,或从政策要求和内在需求出发④,但概括起来主要为城乡教育一体化发展中的师资配置、经费投入、学生发展、办学条件和教育质量五方面的内容,具体差异及其指标内容如表0-1所示。显然,这些指标体系的建构主要基于对城乡一体化的理解,并具体根据城乡教育一体化的概念内涵而构建,并没有太大的差异和分歧。

表0-1 城乡教育一体化发展的评价指标体系对比

作者	指标体系
刘明成,李娜,金浩(2012)	城乡受教育机会,城乡教育投入,城乡教育环境,城乡教育成就。具体包括目标层 4 个一级指标、准则层 14 个二级指标和具体指标层 43 个三级指标
张继远,张艳(2013)	教育机会、办学条件、教师队伍建设、教育经费和教育质量,5 个一级指标、17 个二级指标和 35 个监测点构成的城乡教育一体化指标体系
秦建平,张惠,李晓康(2014)	6 个一体化:教育管理体制机制城乡一体化、学校规划城乡一体化、学校建设标准城乡一体化、教育经费投入城乡一体化、师资配置城乡一体化、教育质量城乡一体化
余善云,苏飞跃(2014)	立足城乡教育一体化发展的取向,横向选取城乡一体化(U)、区域一体化(R)、同级同类学校教育一体化(S)、群体教育一体化(G)四个(URSG)关键性要素,纵向选取空间形态一体化(S)、社会形态一体化(S)、物质形态一体化(M)、文化形态一体化(C)、发展形态一体化(D)五大(SSMCD)表现形态(每一要素、形态取其英文单词的第一个字母),并按一定的逻辑关系结构成为 URSG-SSMCD 模型

① 刘明成,李娜,金浩.城乡教育一体化的评价体系研究[J].教育探索,2012(04):101-102.
② 张继远,张艳.城乡教育一体化指标体系:构建与应用——以四川成都市城乡教育一体化发展监测评价指标体系为例[J].中小学管理,2013(02):28-30.
③ 秦建平,张惠,李晓康.现代化进程中的城乡教育一体化监测标准研究[J].上海教育科研,2014(06):66-70.
④ 李玲,黄宸,薛二勇.新阶段城乡义务教育一体化发展评估研究[J].教育研究,2017(03):38-45.

作者	指标体系
李玲,黄宸, 薛二勇(2017)	评价指标分为投入、过程和结果三大领域,以及师资配置、经费投入、硬件资源配置、课程教学、学生质量五大维度,构建了包含 25 个指标项目的评价指标体系
李瑾,李文霞 (2019)	评价指标体系应涵盖城乡教育资源配置及经费投入、城乡师资队伍及基本教学条件、城乡教育质量和教育成就 3 个目标层

(6)根本问题:城乡文化再生产差异引发城乡教育"双轨制"发展

探索城乡教育一体化发展所遇到的问题是推动发展的重要任务。从文献来看,城乡教育一体化发展所遇到的问题主要体现在以下几个方面:一是城乡义务教育经费保障差距虽逐渐缩小,但仍然存在。具体表现为,城市内部和农村内部义务教育经费投入差异有变大的趋势;城乡生均人员经费差异最小,但城市内部和农村内部生均办学条件经费差异最大[①]。二是城市教育繁荣,乡村教育式微。有学者直接指出,当下要解决的核心问题是遏制乡村教育衰败趋势、重建乡村教育形态和创新教育体制机制[②]。三是压缩农村教育发展时间带来的焦虑与压力。在中国内部,农村教育遭遇着追赶城市教育的挑战,面临着焦虑和压力双重困境。显然,农村教育无法让其追赶的对象放慢脚步,而追赶的方式只能是压缩农村教育发展的时间。[③] 四是各方资源配置不均衡。例如,基础设施配置不均衡、教育资金投入不公平、师资队伍建设不协调、教育生源不平衡等[④]。之所以存在这些现象,其根源在于城乡文化再生产差异和城乡教育"双轨制"发展,导致城乡交流对话失衡,城乡教育统筹模糊,进而影响城乡教育主体发展动力,最终导致城市教育越来越好,乡村教育与城市教育的差距拉大。

(7)实践路径:核心是公平,重心在农村,关键在体制机制

针对当前城乡教育一体化发展存在的问题,现有研究主要围绕理论观照的顶层设计和实践观照的微观策略展开讨论。关于理论路径的探索包括两种:一种是理论与制度层面的探索,另一种是基于理论与制度的具体实践策略探寻。理论与

---

① 闫德明.城乡义务教育经费投入一体化水平实证研究:以 X 省为例[J].教育发展研究,2015(03):16-21.
② 邬志辉.当前我国城乡义务教育一体化发展的核心问题探讨[J].教育发展研究,2012(17):8-13.
③ 秦玉友.城乡教育一体化的压缩发展难题[J].探索与争鸣,2012(10):71-75.
④ 郭俊锋.城乡义务教育一体化的困境与出路[J].教学与管理,2020(15):29-32.

制度层面的探索是研究者的主要偏向,包括政策设计方面①、动力因子方面②、体制机制方面③、财政投入方面④等。总之,城乡教育一体化改革的核心是实现教育公平,基本策略是统筹兼顾,重心应当在农村教育,关键在建立体制机制。关于实践路径的探索关涉中观整体性策略研究和区域实践性研究。首先,从中观整体性策略研究来看,以中观策略和模式提出为主,具体包括两种类型:一种是整体推进策略,另一种是单一推进策略。整体推进策略包括模式⑤和策略⑥两部分,单一推进策略主要包括教育信息化推进⑦、学校特色发展⑧和教育主体推进⑨三种。其次,从区域实践性研究来看,主要涉及苏州⑩、成都⑪、上海⑫等国家级城乡教育一体化推进实验区的研究。此外,还有许多县域在实践层面进行了有益探索,成绩显著。

(8)师资配置:城乡教师资源配置失衡问题仍然是"症结"所在

要实现城乡教育一体化发展,师资是基础,是乡村教育的核心挑战,也是缩小城乡教育差距和建立城乡教育一体化发展机制最为现实的课题。文献研究表明,在城乡教育一体化发展过程中师资配置面临专业资本、教学有效性、发展动力自限等困境。⑬ 实证研究也表明,农村教师在教学设计、教学实施、教学评价、教学研究和教学管理五个维度上的能力均显著低于城市教师。⑭ 此外,虽然义务教育教师流

① 韩清林,秦俊巧.中国城乡教育一体化现代化研究[J].教育研究,2012(08):4-12.
② 张金英.城乡教育一体化的动力机制及战略研究[D].天津:天津大学,2010:67-69.
③ 孙绵涛.我国城乡教育一体化体制改革与机制创新研究[J].教育理论与实践,2011(22):16-19.
④ 朱文辉.城乡义务教育一体化发展:困境剖析与出路分析——政府职能的视角[J].当代教育论坛,2019(01):11-17.
⑤ 安晓敏,邬志辉.区域内城乡教育一体化发展模式探析[J].上海教育科研,2012(06):18-21.
⑥ 郭喜永.实现城乡义务教育一体化的策略研究[J].教育探索,2015(06):27-31.
⑦ 宋乃庆,杨欣,李玲.以教育信息化保障城乡教育一体化[J].电化教育研究,2013(02):32-35,41.
⑧ 范涌峰,张辉蓉.学校特色发展:新时期城乡义务教育一体化的内生路径与发展策略[J].教育研究与实验,2019(05):70-75.
⑨ 郭彩琴.教育需求:城乡教育一体化发展的动力保障[J].内蒙古社会科学(汉文版),2014(02):153-158.
⑩ 王建.城乡一体化义务教育发展战略和机制:基于苏州和成都的实践模式研究[J].教育研究,2016(06):43-50.
⑪ 罗哲.城乡教育一体化发展路在何方:对"成都模式"的分析与探讨[J].人民教育,2013(07):13-15.
⑫ 张竹林,张美云.城乡教育一体化的区域模型构建:基于上海市奉贤区的实践思考[J].教育发展研究,2017(20):14-22.
⑬ 张宇,于海英.城乡教育一体化进程中农村义务教育教师质量问题与对策[J].教育发展研究,2012(24):70-73.
⑭ 张亚星,梁文艳.北京市义务教育阶段教师教学能力城乡差异研究:兼论城乡义务教育一体化进程中农村教师专业发展的对策[J].教育科学研究,2017(06):41-49.

动制度伴随中国城镇化发展的升级而逐步走向合理与完善①,但仍存在城乡教师流动比例低,教师流动效果不佳,城乡学校师资配置失衡②的问题。鉴于此,研究者提出了很多关涉师资配置的政策建议与策略。如深化农村中小学人事分配制度改革以优化农村教师资源配置机制③;对教师补充机制、教师城乡交流机制与教师培训机制进行重新构建④;基于城乡教育一体化理念构建教师学习共同体⑤;立足"治理主体"和谐化,从"线性思维"到"务实长治"⑥。如此方能有效推进乡村教师的转型与重塑,缩短城市教师与乡村教师发展的差距。

(9)供给保障:从城乡分立机制设计向城乡统筹的制度设计过渡

城乡教育一体化发展需要充足的供给作为保障,包括经费投入、硬件更新和办学条件改善等方面。但这些问题的关键还是城乡教育投入问题,本质上是城乡教育供给失衡问题,故而经费投入问题是制约城乡教育一体化发展的重大瓶颈。目前,中国教育投入采用分级承担的财政职责,其中县(区)政府需承担力所能及的财政职责,省级政府承担最主要的财政职责,中央财政承担对省级政府财政转移支付职责。⑦ 通过城乡教育一体化发展的实证分析发现,财政分权体制和经济发展水平仍然是影响城乡教育发展的主要内因,而教育改革政策是促进财政体制分配方向调整的重要外因。⑧ 因此,只有树立教育公平发展的理念,提升农村教育投入主体的层次,统一城乡教育的办学标准、教师待遇,才能实现城乡义务教育的一体化发展。⑨ 特别是农村义务教育供给机制改革必须从城乡分立机制设计向城乡统筹的制度设计过渡,从经费供给单向度改革向全方位综合改革过渡,联动发展机制以促

① 谢登斌,段苏颖,谢婷.民族地区义务教育教师合理流动运行机制及实践规制的建构:新型城镇化背景下的思考[J].广西师范大学学报(哲学社会科学版),2020(01):87-94.

② 邱芳婷.县域城乡教育一体化教师流动的现实问题与对策[J].教育探索,2016(02):15-18.

③ 王鹏炜,司晓宏.城乡教育一体化进程中的教师资源配置研究:以陕西省为例[J].陕西师范大学学报(哲学社会科学版),2011(01):156-161.

④ 曹原,李刚.城乡教育一体化视野下的教师人事制度重建[J].教育科学研究,2011(05):14-17.

⑤ 杨苏圆,柳军.城乡教育一体化背景下乡村教师学习共同体构建研究[J].上海教育评估研究,2019(05):15-19,39.

⑥ 张惠惠,曹羽婷.城乡义务教育一体化进程中乡村教师治理的困境与突破[J].当代教育科学,2020(08):81-86.

⑦ 周晔.城乡义务教育一体化的时代意蕴、形态与政府财政职责厘定[J].当代教育与文化,2014(05):85-90.

⑧ 常金栋,李玲.西部民族地区城乡义务教育一体化发展的实证研究:基于H省的调研[J].民族教育研究,2012(02):50-54.

⑨ 张丕芳.城乡义务教育投入一体化是实现教育公平的关键[J].西华师范大学学报(哲学社会科学版),2019(02):114-116.

成均衡与协调发展。①

（10）信息化建设：城乡教育一体化发展的"孤岛"困境与突围

教育信息化是实现城乡教育一体化发展的重要保障，也是新时代城乡教育现代化发展的努力方向。自 20 世纪 90 年代末以来，中国在基础教育阶段陆续开展了"校校通工程""农村中小学现代远程教育工程"等一系列教育信息化专项建设工程，极大地推动了城乡教育信息化一体化发展。但中国基础教育信息化发展不均衡现象也显得格外突出②，在教育信息化进程中，不但没有有效地利用信息技术缩小原有的城乡教育差距，反而造成了新的城乡教育差距③。这些问题产生的根源在于城乡教育信息化一体化建设的"孤岛"困境④，即过于关注技术本身的运用而忽视信息化建设的环境建设，导致乡村学校"有设备也不用"的窘境。针对此，有学者认为城乡教育信息化一体化的重心在农村⑤，可以尝试构建单独的农村中小学信息技术目标⑥，以信息技术促进教师资源配置城乡一体化⑦，推动农村中小学教育信息化可持续发展⑧。总体而言，当前关于信息化促进城乡教育一体化发展的研究体现为两个视角，一个是站在"一体化"视角讨论信息技术的城乡教育融合问题，另一个是站在"乡村"视角讨论如何通过加强乡村学校教育信息化水平以便于与城市学校"融合"实现一体化发展。

3.新时代我国城乡教育一体化发展研究的思考

对十多年来关于城乡教育一体化发展的文献进行梳理和分析，意在从整体上把握其历史发展脉络，从要素上掌握其关键概念，从实践上理解其发展现状与问题所指，为进一步深入推进城乡教育一体化发展研究奠定理论基础。

（1）当前城乡教育一体化发展研究现状审思

通过对文献的深度阅读与分析发现，经过十多年的理论研究与实践探索，中国

---

① 陈静漪,宗晓华.从城乡分立到城乡一体化:中国农村义务教育供给机制演进路径分析[J].西南大学学报(社会科学版),2012(05):75-82,174.

② 安涛,李艺,陈巧云.一体化:教育信息化发展的新理念[J].现代远距离教育,2015(01):47-51.

③ 熊才平.中小学教育信息化进程中的城乡差距调查报告[J].电化教育研究,2006(02):66-70.

④ 余胜泉,赵兴龙.基于信息生态观的区域教育信息化推进[J].中国电化教育,2009(08):33-40.

⑤ 张维.城乡一体化下农村教育的信息化建设研究[J].中国教育信息化,2009(08):28-32.

⑥ 孙艳,解月光,曾水兵.农村中小学信息技术教育目标的反思与重构:基于城乡差异视角的分析[J].中国电化教育,2007(10):14-18.

⑦ 熊才平,吴瑞华.以信息技术促进教师资源配置城乡一体化[J].教育研究,2007(03):83-86.

⑧ 解月光,孙艳,刘向永.可持续发展:农村教育信息化的战略选择[J].东北师范大学报(哲学社会科学版),2008(01):40-44.

城乡教育一体化发展基本实现《国家中长期教育改革规划纲要（2010—2020年）》所提出的既定目标，基本实现城乡教育一体化发展，进一步促成了公平而有质量的教育。

就十多年来的城乡教育一体化发展研究情况总结出几条发展规律：一是认识到制度与政策研究对促进城乡教育一体化发展的重要意义，并通过制度设计和有效政策实施，有力促进了城乡教育一体化发展水平。二是认识到师资保障和经费投入是促成城乡教育一体化的关键。因此，在城乡教育一体化推进的中后期，国家特别重视经费投入，通过强制性政策规定经费投入，实现了教育均衡发展。三是认识到影响城乡教育一体化发展的本质问题是文化问题，并展开深度研究。关于城乡教育一体化发展是走城市路线还是本土路线抑或中间路线的问题，本质是文化价值选择的问题，认识到这一点，方能进一步推动城乡教育一体化发展。四是构建了科学、合理且有效的评价指标体系，让城乡教育一体化发展有了推进目标和评价标准，能够有效权衡县域城乡教育一体化发展水平。

中国城乡教育一体化发展研究虽然取得喜人成果，但也还有值得改进之处。一是虽然在制度和政策研究方面的成果丰富，但是关于政策本身的有效性测评研究不足，作为制度研究的价值审思被忽略。二是虽然研究不仅关心理论也关涉实践，但在实践层面的研究多聚焦国家试验区，尚未显现出普遍推进和全面发展的实践样态。三是体现出"强政策引领"的研究指向，而缺乏"强学术引领"的应然趋势，从而导致缺乏更为科学合理的顶层设计，城乡教育一体化推进较为缓慢。四是对城乡教育一体化发展的问题探索和分析深刻，但是针对具体问题的解决方略仅仅停留在"讨论"层面，缺乏行之有效的具体研究和具体实践模式探索。五是认识到教育信息化建设对保障城乡教育一体化发展的优势，但是信息化建设的环境建设以及具体如何实践和全面推动乡村教育信息化的研究不足。六是关于城乡教育一体化发展的文化环境与价值选择研究虽然成果丰富，但尚未达成价值选择共识，究竟是走"城市化"道路还是保留"乡土特色"还需要进一步厘清。当然，这些研究不足只是暂时性问题，或许这恰恰给进一步研究城乡教育一体化发展，实现全面乡村教育振兴提供了反思的材料和研究空间。

（2）新时代城乡教育一体化发展研究的未来考量

在国家脱贫攻坚全面完成和全面推进乡村振兴的战略背景下，城乡教育一体化发展仍然是乡村教育研究的重点领域，需付出艰辛的努力进行孜孜不倦的学术探索。基于前文综述，笔者认为未来开展城乡教育一体化发展研究可从以下几方面作出努力。

一是积极开展关于"十四五"规划期间如何促进城乡教育一体化发展的政策研究。2020年是"十三五"规划顺利完成之年,也是《国家中长期教育改革和发展规划纲要(2010—2020年)》顺利实现之年。2021年是"十四五"规划的开局之年,也是实现"教育现代化2035"目标的重要阶段。认真研究和探讨"十四五"期间如何有效推进城乡教育一体化发展的政策和规划,具有重要意义。

二是进一步梳理中国共产党领导下的城乡教育一体化发展的历史脉络。中国共产党建党百余年,可以说没有中国共产党的领导就没有中国城乡教育的巨大发展和变化。回顾历史,从"普九""义教均衡"迈向"乡村教育振兴",这跟党的领导和国家政策引领密切相关。有效梳理和总结建党百年来中国城乡教育一体化发展的有效经验,对实现下一个一百年教育发展奋斗目标具有重要意义。

三是丰富基于城乡教育一体化发展的乡村教育振兴实践策略研究。城乡教育一体化发展的短板在乡村,只有发展乡村教育,才能真正实现城乡教育一体化发展。在乡村振兴战略全面实施的当下,积极探索乡村教育振兴的有效路径与策略,是进一步促进城乡教育一体化发展的重要任务,也是推动乡村教育高质量发展的重要契机。

四是开展关于教育脱贫攻坚成果如何与全面振兴乡村教育有效衔接的研究。在全面进入小康社会的历史时间节点上,如何有效总结脱贫攻坚的优秀成果,并将这些成果与全面振兴乡村教育有效衔接,是提高乡村教育发展效率、促成城乡教育一体化可持续发展的紧要工作。

五是加强以乡村温馨校园建设为重心的城乡教育一体化改革模式研究。如何有效推进乡村温馨校园建设,让乡村学校成为"留得住、教得好、有温度"的好学校是当下需要解决的重要现实问题。城乡教育一体化发展的关键在乡村教育,因此未来城乡教育发展应以乡村为重心,从外围建设转为内涵发展,突出乡村温馨校园建设。

六是深入研究现代信息技术何以赋能城乡教育一体化发展。城乡教育一体化发展的短板在乡村教育,乡村教育想要获得长足发展需要城市教育的引领和协同,现代信息技术介入是优选策略。如何有效利用城市优质教育资源,协同乡村教育发展,信息技术运用是关键。在5G技术逐渐成熟、人工智能教育迅速发展、互联网+教育模式逐渐完善的大背景下,积极探索现代信息技术赋能城乡教育一体化发展,将会获得事半功倍的效果。

七是探索基于人工智能的城乡师资队伍建设研究，以解决乡村教师短缺的问题。乡村教师流失、乡村教师专业发展、乡村教师职业幸福感等仍然是乡村教师队伍建设需要考虑的核心问题，其中教师留任问题是难解之题。如何运用人工智能这一新兴技术发展 AI 教师，以补充乡村教师空缺，促成乡村学校"双师"教学落实，缩小城乡师资配置差距值得期待。

八是探寻家校社共育的城乡教育一体化发展综合改革的政策框架和实践进路研究。农村留守儿童问题一直以来都是乡村学校教育的重要问题，这也是多数家庭存在"向城"教育"理想"的原因。多年来，对此问题的讨论也颇为丰富，但是成效并不显著。针对当下提出的家校社共育的政策指引和发展需要，积极开展基于城乡教育一体化发展的家校社共育研究恰合时宜。

九是探讨"五育融合"的乡村学生核心素养发展体系，探索以劳动教育为推手的乡村学校教育课程综合改革。城乡教育一体化发展不是"同质化"的一体化发展，而是"差异化"的一体化发展，故而探索城乡教育一体化发展就是要谋求城市教育和乡村教育的协同发展。基于此探索城乡学校联动的劳动教育综合改革，因地制宜、各取所需，开展促进城乡学生核心素养共同发展的体系研究显得非常必要。

近年来，我国城乡教育一体化发展研究硕果累累，回顾研究历程旨在为该领域研究提供清晰的知识图谱。当然，如何把握新时代城乡教育发展脉络，准确判断城乡教育一体化发展的推进路向，还有很多值得研究的地方。城乡教育发展不平衡不充分仍然是当前的主要矛盾，思考如何更好地实现城乡教育一体化发展，更好地实现公平而有质量的教育，促成城乡教育高质量发展，即是本研究的初衷所在。

三、研究设计

本书为探索民族地区县域城乡义务教育一体化发展的文化模式，制定了探索三个民族自治县文化模式的具体策略，确定研究的各项流程，选择恰切的研究方法并形成以下研究设计。

（一）研究目的

本书聚焦于"民族地区县域城乡义务教育一体化发展的文化模式"，重点研究少数民族自治县县域城乡义务教育一体化发展的独特文化体系。具体以广西壮族自治区三江侗族自治县、恭城瑶族自治县、龙胜各族自治县为研究样本，进行研究设计，希望通过研究实现以下两个主要目标。

一是通过文化考察识别影响民族地区县域城乡义务教育一体化发展的各种文化要素及其存在的差异,探寻其选择与整合的策略,在此基础上探索民族地区县域城乡义务教育一体化发展进程中城乡之间多元文化要素协调发展的实践机理。

二是归纳出不同民族地区县域城乡义务教育一体化发展的特殊文化模式,揭示文化模式与民族地区县域城乡义务教育一体化发展的内在关系,并回归义务教育一体化实践,在实践中应用、检验和修正模式,以提高民族地区县域城乡义务教育办学质量,进而推进民族地区县域城乡义务教育一体化发展进程。

总体而言,在以往城乡义务教育一体化调查研究中,从文化模式角度进行县域城乡义务教育一体化调查研究的报告较少,而试图探索民族地区的文化模式对民族地区县域的城乡义务教育一体化发展影响的研究更少。本书基于文化模式研究其对城乡义务教育一体化的影响,系统全面地分析样本县域内的文化模式及当前该县域城乡义务教育一体化发展存在的问题,具体目标包括以下三方面。

第一,明晰县域城乡学校在硬件资源、教师队伍建设与学生发展、课程与教学以及教育信息化等方面的差异,了解这一情况是为了更好地摆脱城乡教育一体化进程中的现实困境。第二,辨析县域城乡学校的生存状态及其发展特性,对城乡学校的发展现状获得更为理性的认识,有利于更好地改善其生存状态及促进其发展。第三,探寻优化民族地区县域城乡学校一体化发展的文化模式。确立这一目标主要是为了寻求与本土文化互融互通的城乡学校发展路径,从而探索出更好的文化模式服务民族地区县域城乡义务教育一体化,从实践上摆脱民族地区县域城乡教育一体化进程中的困境。

(二)研究意义

本书聚焦民族地区县域城乡义务教育一体化发展,以文化模式作为理论基要,具有一定的理论意义与实践意义。

1.理论意义

第一,拓宽我国城乡义务教育一体化发展的研究视野。本书将教育学、民族学、文化学融合起来,从文化模式的角度研究民族地区县域城乡义务教育一体化发展,拓展了研究视野。

第二,为城乡义务教育一体化发展的研究提供新的理论框架。城乡义务教育一体化不仅需要教育制度的创新、财政经费的投入,更需要城乡之间文化鸿沟的消除和城乡文化的融合与共生。本书对民族地区县域城乡义务教育一体化发展的特殊文化元素及文化的选择与整合方式展开研究,有助于完善城乡义务教育一体化发展研究的理论框架。

2.实践意义

第一,有助于进一步提高城乡义务教育一体化发展水平。本书以文化模式理论为基础,对民族地区县域城乡义务教育一体化发展的文化结构及特征进行深入研究,揭示影响民族地区城乡义务教育一体化发展的文化因素,探究发展的有效策略,对提高民族地区义务教育质量,乃至缩小民族地区义务教育发展水平与全国平均水平的差距具有重要的现实意义。

第二,为民族地区城乡义务教育一体化发展实践提供理论参考。本书对民族地区县域城乡义务教育一体化发展的文化模式进行研究,分析和归纳民族地区县域文化模式的独特构成方式和相对稳定的特征,及这种文化模式下对当地义务教育城乡一体化发展的促进因素和抑制因素,探究对促进因素的强化策略和对抑制因素的优化策略,能够为民族地区县域城乡义务教育一体化发展提供一定的参考。

(三)研究对象

本书以"县域城乡义务教育一体化发展"的文化模式为研究对象,重点研究少数民族自治县县域城乡义务教育一体化发展的独特文化体系。具体以广西壮族自治区三个民族自治县:三江侗族自治县、恭城瑶族自治县、龙胜各族自治县为研究样本。以上三个民族自治县在广西壮族自治区具有典型性,三江侗族自治县是以侗族为主的自治县,恭城瑶族自治县是以瑶族为主的自治县,龙胜各族自治县是多民族共同生活的各族自治县,对这三个民族自治县进行重点调查有推广价值。具体来讲,选择以上三个县作为研究对象的理由如下。

1.地域代表性

本书选取广西桂北地区三江侗族自治县、恭城瑶族自治县、龙胜各族自治县作为研究场域,三地各具浓郁的地方民族特色和地域风情,三江侗族自治县以侗族为主要地方民族特色,恭城瑶族自治县以瑶族为主要地方民族特色,龙胜各族自治县以各族杂居为主要地方民族特色,三个不同地域的文化模式独具一格,为探索地方特色的文化模式奠定了场域基础。

2.学校代表性

本书选择三江侗族自治县、恭城瑶族自治县、龙胜各族自治县这三个民族自治县域内比较具有代表性的小学、初中学段城乡学校进行调研。具体选择了三江侗族自治县三江 MZ 初级中学和三江 TL 乡中学,恭城瑶族自治县恭城 MZ 中学和 JH 初级中学,龙胜各族自治县龙胜 MZ 中学、龙胜 SY 中学、SS 中心小学和龙胜 BT 小学。① 之所以选择这些学校,一方面是因为这些学校具有较强的县域内"城"或者"乡"的典型特征。三江 MZ 初级中学作为建校仅 3 年的学校,学校发展迅速,信息化建设特色突出,在师生发展、课堂建设上也具有一定的代表性;三江 TL 乡中学位于三江西北部的一个苗族乡,建校历史悠久,受当地民族文化影响深远,因此将两者作为调研的乡镇学校具有较强的代表性。恭城 MZ 中学是一所规模较大、以招收全县及外县少数民族学生为主的初级中学,是由恭城瑶族自治县县委、人民政府共同支持建设的一所起点高、发展快的花园式绿色学校;JH 初级中学则是嘉会镇上的一所全日制寄宿制初级中学,学校发展历史悠久,学校课程与活动彰显出明显的"农耕"特色,是恭城乡村学校的典型代表。龙胜 MZ 中学获得"自治县规范化管理示范学校"等荣誉,龙胜 SY 中学被授予"全国民族团结进步创建活动示范单位",这两所位于县城的中学致力于开拓创新,探索少数民族地区办学特色,在开展民族文化进校园工作、挖掘本土资源、开发具有民族文化特色的校本课程等方面具有丰富经验,是"城"的典型代表。SS 中心小学和龙胜 BT 小学均位于龙胜各族自治县泗水乡,SS 中心小学是乡中心小学,龙胜 BT 小学是一所典型的村小(乡村小规模学校),两所学校体现着不同层次乡村小学的典型特点。另一方面,是基于调研的便利性原则。为了能够顺利进入调研学校展开更加全面深入的调研,研究团队选取和联系了以上学校,在以上学校的鼎力支持下,研究团队在调研中获得了准确、真实、客观、全面、深入的一手数据。

因此,选取三个少数民族自治县的这几所学校对于县域城乡教育一体化的研究具有重要的参考价值。

(四)研究内容

根据本书的研究对象和研究需要,研究着重从以下几个议题展开。

1.民族地区县域城乡义务教育一体化发展的文化考察与深入分析

基于文化人类学理论并结合实际,选取广西壮族自治区内三个样本县域作为案例,采用参与式观察、问卷调查、访谈等方式,分别对影响城乡义务教育一体化发展的物质文化、制度文化、语言文字文化、宗教文化、文学艺术文化等文化要素及要

---

① 遵循研究伦理性原则,本书中所有调研学校及教师均以代号的形式进行编码。

素间的关系进行田野考察。

2.民族地区县域城乡义务教育一体化发展的文化要素与差异分析

基于对三个民族自治县域内城乡义务教育一体化发展文化要素的案例分析,识别民族地区县域内对城乡教育一体化发展有影响的文化要素。运用比较研究法分析每个民族地区县域城乡义务教育一体化发展进程中存在的城乡文化要素差异,及因差异而带来的城乡文化冲突、融合与互生等问题,进而探析导致问题产生的自然、历史、社会、民族心理等方面的根源、成因。

3.民族地区县域城乡义务教育一体化发展的文化选择与整合分析

在对文化要素城乡差异进行分析的基础上,探究每个案例中各种特质或构成要素交织、组合及修正而成的特色文化,并进一步明晰样本县域城乡义务教育一体化发展的文化选择过程和文化整合路径。

4.民族地区县域城乡义务教育一体化发展的文化模式建构

基于前期对三个民族自治县城乡义务教育一体化发展的文化差异、选择与整合的分析,探讨具有民族特殊性的城乡义务教育一体化发展的文化模式。

5.民族地区县域城乡义务教育一体化发展文化模式的实践深化

在前期从实践到理论的文化考察、文化要素与差异分析、文化选择与整合分析及文化模式探寻的基础上,再由理论到实践,回应现实问题,在实践中检验并修正民族地区县域城乡义务教育一体化发展的文化模式。通过学理分析,从本质上理解民族地区县域城乡义务教育一体化发展现状与其特殊的民族文化模式之间的内在联系,探寻民族地区县域城乡义务教育一体化发展文化模式中各种因素协调发展的内在实践机理和具体的修正、完善和应用策略。

(五)研究思路

本书遵循理论与实践双向互生的研究路线,按提出问题、分析问题、解决问题的逻辑展开。首先,以文化模式理论为基础,在文献研究基础上,确定研究目标,并根据本书研究目的之需要,选取广西壮族自治区三个具有代表性的民族自治县为研究对象,对民族地区县域城乡义务教育一体化发展的文化样态展开田野考察,并对考察所获的资料做分析研究。其次,对影响城乡义务教育一体化发展的文化要素及要素间的关系进行探索分析,明晰城乡义务教育一体化发展的文化差异和文化选择与整合过程,提炼出民族地区县域城乡义务教育一体化发展的文化模式。最后,将民族地区县域城乡义务教育一体化发展文化模式应用于实践,并探寻其内在的实践机理和具体的修正、完善和应用策略。该研究思路如图0-1所示：

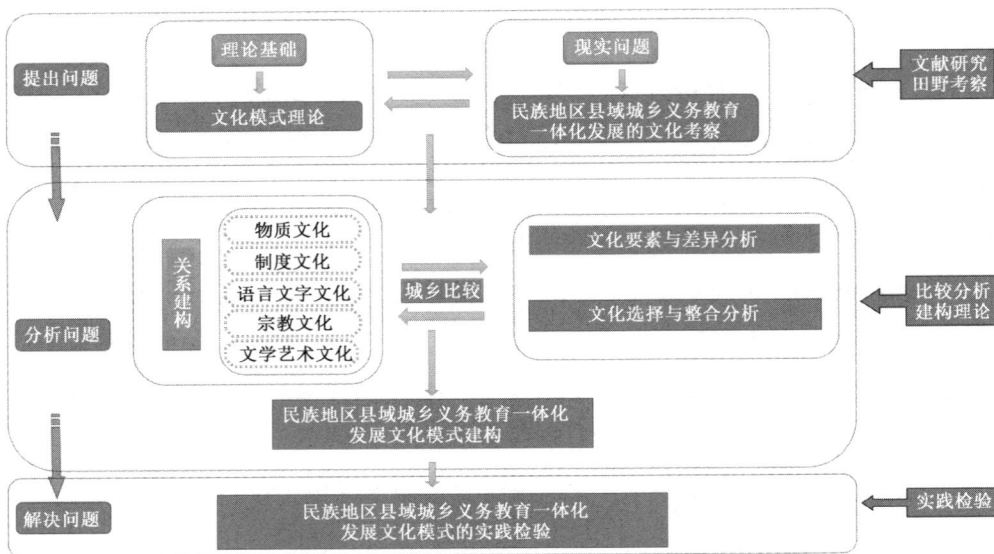

图0-1　研究思路图

（六）研究方法

根据研究的现实需要，本书通过文献研究法去寻找研究的切入点，主要采用田野调查法辅以比较研究法等，以科学的研究方法获得翔实资料并进行深入分析和理解。

1.文献研究法

文献研究法是论文写作的重要方法。通过文献研究法收集和掌握国内外对该问题的相关研究成果，并对这些资料进行整理与分析，一方面可以获得对有关县域概况、教育概况和民族概况的客观、科学的认识，进一步提升研究的全面性和严谨性，为本书的写作奠定理论基础，提供框架启发，另一方面可为本书研究寻找切入点。

2.田野调查法

（1）观察法

本书主要采用进入民族地区县域城乡义务教育学校教与学的"现场"进行半结构式观察的方式，直接感受研究对象所在的环境和所处的状况，获得第一手数据。调查研究中的观察是一种"科学的观察"，要求观察者明确观察目的，做好观察计划，以保证观察的深度和广度。而半结构式观察具有结构性和开放性的双重特征，一方面观察者的主要方向得以保证,利于对研究问题进行深入观察;另一方面利于研究者相对随机、开放地收集获取更加广泛的数据,使研究者对问题更加了解。

（2）访谈法

本书主要采用非结构式访谈法,对民族地区县域城乡义务教育一体化研究访谈提纲进行了设计和反复修改,以座谈会、一对一交谈等形式进行交流,并当场记录访谈内容,以求获得及时的反馈信息,为研究获得相关的描述性、事实性材料。在访谈过程中,采用录音和书面记录等采集方式,以供重复校对,准确地呈现样本所要表达的内容。为获得更多客观、有价值的信息,调研组对多所城乡学校进行调查和走访,并与该校的校长、教师交谈,从而更清楚地了解到关于民族地区县域城乡义务教育一体化进程中存在的问题。

（3）文本分析法

通过查阅核心中心校发表在相关网站与公众号等平台上的资料,并对这些资料进行整理与分析,加深调研组对该校的认识,了解该校的制度与问题,为本调研奠定理论基础。

3.比较研究法

基于调研所掌握的三个民族自治县城乡义务教育一体化发展所处文化背景的具体情况,分别对三个民族自治县进行城乡义务教育文化的对比分析,进一步归纳、总结与提炼,在此基础上剖析不同民族文化因素对促成民族地区县域城乡义务教育一体化发展的文化模式构成的基本原理,使之系统化、理论化,以利于进一步推广。

（七）研究过程

研究在梳理大量文献和理论建构研究基础上,围绕三个调研组的田野考察活动展开。每个小组的调研过程主要分为理论建构阶段、田野考察阶段和总结提炼阶段。此外,调研活动于项目立项后正式实施,所统计的研究数据均截止于 2021 年 12 月。

1.三江侗族自治县调研过程

研究前期,调研组通过查阅、收集资料整合县域内的县情、文化、教育概况,同时查阅城乡义务教育一体化、文化模式相关文献,了解相关理论、地区概况;研究中期,调研组通过半结构化访谈实地调研三江 MZ 初级中学与三江 TL 乡中学的资金投入与硬件支持、信息化建设、城乡课程教学及其质量、城乡教师队伍与学生发展四个维度的情况,分析三江侗族自治县城乡义务教育一体化发展的经验与困境。

研究后期,调研组以实地调研资料、数据和文献资料为依托,尝试建构三江侗族自治县城乡义务教育一体化发展的文化模式。

调研组全体成员于广西师范大学汇集,一同前往柳州三江侗族自治县。在柳州市融安县 W 老师的引荐与帮助下顺利进入三江侗族自治县两所中学进行实地调研。所幸有 W 老师这样如此关切地方教育研究的教师,为调研行动顺利进行开辟了道路。三江侗族自治县是以侗族文化为根脉的少数民族旅游胜地,其风景秀美,特色鲜明。调研目标学校分别是位于三江侗族自治县县城的三江 MZ 初级中学与位于乡镇的三江 TL 乡中学。调研组成员在三江 MZ 初级中学学校领导和教师的热情带领和介绍下迅速熟悉了校园环境,无不领略到特色鲜明的校风校景,沉浸在校园的和谐氛围中。学校相关领导介绍了学校特色——智慧校园建设,将信息化教育的成果充分展现。调研组成员通过校园参观、课堂观察和一对一访谈获得了许多具有参考价值的资料。在三江 TL 乡中学,在校领导带领下参观校园之后,调研组迅速进入对学校管理者、教师和学生的访谈中,学校各级管理者、教师十分配合,积极对所在县域的城乡义务教育一体化发展现状提出自己的看法与期待,访谈进行得十分顺利,预期访谈问题均得到了相关回应,访谈对象所述内容还引发调研人员进一步思考。整体上,调研人员对三江侗族自治县域内城乡学校的校长、教师和学生进行了主题访谈,获得了两所学校在教育硬件、师生发展、课程教学及信息化建设方面的第一手访谈资料,同时还与个别调查对象进行了深入访谈,了解到了学校城乡教育一体化发展更多的相关信息。

2.恭城瑶族自治县调研过程

调研第二站是恭城瑶族自治县。调研前期,组员代表与相关责任人在该县与调研目标学校相关领导取得联系,通过提前沟通明确调研相关信息,同时也使得调研组能够顺利进入校园开展相关工作。在出发之前,调研组分工协作完成了针对恭城瑶族自治县的民族、县情以及教育概况的分析,对其文化和教育的发展有了初步的认识。同时按照调研内容划分县城概况、民族概况、教育概况三个具体维度实施分工,讨论研制访谈提纲并准备其他调研工具。

调研组从广西师范大学乘车前往恭城瑶族自治县。恭城瑶族自治县地貌好似八卦图,置身其中,能体会到其独特的瑶族民俗风情和地域文化。因为有前期的对接工作,所以调研组顺利进入恭城 MZ 中学展开调研,其间对校园文化进行了实地考察,领略了恭城 MZ 中学的独特魅力。调研组在进行焦点团体访谈了解学校整体办学情况之后,进一步对学校教务主任、语文教师、信息技术教师、高年级学生等进行了一对一访谈,充分运用了三角互证的方法增加了此次调研的信效度。

为深入感受恭城瑶族自治县的民族文化与义务教育的相互关系,调研组走访了很多比较具有文化特色的地方,例如文庙和武庙,在恢宏大气的庙宇建筑中感受当地浓厚的庙宇文化和中华文化的气息。同时通过对这些地方的工作人员及普通民众的访谈,收集调研所需相关资料信息。

随后,调研组前往恭城 JH 初级中学,这是一所乡镇初中,从县城乘车大约四十分钟的路程。调研组进入学校后在会议室与学校教务主任(兼物理教师)、班主任(英语教师)、校长进行了时长约四十分钟的交流,随后对学校的教师和同学进行了开放式访谈与交流。校内调研结束后,调研组走进乡村与当地的家长和普通民众就乡村教育问题进行了开放式访谈,并在当晚对访谈的材料进行了简单处理。后续结合相关文献资料,整理出调研报告等相关文件。

3.龙胜各族自治县调研过程

龙胜各族自治县是最后一处调研地点,该县以多民族集聚为特色。首先,调研组通过资料收集整合,了解调研目标地区的相关情况,并通过提前与相关人员沟通进行前期了解,同时对研究涉及的理论进行梳理。其次,实地调研了龙胜各族自治县四所学校,通过实地考察与半结构化访谈分析当地城乡义务教育一体化发展的具体信息。最后,将所获材料进行整理,结合前期工作的相关成果,得到有效信息。

龙胜各族自治县作为著名旅游胜地,以重峦叠嶂、森然密林等风景闻名,更有享誉全球的龙脊梯田。调研组搭乘大巴前往龙胜各族自治县,再由县城转乘汽车至泗水乡 SS 中心小学调研,在该校领导和教师的热情引导下,在学校的会议室与学校领导及各科任教师代表进行了焦点团体访谈,团体访谈结束后根据需要深入了解的问题,又对相关教师和学生进行了有针对性的一对一访谈。下午,调研组搭乘乡村小巴前往距离 SS 中心小学 4.2 千米的一所村小——龙胜 BT 小学进行调研,同样对不同身份的调研对象以团体访谈和一对一访谈的形式开展交流,并对学校周边的人文、自然环境进行了走访与观察。对两所乡村学校调研结束之后,调研组回到县城,在龙胜 MZ 中学和龙胜 SY 中学以参观校园、焦点团体访谈、课堂观察、一对一访谈的形式分别对学校领导、师生进行调研,深入了解这两所学校的办学情况和办学特色。

由于整个调研过程在三个县域先后进行,调研内容与研究维度也在调研深入的过程中不断修改和完善,但民族地区县域城乡义务教育发展一体化水平始终是调研中备受关注的重点。

（八）研究创新

本书的研究创新点主要体现在以下四个方面。

一是研究场域的创新。本书聚焦于民族地区，重点考察了广西柳州市三江侗族自治县、广西桂林市恭城瑶族自治县以及广西桂林市龙胜各族自治县三大具有代表性特色的民族地区。其中，三江侗族自治县总人口中侗族人口占比最大，是典型的民族地区县域；恭城瑶族自治县历史悠久，地理风貌迥异，人文气息浓厚；龙胜各族自治县自然景色壮美，民族文化多元。以这三大自治县作为研究场域，其案例也具有代表性和参考性。从民族地区城乡义务教育一体化发展的现实出发，以最有代表性的民族自治县作为城乡义务教育一体化发展研究的特定场域，具有一定的创新性。

二是研究视角的创新。当前研究城乡义务教育一体化发展的主流视角多倾向于教育学角度。本书在以提高城乡义务教育一体化发展水平为宗旨的同时，研究视角多元化，从文化人类学、民族学和教育学的多重视角研究城乡义务教育一体化发展问题。以关注民族地区文化层次与文化差异为基础，考察研究场域内特定民族群体的社会生活和习俗，凸显民族文化的特殊性，形成独特的文化视角。在此基础上结合其城乡义务教育一体化发展特点归纳总结不同民族地区的发展文化模式，总体上实现研究视角的创新。

三是研究思路的创新。本书作为问题导向的研究成果，研究思路的循证逻辑从真命题出发，以翔实的理论为研究基础，以指导实践为宗旨。提出民族地区县域城乡义务教育一体化发展的文化考察之问，以文化人类学中文化模式理论作为理论基础，在三个不同民族地区自治县内对文化要素和文化差异进行分析。在田野中考察物质、制度、语言文字、宗教、文学艺术等文化，并进行城乡对比分析，建构发展文化模式。最终将文化模式落实在具体实践中，以检验、修正与完善，切实为提高民族地区县域城乡义务教育一体化发展水平作出积极贡献。

四是研究方法的创新。马林诺夫斯基（Malinowski）的南太平洋小岛调查为人类学开启新时代，"田野工作"（fieldwork）成为学科方法论的"科学"名称。本书以田野调查法为主要研究方法。无论是出于民族学还是教育学、人类学研究的考量，扎实的田野工作是体会民族地区风土人情和教育现状最直接有效同时也是最能深入细致考察的方法。在真实的土地上成为田野的一部分，在真实的乡村场景中不断将考察时的直观感受转化为学术语言并对照和反思研究的理论框架；以真实的生活生产背景、教育背景为研究情境，结合民族文化和教育特点，为研究的本真色彩提供有力保障。

（九）研究检验

本书的研究问题涉及城乡中小学教育资源配置、师资力量、课程建设与教学实施等方面的情况。主要关涉特定县域城乡义务教育学校的教与学，教师的主观想法和意见，如简单地使用某一种研究手段，难以获得全面、真实的研究数据。故参考人类学研究中常用的三角互证方法，在具体研究方法方面，采用观察法、访谈法和文本分析法对资料做定性的交互证实。结合笔者的研究经验，使用三角互证研究的方法进行访谈，访谈从领导、教师、学生三个维度出发，受访者结构较为多元，相对于单一的访问群体显得更加合理，从三个维度对同一问题进行回答，避免单一层面访问所带来的数据局限性。

本书严格按照质性研究的规范，以确保研究的信效度。首先，就研究主体来说，研究涉及的访谈人员是深切感受到县域城乡义务教育一体化的知情人，访谈结果相对真实可感。其次，本书综合采用多种研究方法，将来源于三个不同角度的数据进行对比互证，尽量避免单一研究方法存在的局限及不足，力求增强研究结果的有效性和可信度。最后，本书研究样本是三江侗族自治县、恭城瑶族自治县、龙胜各族自治县三地城乡之间不同学段的学校，辐射面广且具有代表性，很大程度上体现着该区域城乡义务教育一体化的地域特色，调查结果与研究目的吻合度较高，具有较好的信度和效度。

第一章

民族地区县域城乡义务教育一体化发展的文化模式意蕴

文化模式是人类学、社会学以及哲学研究的重要范畴,这一范畴在不同研究领域具有不一样的内涵。城乡义务教育一体化发展是城乡一体化发展的重要组成部分,其实现进程呈现出特有的文化模式,民族地区尤为凸显。因此,深刻理解并把握文化模式和城乡义务教育一体化这两个重要概念,对于建构民族地区县域城乡义务教育一体化发展的文化模式具有现实价值。

一、文化模式概述

文化心理学派代表人物露丝·本尼迪克特对文化模式研究作出了突出贡献,她在《文化模式》一书中分析了多个种族的文化,详细描述了各种族的观念、习俗、生产生活方式等,为文化模式的相关研究奠定了基调。本书中对"文化模式"的理解也主要受到露丝·本尼迪克特有关文化模式的研究和论述的启发。

(一)文化模式的内涵要义

露丝·本尼迪克特虽然对文化模式进行了深入的分析和论述,却未对文化模式作出确切的定义,后来的学者在此基础上进行了补充与完善,使得"文化模式"这一概念具有了丰富的内涵。文化模式离不开文化,它是由文化传承、发展、沉淀而成。因此,理解文化模式的内涵需要对文化有深刻的认识。

1.中外不同视角下文化的内涵

文化实际上是一个复杂的现象,蕴含着丰富的内涵。追溯历史可以发现,中国本土和国外对文化作出了不同的定义。究竟如何理解文化,众多学者给出了不同的答案,这些理解对文化的发展都具有重要意义。

在中国,"文化"一词最早出现在汉朝,西汉时期的《周易》中已有"观乎天文,以察时变;观乎人文,以化成天下"①的表述,说明文化是关乎天文与人文且多维地促进自然与社会进步的要素,这时候的文化意指一个国家文治教化的思想。随着人类历史的演进及人们对文化研究的深入,学术界对"文化"一词产生了不同的界定,这些界定主要有两个维度:第一个维度是从人类社会生产的各个方面来界定。《中国大百科全书》中指出:"广义的文化总括人类的物质生产和精神生产的能力、物质和精神的全部产品。"②《辞海》也对"文化"进行了广义和狭义之分,广义的文化是指人在社会实践过程中所获得的物质和精神的生产能力以及所创造的物质、精神财富的总和。狭义的文化特指精神生产能力和精神产品,其中包括一切社会意识形式如自然科学、技术科学和社会意识形态,有时又专指教育、科学、文学、艺术、卫生、体育等方面的知识与设施。③ 第二个维度是从人类习俗和生活方式角度界定。梁漱溟认为,文化即为一个民族生活的各个方面,并将文化分为三个方面。一是精神生活方面,主要包括宗教、艺术、哲学、科学等;二是社会生活方面,包含了社会组织、伦理习惯、政治制度及经济关系等;三是物质生活方面,具体表现在饮食起居等。④ 学者吴黛舒则认为,"把文化下放到平凡世界和人生活世界的各个角落,文化就是生活本身、生存方式本身"⑤。学者衣俊卿则持不同观点,他认为,文化的存在形态与经济和政治等具体的社会领域有很大的不同。作为在历史中凝结成的稳定的生存方式,文化不是独立存在的,而是在一切社会活动和社会存在领域中内在的、机理性的东西,是从深层制约、影响个体和社会活动的生存方式。⑥ 司马云杰认为,文化是人类创造的,是人类创造的特质,是人类创造的特质所构成的复合体,是不同形态的特质,因此"文化乃是人类创造的不同形态的特质所构成的复合体"⑦。

在国外,"文化"(culture)也是最复杂的词汇之一,它来源于拉丁文的"cultura",意指农业活动中的"耕耘""挖掘土地"或"栽培",由此被隐喻为对人的

---

① 李兴,李尚儒.周易[M].西安:三秦出版社,2018:69.

② 中国大百科全书总编辑委员会《哲学》编辑委员会.中国大百科全书:哲学Ⅱ[M].北京:中国大百科全书出版社,1987:924.

③ 辞海[M].上海:上海人民出版社,2002:1765.

④ 梁漱溟.东西文化及其哲学[M].北京:商务印书馆,1999:19.

⑤ 吴黛舒.文化学和教育学中的"文化"研究[J].华东师范大学学报(教育科学版),2005(03):30-37.

⑥ 衣俊卿.论中国现代化的文化阻滞力[J].学术月刊,2006(01):8-16.

⑦ 司马云杰.文化社会学[M].北京:中国社会科学出版社,2001:9.

品德和能力的培养或提高，在使用中逐渐被赋予了"教养""文明"之意。最早将"文化"作为一个概念提炼出来的是英国人类学家爱德华·伯内特·泰勒（Edward Burnett Tylor）。1871年，他在《原始文化》一书中对"文化"作出界定，认为"从广义的人种论的意义上说，文化或文明是一个复杂的整体，它包括知识、信仰、艺术、道德、法律、风俗以及作为社会成员的人所具有的其他一切能力和习惯"①。这是"文化"这一概念首次在学术界全面、系统地呈现出来。美国文化人类学家 S.南达对"文化"的定义也有自己的见解，他指出"文化作为理想规范、意义、期待等构成的完整体系，既对实际行为按既定方向加以引导，又对明显违背理想规范的行为进行惩罚，从而遏制了人类行为向无政府主义倾向发展"②。这种定义注重文化的行为性和动力性，将文化视为一种行为方式或生活方式。与此不同的观点是克利福德·格尔茨（Clifford Geertz）提出的"所谓文化就是这样一些由人自己编织的意义之网"③。他所理解的"文化"是任何社会都具有的特质，隐藏在各自的"生活方式"之中。

从中外学者对文化的界定来看，文化的内涵和文化本身一样丰富多彩、包罗万象。美国著名文化人类学家克罗伯（A.L.Kroeber）和克拉克洪（C.Kluckhohn）在著作《文化：一个概念定义的考评》中，收集了1871年至1952年由世界著名的人类学家、社会学家、心理学家、哲学家、政治学家等所界定的166条有关文化的定义，并对这些定义进行分析与归类，最终将这166条定义分为6组：第一组是文化的描述性定义。这类定义认为文化是一个复杂的整体，主要包括知识、信仰、艺术、道德、风俗等。第二组是文化的历史性定义。这组定义将文化视为任何在人类生活中通过社会遗传下来的东西，包括物质层面和精神层面。第三组是文化的规定性定义。这一定义强调文化的本质是价值观，是指任何人群——无论是野蛮人还是文明人都拥有的物质和社会价值观。第四组是文化的心理性定义。其指出，文化包括所有解决问题的传统方法，即一个群体在特定自然环境下如何共同生活的一切生活方式的合集。第五组是文化的结构性定义。即文化包括各种发明或文化特性，彼此之间具有不同程度的相互关系，它们通过结合构成了一个完整的体系。第六组是文化的遗传性定义。这一定义表明，文化既包括物质产品，又包括非物质产品，它是指我们称之为人造的，并带有相对长久特性的一切事物，这些事物是从上一代

---

① 泰勒.原始文化[M].蔡江浓,译.杭州:浙江人民出版社,1988:1.
② 南达.文化人类学[M].刘燕鸣,韩养民,译.西安:陕西人民教育出版社,1987:46.
③ 格尔茨.文化的解释[M].韩莉,译.南京:译林出版社.2008:5.

传给下一代的,而不是每一代人自己获得的。

显然,"文化由外显和内隐的行为模式构成,这种行为模式通过象征符号而获致和传递,文化代表了人类群体的显著成就,包括它们在人造物中的体现;文化的核心部分是传统(即历史地获得和选择的)观念,尤其是它们所带来的价值,文化体系一方面可以看作是活动的产物,另一方面则是进一步活动的决定因素"①。这是一个综合性的定义,既突出了文化作为一种行为模式而存在,也强调了文化的符号性和承续性。

综合古今中外研究者对文化的界定,结合本书的特定范畴,文化在本书中是指:一个社会或一个社会群体在其社会生产和生活的过程中逐渐形成的,以物质、精神等形式表现出来的完整形态和内在体系。

2.不同研究领域中文化模式的内涵

"模式"一词标志了事物之间隐藏的规律关系,是人们思维加工形成的认识形式,也是可参照模仿的样式或行为规范,是前人所积累经验的抽象和升华。换言之,模式就是人在生产生活实践中从反复出现的事物中发现、抽象和升华出来的规律,类似解决问题的经验总结,是一种认识论意义上的确定思维方式。对于文化来说亦是如此。因此,文化模式同样存在于特定的生活中,具有特定的结构和功能,表现出不同的行为方式。但不同个体之间的思维方式存在差异,其对文化模式的理解与抽象呈现不同的表征,这就使得不同研究领域的学者对文化模式作出了不同的界定,这些界定主要集中于以下两类领域:

一类是在文化人类学和文化学领域。该领域具有代表性的人物是露丝·本尼迪克特,她虽然未对文化模式作出明确的定义,但她认为,无论其掌门一时为何人,我们西方文明都保持了他的文化的延续性,这一点是毋庸置疑的。我们应该完整地把握我们人类所谓继承的全部内涵,其中最重要的一点就是,生理上所遗传下来的行为只占很小一部分,而文化上的传统的接力过程却起着极大的作用。② 人类行为是多种多样的,也是无穷尽的,但就一个族群而言,其在存在无限可能的文化之中,会根据自身的社会背景和价值取向选择其中一部分。这部分被选择的行为方式包括生死观念、青春期行为、婚丧嫁娶方式等,并逐渐抽象到社会、经济、政治等领域,经过长期的规约进而形成习俗,最终通过形式化演变成为特定族群的文化模式。文化模式的选择是文化载体的某种性质,类似反映被反复强调之后的结果,正

---

① 傅铿.文化:人类的镜子——西方文化理论导引[M].上海:上海人民出版社,1990:12.
② 本尼迪克特.文化模式[M].王炜,等译.北京:社会科学文献出版社,2009:10.

第一章　民族地区县域城乡义务教育一体化发展的文化模式意蕴　| 37 |

如任何社会都是人类行为大弧的某些弧度,文化模式也是建立在人为文化整合基础之上的某些特殊选择及反映。文化模式一经选择,就会有相对的持久性和稳定性。而且露丝·本尼迪克特坚持认为人类的这种选择主要是从文化层面出发,而不是仅遵循生物的天性。她还提到,理解个体行为不仅要把他的个人生活史和他的天分联系起来,而且要把这些东西和任意选择的常态做对比,还要把他的种种情趣相投的反应和那种在他那文化的种种风俗中选择出来的行为联系起来。① 露丝·本尼迪克特还指出,一个民族的文化就是这个民族人民的思想和行为模式。这一思考表明,每个民族都有自己的思想和行为,并具有一致性。之所以有这种一致性是因为同一民族的人有着共同的潜意识。

另一类是在文化社会学领域。中国学者司马云杰认为,任何文化的产生、发展、演化都离不开一定的时间、空间。文化在一定时间、空间里产生、积累、发展、传播、扩散,有些保留下来,有些慢慢消失,有时在交互作用中又获得再生。文化的这种在一定时间、空间的延续,就构成了它的时间、空间系统。我们只有以历史的观点研究文化在一定时间、空间的延续,才能看出文化的各种层面的形态及其结构、特征,看出文化由简到繁、由不稳定到稳定的积累、聚集以至发展为不同文化类型、文化模式的自然史般的历史进程。② 在这个意义上文化模式被当作历史的产物,是各种文化特质交互作用的结果。"每一个文化群都由许多文化特质组成,且在功能上有着内在的统一性和整体上的一致性。"③所以,"文化模式并不是人们计划的结果,而是在一定的文化生态环境中长时间形成的"④,"乃是不同文化的构成方式及其稳定特征"⑤。另一学者衣俊卿更关注文化的结构和功能,他认为,"文化模式是特定民族或特定时代人们普遍认同的,由内在的民族精神或时代精神、价值取向、习俗、伦理规范等构成的相对稳定的行为方式,或者说是基本的生存方式或样法"⑥。不仅如此,"文化模式在功能上不同于社会的政治、经济制度。一个社会的政治、经济制度往往以外显的、自觉的方式为社会的运行和人们的行为提供规范和框架。而文化模式则以内在的、不知不觉的、潜移默化的方式制约和规范着每一个体的行为,赋予人的行为以根据和意义。虽然文化的影响力不像政治经济那样直

① 本尼迪克特.文化模式[M].王炜,等译.北京:社会科学文献出版社,2009:166.
② 司马云杰.文化社会学[M].北京:中国社会科学出版社,2001:183.
③ 司马云杰.文化社会学[M].北京:中国社会科学出版社,2001:191.
④ 司马云杰.文化社会学[M].北京:中国社会科学出版社,2001:207.
⑤ 司马云杰.文化社会学[M].北京:中国社会科学出版社,2001:205.
⑥ 衣俊卿.论哲学视野中的文化模式[J].北方论丛,2001(01):4-10.

接和强烈,但更为持久和稳定,它往往能够跨越时代、超越政治经济体制而左右人的行为,进而影响政治经济活动和历史的进程"①。还有的学者将文化模式应用于实践,给文化模式作出新的界定。学者吴平将文化模式应用于对外汉语词语教学,他指出,"文化模式是以一定的价值系统为核心,并按一定结构组织起来的文化内涵之整体,融语言、信仰、习俗、生活方式、价值观念于一体,融器物文化、制度文化、精神文化以及人本身的文化性格于一体,组成的具有独特个性的体系"②。这种独特个性的体系表现出文化模式的复杂性。"文化模式的核心是价值系统,文化的差异关键是价值系统的差异。文化的价值系统是人们关于自己生命存在的意义、目的和理想的设定,是对'人之为人'的方式、根据、标准和理想的解答。"③学者夏丽丽在文化因素对区域经济发展影响研究中对文化模式作出了界定,她认为,"文化模式是指一个地区的文化在不同层面上相互融汇、相互结合的特有方式。它反映了一个地区特定的人文历史境遇,也构成了这个地区基本的人文特色。文化模式是社会群体在长期的共同生活中逐渐形成的,它的形成得到了社会群体的一致认同,从而使其超越了个体存在的价值观念。这不仅使文化模式具有了较强的稳定性,也使文化模式一经生成,就以其特有方式对特定区域的人们在思维方式、行为准则、道德及价值观念等方面产生全面的调节和控制,使社会集团的每一个成员都处处受其影响,遵循着这一共同的价值观念和行为模式"④。学者白友涛在对回族社区文化模式变迁的研究中对文化模式进行了剖析,他指出,民族文化模式关系到民众的信仰、思想意识、经济、政治制度、生活方式和器物等各个方面,并将一系列互有关联的文化特质和文化丛的构成方式和稳定特征称作文化模式,如藏族文化模式、蒙古族文化模式、回族文化模式等⑤。

可见,不同的民族或社会族群形成了不同的文化,不同的文化呈现出不同的文化模式。不同的文化模式承载着该民族或族群所有的文化内容,将这些内容组合在一起而形成特殊的形式和结构,体现着各个民族或族群的人民的思想和行为模式。同时,这一特定的文化模式也影响和塑造着这一文化模式辖域内的个体。

由此,本书将文化模式定义为:特定民族在长期生产生活中形成的普遍认同的

① 衣俊卿.论哲学视野中的文化模式[J].北方论丛,2001(01):4-10.
② 吴平.文化模式与对外汉语词语教学[D].北京:中央民族大学,2006:15.
③ 吴平.文化模式与对外汉语词语教学[D].北京:中央民族大学,2006:16.
④ 夏丽丽.文化因素对区域经济发展影响初探[J].人文地理,2000(04):55-58,15.
⑤ 白友涛.回族文化模式转型论:基于对大城市回族社区文化模式变迁的思考[J].贵州民族研究,2007(01):86-92.

价值系统指导下,呈现出来的由民族精神、民族心理、思维方式、风俗习惯、礼节仪式等文化特质构成的相对稳定而独特的生存方式。其中这种因历史积淀而形成的稳定的价值系统引领着民族内部个体的思想、心理和行为,影响着个体内在观念和外显行为上的选择、整合,最终构成民族特有的文化模式。

(二)文化模式的主要特征

特征是一个事物特点的象征和标志。文化模式源于文化,要深入理解文化模式,必须理解文化模式所具有的相对稳定的特征,而文化模式的特征是在文化特征的基础上呈现出来的。因此,本书基于对文化所具有的特征的理解,认为文化模式的特征可以总结为以下六种。

1.文化模式的趋向性

文化的形成过程也是文化对特定自然和社会环境不断适应的过程,在某一地域、某一个民族内,适合的文化元素会不断延续,不能适应人们生存方式的文化元素便会逐渐消逝。就文化本身而言,其具有"向上""向前"的趋势,文化元素消逝的实质是文化实现"扬弃"的过程。这种"扬弃"最终会使文化走向趋同,即具有相似性且能够适应外界环境的文化元素会留存下来。

文化模式的趋向性是指全体成员的意识和行为都趋向于本民族共同认可的中心理念或文化主旨,从而形成共同的民族性格,拥有共同的目标等。这种趋向性与集体无意识有关。文化模式的趋向性规定了特定群体的价值标准和选择范围,即只有选择符合文化模式所规范的,才是合理的,才能被特定群体所接受,否则这种选择在特定群体之中就是无意义的,甚至会遭到强烈反对和绝对排斥。

2.文化模式的复杂性

由于各民族所处地理位置不同,各民族人民在不同的地理环境中生存,逐渐形成了符合各民族需要的文化,这种文化在同一地区构成复杂的文化综合体。文化的复杂性既是各个民族交往和交融的结果,又是各个民族呈现独特、多彩文化的重要基础。文化的复杂性要求我们辩证看待不同民族的文化,从民族团结、民族进步的立场出发,尊重多样的民族文化。

文化模式的复杂性即是说不同群体具有不同文化模式,同一群体存在于不同的文化模式之中,文化模式之间也存在着包含与被包含关系。文化模式像套盒,大的模式中含有小的模式,模式之间以不同的方式联系在一起,并在特定的语境下相互激活。"文化模式是人们对客观世界的看法和解释,带有阶级、政治和地域色彩,并且一种文化模式可以融合不同的社会文化价值观。同时,一个人有可能同时持有不同社会文化群体的文化模式,甚至拥有互相冲突的文化模式。"①例如,广西某民族自治县的文化模式内含于广西壮族自治区的文化模式,二者同时又内含于中国的文化模式之中。中国的文化模式中也内含着中国某发达城市的文化模式,而广西某民族自治县的文化模式和中国某发达城市的文化模式又是具有较大差异的,在广西某民族自治县出生和成长的人长大后在某发达城市工作和定居,他有可能同时持有这两个区域独特的文化模式。

3.文化模式的整合性

文化的整合性是指不同文化相互吸收、融合而趋于一体化的过程。这种相互吸收与融合的前提是族群的杂居与文化的交流,并促成文化内容和文化形式的逐渐变化,最终整合为一种新的文化体系。

文化模式的形成源自整合,任何一种文化的发展过程都是一个整合的过程,因此文化模式具有整合性。所谓的整合性是指文化在发展的过程中一些特质被排除、扬弃,逐渐消逝,而另外一些文化特质被选择、传承,逐渐规范化、制度化、合法化,并外显为该文化模式所辖人群的文化心理和文化行为,这些文化特质经过整合之后逐渐成为有机整体和相对稳定的文化状态。一种文化在选择了自身的行为方式、社会价值、目标取向后将这些元素整合成为一种模式,即文化模式乃是一种文化的整体价值和意义。

4.文化模式的动态性

文化不是一成不变的,随着历史的变迁、时代的发展和进步,人类在生产和生活中不断创造和形成新的文化。也正是文化的动态性特征,使得文化变得越来越丰富、复杂,从而构成一个多样的综合体。文化发展的进程并非"直线式"的前进过程,而是呈现"波浪式"或"螺旋式"的前进趋势,随着人类历史的演变而发展进步。

文化模式是动态而非静态的。文化模式会因社会文化群体的不同而有不同的表现,同样会随着时间的推移、社会的变迁和人类认知经验的变化而变化。例如,中国婚礼模式的变化,在提及旧式的婚礼场景时,人们不免会想到媒妁之言、大红花轿、新娘头上的盖头、扎在新郎胸前的大红花等。当今的婚礼习俗则更多元化,西式婚礼、中式婚礼或中西结合式婚礼,人们可以根据自己的兴趣和爱好自由选择。这也说明文化模式并非一成不变的,而是在不断变化发展的。

---

① 张再红.词汇文化语义的认知研究[D].武汉:华中科技大学,2009:81.

5.文化模式的共生性

文化共生突出的是多元文化异质共存理念,是指不同族群不同文化异质共存、相互交流、兼容并包的文化形态。① 文化共生是人基于人的生物性和人的文化性双重逻辑下,在同一空间中共栖共长的文化存在状态或关系,其同样存在偏害、偏利、互惠等不同形态②。文化也是人与人在相互交往的过程中产生的,是人类在共同认识、共同生产、互相评价、互相承认中产生的,各民族在交往交融的过程中,形成了大量共通的文化。

文化模式的共生性是指不同的文化模式在同一空间以一种相互依存的关系持续发展,它们之间不是一种对立的关系,而是能够在这层关系中相互补充、相互促进。共生性的形成是基于两种或多种文化模式能够寻找到共生点,能够在共同的空间中以自有的方式运行着,在实现自身发展的同时促进对方的发展,是一种相互促进的过程。换言之,即形成"你中有我,我中有你"的共生关系。

6.文化模式的传承性

文化是人们在生产和生活中不断积累形成的,并在人类的生产和生活中不断延续。任何时代的文化,都是在上一个时代文化的基础上发展和形成起来的,离不开历史的积淀。故而文化是在不断传承中得以发展并表现出顽强生命力的一种形态,表现为物质层面和精神层面的传承。

文化模式的传承性即文化模式同样形成于人们的生产生活之中,是人们经常、反复出现的行为方式,经过不断地积累成为人们行动的外在规范。这种规范处于一种相对稳定的状态,不会因某一时间、某一事物而发生结构性的变化,能够通过个体的延续实现传承和延续。

(三)文化模式的构成要素

要素是构成事物的必要因素,也是构成系统的基本单元。文化模式在人们生活中发挥作用是依赖各个要素实现的,各个要素之间既有区别又有联系。因此,对文化模式进行要素分析,并展开深入解读,辨别出不同的文化现象是深入了解文化模式的基础。

文化模式内蕴着丰富的文化要素,这些文化要素在特定的价值引导下,按照一定的序列、结构组成一个个具有独特性的文化丛并形成一种特别的文化体系。由

---

① 孙杰远.文化共生视域下民族教育发展走向[J].教育研究,2011(12):64-67.
② 杨丽萍.多民族文化共生态及其教育功能释放[J].民族教育研究,2021(05):100-106.

于文化是一个包罗万象的概念,不同研究者对文化要素有不同的界定,这就决定了人们对文化模式的构成要素也持有不同的观点。张岱年和程宜山在《中国文化论争》中指出,"文化模式是一个包括思维方式、知识结构、价值取向、审美趣味的综合体"[①]。吴增基等学者也认为文化是一个具有特定结构的复合整体,他们依据文化所包括的内容性质,将文化划分为三层结构,即外层、中间层和里层。其中,外层是物质层面的,指人们使用的器物,即物质文化;中间层是心物结合层面的精神产品,又被称作制度文化;里层是心理层面的,主要包括价值观、心理状态、思维方式、道德情操、宗教感情、民族精神等,即精神文化。[②] 还有学者以文化的内容为观察角度分析,认为"文化模式包含物质文化,制度、习俗文化和心理文化三种文化形态"[③]。可见,因文化是一个复合整体,内部蕴含着丰富的要素,这些要素同时作为文化模式的一部分,也就使得文化模式具有多样的构成要素。

基于此,本书主要从文化的呈现方式来分析文化模式的构成要素。按文化的呈现方式来分,可以将文化模式的构成要素分为两大类。一类是显性文化,其是外在表现出来可直接通过感官了解的文化,主要以物质形态呈现出来,即物质文化。物质文化是指人们在日常的生产过程中创造出来的与一定地域环境相适应并能够在当地持续传承的实物(也包括过程中所用的技术和艺术),具体表现为建筑、饮食、服饰、交通等。作为文化模式构成要素之一的物质文化能借助外显的载体直接或间接表现出来,因而它具有外显性。比如,侗族代表性建筑风雨桥,源于人们的生产生活实践,并一直在侗族人民的日常生活中得到使用,它也是农耕经济的产物。另一类是隐性文化,其是相对于显性文化而言的,在某种程度上能通过显性文化表现出来,并对身处其中的个体或群体产生一定影响。比如,恭城瑶族自治县的文武庙对当地教育产生的影响。相对于可直接感知的显性文化来说,隐性文化则指内蕴在显性文化之中的民族文化心理、生产生活方式(生活态度)、习俗文化、制度文化、科学文化等。基于此,为了进一步认识隐性文化,加深对文化模式的认识和理解,以下对隐性文化进行详细的论述。

一是民族特色鲜明的文化心理。民族特色鲜明的文化心理是指在特定民族群体中形成的独特思维方式、情感表达和行为模式。这种心理反映了民族文化的核

① 张岱年,程宜山.中国文化论争[M].北京:中国人民大学出版社,2006:74.
② 吴增基,吴鹏森,苏振芳.现代社会学[M].5版.上海:上海人民出版社,2014:88.
③ 张再红.词汇文化语义的认知研究[D].武汉:华中科技大学,2009:83.

心价值观、信仰体系和历史传承，赋予了一个民族独特的个性和精神特征，是民族文化的内在表现和反映。首先，民族特色鲜明的民族文化心理体现在对传统文化的重视和珍视上。作为民族的精神财富，传统文化是民族身份认同和文化认同的重要基石。在这种心理下，人们对于自己民族独特的文化传统有着强烈的归属感和自豪感，愿意传承和弘扬传统文化，继承祖先智慧，保护和发展自己的文化传统。他们通过尊重传统习俗、参与传统活动、研究民俗文化等方式表达对传统文化的情感和认同。其次，民族特色鲜明的民族文化心理还体现在对集体主义价值观的认同和传承上。集体主义是中国传统文化的重要内容之一，也是塑造民族性格的重要因素。我国少数民族集体意识强烈，强调共同体的利益和团结合作。少数民族以集体为单位，重视家族、氏族和部落的纽带，注重维护和传承共同的文化传统。集体意识使得少数民族在面对外界冲击和挑战时更加团结，凝聚力强，能够共同抵御外来文化的冲击，并保持自己民族文化的独立性和独特性。再次，民族特色鲜明的民族文化心理还表现在对自然环境的独特态度上。中国传统文化强调人与自然的和谐相处，提倡尊重自然、顺应自然。在这种心理下，人们对自然环境保持敬畏之情，注重与自然和谐共生，追求宇宙大道和天人合一的境界。他们通过山水诗、养生文化等方式表达对自然的情感，积极保护生态环境，关注可持续发展，追求人与自然的和谐共存。最后，民族特色鲜明的民族文化心理还体现在对传统价值观的认同和传承上。少数民族的传统价值观饱含着对生活、社会、伦理和道德的规范。这些价值观多与自然环境、祖先崇拜、亲情关系、礼仪习俗、宗教信仰等相关，反映出少数民族对生活意义、人际关系、社会秩序和宇宙观的理解与追求。传统价值观在塑造和引导少数民族的思维方式和行为模式中起着重要的作用，并且在现代社会中仍具有一定的指导意义。综上所述，民族文化心理是一个民族的精神世界和文化个性的集中体现。这种心理塑造了一个民族独特的思维方式和价值取向，影响着人们的行为方式和社会交往模式，使得民族文化得以传承和发展。

二是长久稳定的生产生活方式。生产生活方式包括生活方式和生产方式。生活方式，也称生活模式，具体表现在物质生活和精神生活方面，比如衣、食、住、行、审美观、价值观等。生产方式是生产力和生产关系的统一，人类历史经历了原始社会、奴隶社会、封建社会、资本主义社会以及社会主义社会的生产方式。比如，通过对生产关系的变革，大凉山彝族从奴隶社会进入到社会主义社会，成为一步跨千年的民族。生活方式和生产方式紧密相关，生产方式决定了生活方式的具体内容、结构和水平。比如,摩梭人具有独特的生活方式,其婚姻制度是一种走访制度,俗称"走婚"。① 走婚制源于母系氏族社会,它是由一定时期的生产力、生产方式和生产关系所决定的。

三是区域特征凸显的习俗文化。习俗文化是指风俗生活习惯。它是由民众所创造的、共享的、传承的风俗生活习惯,具体表现为节日、工艺、特色饮食、传说等。以作为文化要素之一的饮食习俗为例,侗族和其他民族就截然不同,侗族人的饮食习俗是吃酸和糯米,有着"侗不离酸"和"无菜不酸,无酸不菜"的说法,这主要是因为侗族人长期身居深山,交通不便、物资匮乏,他们主要食用自己种植的粮食和蔬菜,自己养的鸡、鸭、鱼、猪、牛等禽畜的肉类,为了使这些容易腐烂变质的食物能够长期保存以便非盛产季节食用,就将食物腌制成各种酸;食用糯米主要是因为广西侗族居住的桂北山区气温低的时间长,只能种糯稻,而糯米饭不易消化,于是以酸佐食,可促进消化,又可提神,有利健康。侗族的饮食习俗和侗族其他文化的选择偏向整合后就构成了侗族独特的文化模式。总之,不同民族的生产生活方式持续影响着民族文化模式的形成,成为文化模式的构成要素之一。又如,花米饭主要流行于中国西南部省区(贵州、湖南、广西和云南)的民族地区,是壮族、侗族、苗族、布依族、瑶族等少数民族的传统祭品和风味小吃。② 黔东南苗族侗族自治州赖洞村村民就将"四月八"花米饭的制作与食用当作一个重要的节庆习俗。可见,习俗文化是民族文化的重要表现形式,也是构成文化模式的要素之一。

四是约定俗成的制度文化。特定区域的人们在这种组织单位中生产生活,并逐渐形成了共同的价值观念和规则,即区域范围内生活的人们共同遵守的制度。人们在不同的领域不断地主动创造各种适应自身发展和社会发展的制度,这些制度在区域范围内相互联系和相互作用形成有组织的规范体系,即制度文化,具体表现为法律制度、政治制度、经济制度、礼仪俗规、伦理道德以及人际关系准则等。有学者认为,制度文化"体现在地域文化中就是地域人民群众通过群众组织、道德规则、乡约礼仪等方面来规约自身或他人乃至集体的各种生活行为"③,比如乡规民约。这种制度文化可以是明文规定的也可以是约定俗成的,传递着一定区域内特

① 张积家.容器隐喻、差序格局与民族心理[J].西南民族大学学报(人文社科版),2018(05):214-221.
② 汤洪敏,丁邦菊.赖洞村"四月八"花米饭习俗及其文化探究[J].贵州民族研究,2019(12):121-124.
③ 郝海洪.以优秀的地域文化支持基层社会治理:以安徽阜阳为例[J].阜阳师范学院学报(社会科学版),2019(01):12-18.

定人群普遍认可的文化观念。"在红塔区还有部分旧的村规民约有这样的规定,如果某户有两个女儿,则只准一个女儿招女婿上门,可享受村(居)民待遇,而另一个女儿必须外嫁;离异妇女则不能享受村(居)民待遇。"①玉溪市红塔区的这一乡规民约体现着当地传统文化习惯并且是特定适用于该区域内的人群。总之,体现着传统文化习惯的制度文化也是文化模式的重要组成部分。

五是独立构成体系的科学文化。科学文化是基于事实和逻辑之上,并且体现着民众信念和信仰的知识、思维方式、行为准则等,其目的是协调人类的关系,具体表现为民族传统医药等。例如,"瑶族人民利用山区药用植物资源丰富的有利条件,在采集、使用的过程中,扩大了出售的品种,并逐渐与治病相结合,形成了既诊病又卖药的瑶医瑶药"②。瑶医、藏医、蒙医、维医等是民族医学的重要组成部分,它们是基于事实并经过实践检验的知识、思维方式和思维准则。

综上,文化模式的构成要素建基于文化的构成要素,具体从显性的物质文化,隐性的文化心理、生产生活方式、习俗文化、制度文化、科学文化等内容中选择和凸显出来。这些被选择出来的文化要素是民众在社会实践中不断形成的并在社会实践中深深影响着某一族群的发展,最终成为文化模式的重要组成部分。(图1-1)

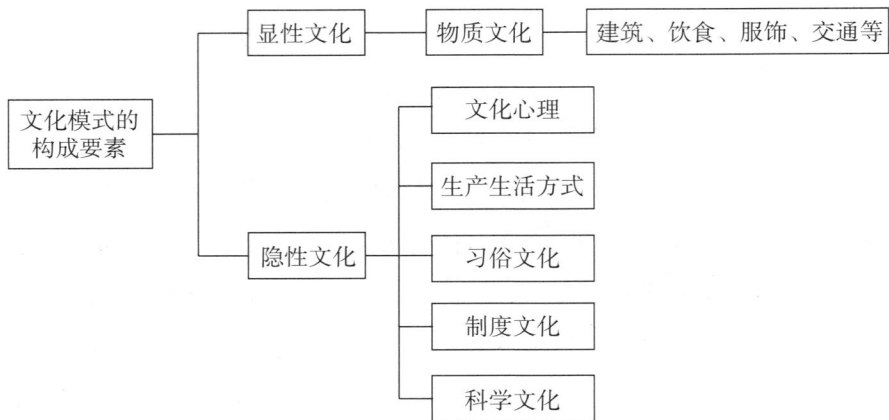

图 1-1　文化模式的构成要素

---

① 余婷,杨昌儒,周真刚.乡村治理视角下民族地区村规民约的完善路径:以玉溪市红塔区为个案[J].贵州民族研究,2019(05):24-30.
② 胡起望.瑶医简述[J].中央民族学院学报,1983(01):78-82.

（四）文化模式的内在结构

结构是组成整体的各个部分的搭配和安排,而内在结构是组成整体中各个要素的搭配和安排。文化模式的内在结构是由文化模式所蕴含的要素以及各要素之间的组织关系共同构成的。即使文化要素相同,各要素之间的构成关系不一样,也会整合成不同的文化模式。因此,分析某一文化模式,除了关注每个文化要素之外,还要关注各文化要素间的组合状态,这也是全面、立体把握文化模式的前提。

不同学者对文化模式的结构给出不同的观点:一是露丝·本尼迪克特认为的,"任何文明的文化模式都利用了所有潜在的人类意图和动机所形成的大弧形上的某个片断"①。二是郭齐勇在《文化学概论》中指出的,"文化模式是一种文化的诸成员所普遍接受的文化结构,也是长期存在的一种文化结构。诸文化模式的复杂性以及属于该文化的成员对这种模式的认识程度是可以改变的。简单、明显的模式可以在劳动习惯、服装和饮食上表现出来。比较复杂的模式可以在社会制度、政治制度或经济制度上看到"②。三是郑杭生在《社会学概论新修》中提出的,"所谓文化模式就是一个社会中所有文化内容(包括文化特质与文化丛)组合在一起的特殊形式和结构。这种形式往往表现了一种社会文化的特殊性"③。四是马武定认同的,"文化模式是社会共同体在共同的生活环境中长期积淀而形成的,是由思维方式、价值取向、习俗、伦理规范等构成,是反映该群体共同精神的、相对稳定的行为模式和生活方式。文化模式涉及人们的深层次心理结构,涉及人的生存的深层次维度"④。五是白友涛把能够区别于其他文化的最小单位称作"文化特质",如筷子、和服、礼拜帽、蒙古包等;又把若干功能上相互整合的文化特质群称作"文化丛",如"宗教文化丛"包括经典、建筑、礼拜方式、服饰、语言等文化特质。⑤

从以上学者的观点可以看出,文化模式的结构为大众所普遍接受,既可以简单地呈现,又可以较为复杂地隐含于其他内容之中,是个体在行动方式中所体现的观念的一部分。此外,文化特质是能够区别于他者文化的,若干个文化特质形成文化特质群,这些文化特质群也称为文化丛或者文化集丛。文化丛(文化集丛)包含若干个文化特质,体现着一定的相互关系。在一定程度上,文化特质和文化丛(文化

---

① 本尼迪克特.文化模式[M].王炜,等译.北京:社会科学文献出版社,2009:155.

② 郭齐勇.文化学概论[M].武汉:武汉大学出版社,2014:108.

③ 郑杭生.社会学概论新修[M].2版.北京:中国人民大学出版社,1998:96.

④ 马武定.对城市文化的历史启迪与现代发展的思考[J].规划师,2004(12):9-12.

⑤ 白友涛.回族文化模式转型论:基于对大城市回族社区文化模式变迁的思考[J].贵州民族研究,2007
(01):86-87.

集丛)共同体现着区域的或者民族的文化模式。

文化模式如何发挥其自身的作用呢？文化模式的构成要素或要素间的有机结合,共同发挥作用,能够使拥有该模式的群体内各文化要素趋于一致,处于整合状态并长期影响群体内每一个成员的价值观念、思维习惯和行为方式。换言之,文化模式调节并控制着文化模式的构成要素,并对特定区域的人们持续地施加影响,进而在群体内每一个成员内心深深地打上了文化烙印,影响着人们的价值观念,促进民族文化认同的形成。

综上所述,我们认为文化模式的内在结构是这样的:文化模式调节和控制着文化模式的构成要素,其中包括物质文化、民族文化心理、生产生活方式、习俗文化、制度文化和科学文化;文化模式的构成要素以及构成要素间的有机结合集中体现在人们的价值观念上,从而构成了文化模式的内在结构。(图1-2)

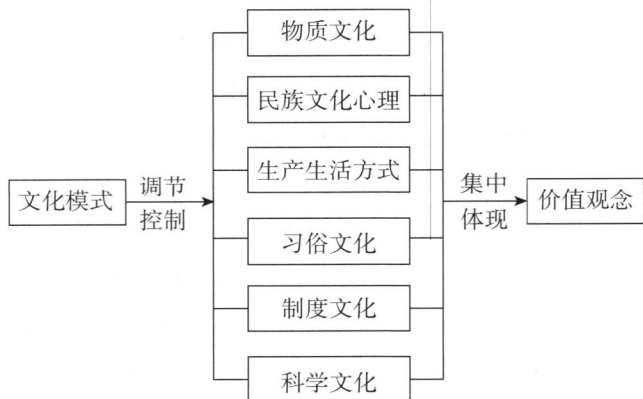

图1-2　文化模式的内在结构

(五)文化模式的基本类型

模式可以从不同角度进行分类,如地理区域、历史时代、社会类型。文化是历史地凝结成的、普通的、相对稳定的生存方式或生活样法,它往往以文化模式的方式存在。随着人类的迁徙和彼此交往日趋密切,文化模式的所谓"纯度"越来越低,也就是说随着不同文化接触的日趋频繁和多样化,文化模式的类型划分只能是一种相对的界定。文化模式的不同类型只能代表某种文化的主流并且是具有时代性的那部分。文化哲学所探讨的是在较大尺度上如特定地域、特定时代、特定民族中占主导地位的文化模式。因此,本书主要参考学者衣俊卿对文化模式的分类,将文化模式主要分为历时态视野下的文化模式和共时态视野下的文化模式。

1.历时态视野下的文化模式

历时态视野下的文化模式以"时间"维度进行划分,主要经历了原始社会的自然主义文化模式、农业文明的经验主义文化模式、工业文明的理性主义文化模式和智能时代的后现代主义文化模式。

一是原始社会的自然主义文化模式。在原始社会,人类和动物相比较而言,初步具有了较为朦胧的意识,这一时期主要由神话、图腾、巫术等文化形态构成了物我融为一体的文化模式,这一模式表现出强烈的自然属性。这个时代的人们还没有形成对人类本质和自我存在的自觉意识,常是以最为原始的生产生活方式实现群体间的组织活动,从而支配着日常生活,这是一种典型的自然主义的文化模式。"由原始巫术、图腾崇拜、原始神话和原始宗教交织构成的原始观念世界是一个人类精神尚未达到自觉、人尚未形成明晰的自我意识和类意识的、混沌的、未分化的和自在的思维活动领域。"①原始的思维表现出缺乏个性和自我意识的集体意象,主要由于这一时期的人类从事简单、重复的活动,并且这一时期的思维和逻辑主要探索"是什么",一定程度上缺少了"为什么"和"应如何"的维度。

二是农业文明的经验主义文化模式。在人类发展的历史上,农业文明占据了绝大部分时间,是人类生存的重要形态。与原始社会相比,这一时期的人类社会发生了前所未有的改变。"其一是原始社会末期的三次社会大分工导致了私有制、阶级和国家的产生,进而导致了政治、经济、社会管理等有组织的社会活动领域的建构;其二是精神生产和物质生产的分工导致了由哲学、文学艺术、各种其他理论,以及由哲学包裹的科学等由一些专职理论家和思想家从事的自觉的、非日常的、独立的精神生产领域的生成,这标志着原始的无意识的、直觉的精神世界开始为一个有意识的、自觉的精神世界所取代。"②此时,自觉的精神活动及其成果尚未在更广泛的领域中得到充分展现,也尚未成为人类现实生活的核心内容,无法作为社会交往的重要中介,依旧与现实世界相分离,不能过高地估量以往时代的精神世界和精神活动。然而,我们不能否认文化模式对人类的基本生存方式和社会交往的重要作用。传统农业文明的文化模式是在日常生活中潜移默化形成的,并以内隐的方式影响着人们的行为。因此,将这种文化模式称为经验主义的文化模式更为贴切。总之,虽然现代人类的精神世界达到了新的高度,但我们需要保持客观,并认识到自觉的精神活动还未充分融入更广泛的领域,也未成为现实生活的核心内容。与

---

① 衣俊卿.论哲学视野中的文化模式[J].北方论丛,2001(01):4-10.
② 衣俊卿.论哲学视野中的文化模式[J].北方论丛,2001(01):4-10.

此同时,我们也应该意识到农业文明的经验主义文化模式对我们的思维方式和行为习惯产生了深远的影响。

三是工业文明的理性主义文化模式。这一时期的文明对社会化大生产、政治、经济、社会管理、世界性的交往等社会活动领域产生了巨大的影响,使得这些社会活动领域得到了极大的扩张。此外,以科学、艺术、哲学为主要形态的精神生产领域也得到了空前的发展,其发达程度得到了极大的提升。显然,这一时期支配人们生产生活以及社会交往的文化模式已经转化为理性主义,这是人精神自觉的重要体现。工业文明的理性主义文化模式强调"理",其以科学知识为重要基础,蕴含着重要的契约精神,以自由自觉的形式创造着文化模式。这种文化模式极具穿透力,能够贯穿于人们一切社会活动中。因此,从某种程度上来说,这也是一种人本主义或人文主义的文化模式。在这种文化模式下,人类的理性思维被强调并视为解决问题和推动社会进步的关键。它将人的尊严、价值和自由视为核心,并倡导人的自我实现、自我决定和个体权利的重要性。这种文化模式鼓励科学、逻辑和推理,追求智力和知识的发展,并以人类的智慧和能力为中心,在很大程度上塑造了现代社会的基本价值和道德观念。

四是智能时代的后现代主义文化模式。在智能时代的背景下,受科技进步和数字化革命的深刻影响,后现代主义文化模式日渐崛起。后现代主义文化模式认为真理是相对的,认识是主观的,多元性是存在的,并且强调个体的经验和感知。后现代主义文化模式挑战了传统的权威性和专制性,鼓励个体表达自己的声音和观点,同时也认可多元文化的存在和重要性。在智能时代,人们接触到了极其丰富的信息和观点,随时可以与世界各地的人进行交流和互动,这使得我们对于真理和知识的看法变得更加开放和多样化。智能时代的后现代主义文化模式是一种对传统现代主义价值观和信念的重新思考和转变。它强调相对性、多元性和不确定性,并鼓励个体的经验和感知。在信息过载和权力问题的背景下,后现代主义文化模式倡导审慎和批判性思考,并关注平等、包容和多样性。智能时代的后现代主义文化模式塑造了我们对真理、知识和人类社会的认知,并将个体自由和多样性视为重要价值。

2.共时态视野下的文化模式

共时态视野下的文化模式主要表现在两个方面。

一方面表现为民族心理意义上的文化模式。参照文化模式的基本理论,露丝·本尼迪克特对多个民族的文化模式进行了剖析与论证,其中较有影响力的是她在《文化模式》一书中以北美印第安人为范本所进行的关于日神型文化模式和酒神型文化模式的分析,以及在《菊与刀》中通过对日本与欧美的比较而进行的关于耻辱感文化模式和罪恶感文化模式的分析。基于这些分析,露丝·本尼迪克特确信,文化模式相较制度而言更值得研究。她认为社会学单位不是制度,而是文化构型,就不同的对象而言也有着不同的构型,这些构型在一个个事例当中控制着文化特质。

另一方面表现为文明形态意义上的文化模式。很多学者在研究中都有关注到文明形态意义上的文化模式,尤其是在哲学领域,他们对文化模式展开了直接的文化哲学或历史哲学研究。例如,德国历史哲学家奥斯瓦尔德·斯宾格勒(Oswald Spengler)在《西方的没落》中提到,人类的历史自身而言是不具意义的,真正的意义蕴藏于个别文化的生活历程之中,有且仅有在文化中才能有他们自己的历史。因此,研究历史时理应从具体的文化着手。阿诺德·汤因比(Arnold Joseph Toynbee)同样把自己的研究定位于文明形态的研究。他认为,历史研究的单位应当是特定的社会,即文明。在汤因比看来,每一种机制的深层内涵都与人类文化精神或人的自由状况紧扣。[1] 存在主义哲学家雅斯贝尔斯(Karl Theodor Jaspers)在《历史的起源与目标》中建立了一种基于文明形态分析的深刻的历史哲学,在他看来今天人类各种主要的文化精神或文化模式是从世界历史的轴心时期开始的。

在文明形态意义上的文化模式中,中国和西方的文化模式有诸多不同。以下将具体描述中国传统的文化模式与西方的文化模式。

第一,中国传统的文化模式。中国传统社会以农业为基础,宗法家族为社会结构支柱,强调尊祖、尚情、重人伦,高度重视人与自然、人与物、人与人之间的和谐统一。他们擅长以整体的方式看待客观世界,用直观、形象的方法把握对象,并注重人伦道德的价值导向。中国文化模式具有多种类型。在形式上,它表现为宗法性家国同构、伦理与政治互渗。其中,官权是社会文化的核心,一切价值都转化为官权的价值(就像金钱本位的社会中,一切劳动产品都转化为货币的价值一样)。社会生活的各个方面都被纳入王权系统和等级位格中,都具有官权色彩。在内容上,中国传统文化理想是由天道理想、王权理想和宗法理想三者构成的。天道理想以天理良心为价值依托,追求悟"道"、得"道"、循"道"的旨趣;王权理想包括圣人崇拜观念、"三代盛世"的理想、"王道""大同"社会和"天下太平"的理想;宗法理想则

---

① 衣俊卿.论哲学视野中的文化模式[J].北方论丛,2001(01):4-10.

以祖先(宗法家族)崇拜和以"三纲五常"为核心的尊亲和谐伦理秩序为具体表现。宗法家族的伦理道德、价值观念等文化观念包括忠君观念、王权崇拜观念、政治权威神圣化观念、"王化"和伦理教化行为等。也有学者将中国传统的文化模式概括为和谐型文化模式。① 中国传统文化产生于中国古代农业社会。古代农业生产收成的好坏由自然界的力量来决定,人们寄希望于自然界,关注人与自然的和谐,并把人与自然的和谐视为最高准则和理想目标。传统的农业生产方式决定了人际和谐与群体和谐的重要性。以人际和谐为基础,进而实现群体和谐,最终达到天人和谐的理想目标,从而形成了中国传统文化的基本模式,也就是和谐文化模式。中国传统文化强调"修身、治国、平天下",主张通过"修身"实现人际和谐,通过"治国"实现群体和谐,通过"平天下"实现天人和谐,这是最基本的三大和谐。其中,瑶族文化模式具有典型性。《过山榜》记载了"千家峒传说",这个传说源于瑶族神话,强调瑶族先人历经万难的迁徙过程,是瑶族神圣性集体记忆的重要组成部分。尽管"千家峒传说"与"渡海神话"一样都不是真实史料,而是神话传说和精神信仰,但它们早已成为瑶族历史文化的象征性符号。"千家峒传说"反映了瑶族人民的迁徙习性,是瑶族农耕文明的映射(学界倾向于将瑶族的经济生产方式界定为"游耕"),也代表着永恒的精神家园(在 20 世纪上半叶,湘、桂等地的瑶族人民进行了一系列"寻找千家峒"的运动,这源自对自身文化认同的追求)。瑶族文化模式既将散居各地的瑶族聚集在一起,又通过此模式将瑶族与其他民族加以区分。

第二,西方的文化模式。西方的文化模式具有多样性和多元性。西方文化起源于古希腊文化,古希腊文化所形成和发展的社会历史环境是海上贸易,海上贸易推动了经济、商业和科技的发展,并培养了人们的自由竞争精神,这也成了西方文化中的基本价值观。西方文化模式在不同的历史时期有着不同的样态和表现形式。从古希腊、古罗马文明到现代民主自由的社会,西方文化经历了漫长的发展和演变过程。在古希腊、古罗马文明中,人们崇尚理性、美学和哲学,强调个体的自由和独立,这也是西方文化最基本的价值之一。古希腊哲学家柏拉图提倡"理念国家",主张以真理和智慧统治,强调精神指导,对现实进行反思和提升。而亚里士多德则注重实证主义,强调实证、经验和逻辑推理的重要性。古罗马文明强调法律和政治体系的建立,主张权力分立、宪政制度和公正裁判等制度,建立了欧洲法系的基础。在中世纪的基督教文化中,人们寄希望于上帝的庇佑和救赎,强调天堂、地

---

① 曹德本.和谐文化模式论[J].清华大学学报(哲学社会科学版),2000(03):1-5.

狱和道德原则,这也是西方文化中宗教价值观的一个重要组成部分。基督教的信仰体系在西方文化中持续了近两千年,并对西方文化产生了深刻的影响。基督教的传播和推广,推动了欧洲文化的繁荣和发展,形成了具有强烈宗教色彩的文化模式。文艺复兴时期,人们开始重新审视古希腊、古罗马文明的价值,发扬人类的智慧和美学,这也是西方文化重要的历史时期。文艺复兴与人文主义运动共同促进了现代知识分子阶层的形成,通过对人类本质的研究和科学的探索,强调人性、自由和平等。现代社会中,民主、自由和个人权利及其保护是西方文化最重要的价值观之一。在国家制度上,西方国家主张民主制度和权力分立原则,政府应该由人民选举产生并承担最终责任;在经济制度上,西方倡导市场经济和私有财产制度,强调个人与企业的自由竞争,这也是全球化趋势下的西方价值观体系。总之,西方文化模式在不同历史时期展现出独特的价值观、信仰和行为方式。它经历了漫长而复杂的历史进程,不断演变和发展,塑造了现代西方社会的面貌。

总之,本书即是将文化模式的基本类型分为了历时态视野下的文化模式和共时态视野下的文化模式。历时态视野下的文化模式分为原始社会的自然主义文化模式、农业文明的经验主义文化模式、工业文明的理性主义文化模式和智能时代的后现代主义文化模式。共时态视野下的文化模式分为民族心理意义上的文化模式和文明形态意义上的文化模式,其中文明形态意义上的文化模式又演化出了中国传统的文化模式和西方的文化模式两种文化模式。(图1-3)

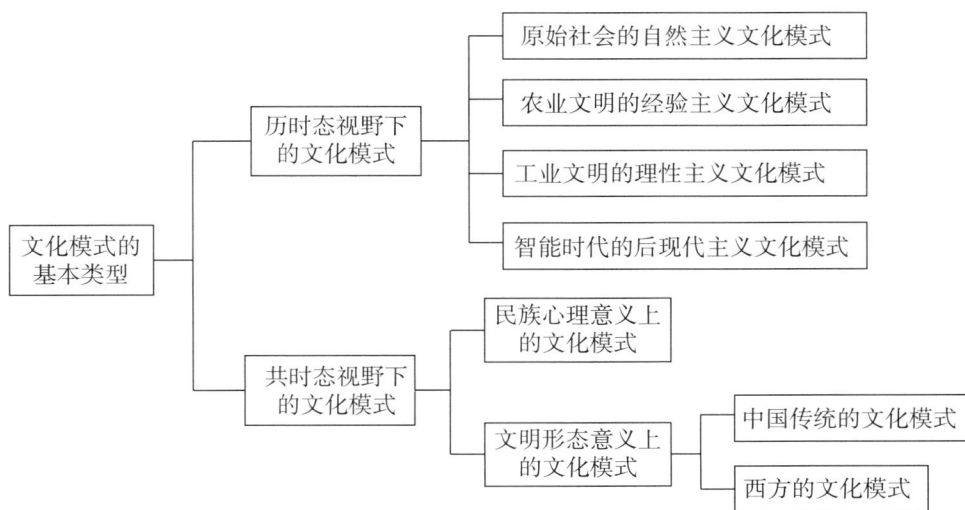

图1-3 文化模式的基本类型

二、民族地区县域城乡义务教育一体化发展的文化模式概述

城乡义务教育一体化发展是中国社会历史发展的必然趋势,也是迈向教育现代化的必经之路。从文化的视角分析民族地区县域城乡义务教育一体化发展,可以发现,其同样具有丰富的内涵、特征、结构等,所形成的文化模式也深刻影响着城乡义务教育的发展。

(一)民族地区县域城乡义务教育一体化发展文化模式的本质内涵

城乡义务教育一体化发展是国家发展所需,是实现教育均衡的重要举措。剖析民族地区县域城乡义务教育一体化发展的文化模式,能够深入了解民族地区县域城乡义务教育一体化发展的生存境遇,为其找准发展方向指明道路。

1.民族地区县域的特定含义

民族地区县域由"民族地区"和"县域"两个概念构成。在我国,"民族地区"通常指少数民族地区。"少数民族"是指汉族以外的 55 个少数民族。[①]"地区"通常是对特定区域的泛称。少数民族地区是依据《中华人民共和国宪法》和《中华人民共和国民族区域自治法》所划定的社会组织单元,如自治区、自治州(盟)、自治县(旗)等。因此,民族地区是指我国除汉族以外的其他 55 个少数民族分布和聚居的地区。[②] 所以,民族地区为少数民族地区的简称。"县域"作为区域的一种特定形式,涵盖了其所占的地域和空间。[③]

因此,本书中的"民族地区县域"是指在少数民族地区当中县级行政单位所管理的区域,特指广西柳州市三江侗族自治县、广西桂林市恭城瑶族自治县和广西桂林市龙胜各族自治县。

2.民族地区县域城乡义务教育一体化发展的源流和理解

2010 年,国务院发布了《国家中长期教育改革和发展规划纲要(2010—2020年)》,其中两次提到"建立城乡一体化义务教育发展机制"。2020 年,是纲要顺利完成之年,也是中国城乡义务教育一体化发展目标的实现之年。

城乡义务教育一体化发展是城乡教育一体化发展和城乡一体化发展的重要组成部分,对城乡融合发展具有重要意义。城乡一体化发展是指多方面的一体化发展,包括在政治、经济、社会、文化、生态等方面发展的有机结合,其最终目的是缩小

---

① 哈经雄,滕星.民族教育学通论[M].北京:教育科学出版社,2001:396.
② 王世忠.少数民族教育发展研究[M].北京:人民出版社,2013:3-4.
③ 罗旭清.凉山州县域经济竞争力评价研究[D].成都:四川农业大学,2012:13.

城乡差距,打破城乡二元结构的局面,实现城乡均衡发展。城乡教育一体化发展的概念是在城乡一体化发展研究和实践不断推进的过程中提出的,城乡教育一体化发展旨在促进教育资源整合、教育结构优化,促进教育公平、和谐、高质量发展,是城乡经济社会一体化发展的重要内容。"城乡教育一体化是指统筹城乡教育发展,整合城乡教育资源,打破城乡二元经济结构和社会结构的束缚,构建动态均衡、双向沟通、良性互动的教育体系和机制,促进城乡教育资源共享、优势互补,推动城乡教育相互支持、相互促进,缩小城乡之间的教育差距,有效消除地域、经济等原因导致的教育不公平……实现城乡教育均衡发展、协调发展、共同发展。"①李玲等根据《国家中长期教育改革和发展规划纲要(2010—2020年)》的指导思想认为,"城乡教育一体化的外延可以从以下几个层次来理解:从宏观的教育体制机制范畴看,包括城乡教育管理体制机制、教育人事体制机制、教育投入体制机制、办学体制机制、人才培养体制机制和考试评价体制机制的一体化;从中观的教育层级与类别看,包括城乡学前教育、义务教育、职业教育、高等教育和继续教育的一体化;从微观的教育组成要素看,包括城乡学校师资、学校课程模式、资源配置和城乡教育信息的一体化"②。城乡教育一体化发展是实现公平而有质量的教育的重要战略选择和实践路径。城乡义务教育一体化发展是城乡教育一体化发展的深化和具体化。关于城乡义务教育一体化发展的内涵,许多学者都对其进行了分析。其中,"城乡""义务教育""一体化""城乡教育一体化"四个核心词是深度分析理解城乡义务教育一体化发展的关键所在。

首先是"城乡"的内涵。对城乡义务教育一体化发展概念的明晰,必须先确定城乡的含义、范畴及空间范围。关于"城乡"的界定,黄坤明认为,乡村是主要依赖自然从事农业生产,人口分布较城市分散的地方;城市则是主要从事非农业生产,人口密度较大的地方,往往是一定地域范围内的政治、经济、文化、交通和信息中心。③《新编现代汉语词典》认为,城市是人口集中、工商业发达、居民以非农业人口为主的地区,通常是周围地区的政治、经济、文化中心。而乡村亦指农村,是农民聚集的地方。④ 有研究者总结归纳了几种以空间为维度划分城乡的方法:一是2008年国家统计局《关于统计上划分城乡的暂行规定》把城乡分为城区、城镇和乡村;二

---

① 褚宏启.城乡教育一体化:体系重构与制度创新——中国教育二元结构及其破解[J].教育研究,2009(11):3-10,26.
② 李玲,宋乃庆,龚春燕,等.城乡教育一体化:理论、指标与测算[J].教育研究,2012(02):41-48.
③ 黄坤明.城乡一体化路径演进研究:民本自发与政府自觉[M].北京:科学出版社,2009:17-24.
④ 字词语辞书编研组.新编现代汉语词典[M].长沙:湖南教育出版社,2016:152,913.

是《中国教育统计年鉴》将城乡划分为城市、县镇和农村;三是在大城市中将中心城区划分为城,将郊区划分为乡;四是在县域内县镇为城,其余地区为乡。① 但随着城市化的不断加快以及城乡交流的不断加强,城乡的概念也有了新发展。正如杨卫安、邬志辉所认为的,城乡是相对而言的,若把乡村看作纯粹的"乡",那么相对于乡村而言,镇区显得更像"城"了;但若将镇区与城区相比较,镇区却又有了"乡"的意味。故此,我们可以将城乡看成一个连续的序列,依照城乡的不同等级、次序及行政区划,把中国的城乡关系划分为七个层级:第一层级是乡村内部中心区与村庄的关系;第二层级是镇域内城(镇政府驻地)和乡(村庄)的关系;第三层级是县域内一个镇的镇区与另一个镇的乡村的关系;第四层级是市辖区内的城区与乡村的关系;第五层级是地级市内的一个区县的城镇(城区和镇区)与另一个区县的乡村的关系;第六层级是省域内一个地级市内的城镇与另一个地级市内的乡村的关系;第七层级是全国范围内一省的城镇与另一省的乡村的关系。与此对应,城乡教育一体化也可以分为七个层次。考虑到我国行政区划的设置情况,乡和镇一级、县和区一级的可以合并到一起,城乡教育一体化的层次也因此得到简化,依次是:镇(乡)域内的城乡教育一体化;县(区)域内的城乡教育一体化;地级市域内的城乡教育一体化;省域内的城乡教育一体化;国家层面的城乡教育一体化。② 纵览学术界对城乡的界定,实质上城乡或城乡教育是一个相对的概念,可以依据研究需要从不同的研究视角对城乡或城乡教育进行具体的概念界定。因本书以县域为义务教育一体化发展的研究范围,县城的学校和乡/镇、村点的学校在软硬件等方面存在较大的差异,故在本书中"城"主要指县城,"乡"则指县城之外的地区,包括乡镇和村庄。

其次是"义务教育"的内涵。《中国大百科全书:教育》对"义务教育"的界定是:"国家用法律形式规定对一定年龄儿童免费实施的某种程度的学校教育。也称为强迫教育、免费教育或普及义务教育。因其开始时实施的均属初等普通教育,所以又称为初等义务教育。"③伴随着义务教育的实施和推进,学者们从不同视角对义务教育的内涵进行解析。鲍传友认为,义务教育是个体生存和发展的基础教育形式,也是一个国家经济发展和民族复兴的基础,承担着为国家培养人才和提高国民素质的基本任务,同时还是一种准公共物品,是国家立法规定的每个公民平等享有

① 王正惠.城乡义务教育一体化发展研究综述[J].上海教育科研,2015(09):5-9.
② 杨卫安,邬志辉.城乡教育一体化:范围、实质与研究路径[J].湖南师范大学教育科学学报,2013(04):5-9.
③ 中国大百科全书总编辑委员会《教育》编辑委员会.中国大百科全书:教育[M].北京:中国大百科全书出版社,1985:487.

的一项基本人权。① 因此,义务教育应该面向全体社会成员,而不是社会群体中的一小部分或者特定的利益阶层或者是贵族群体,并不是一种精英教育。在中国,义务教育常被称为免费教育,是公共服务的重要内容,是国家经济社会发展的重心。故而,义务教育阶段是城乡教育一体化发展研究主要关注的学段。在本书中义务教育的内涵采用《中华人民共和国义务教育法》中的界定:义务教育是国家统一实施的所有适龄儿童、少年均须接受的教育,即九年义务教育,包括小学和初中两个阶段。

再次是"一体化"的内涵。"一体化"的英文为"integration"。"'integration'一词源于拉丁文,原意为'更新'。直到17世纪初,它才被用于表示'将各个部分结合为一个整体'这样一种现象,这也是迄今各种英文词典对该词词义的基本解释。"② 卡尔·多伊奇(Karl Deutsch)在其著作《国际关系分析》中将一体化界定为:"一体化通常意味着由部分组成整体,即将原来相互分离的单位转变成为一个紧密系统的复合体……一体化就是单位之间的一种关系,在这种关系中它们相互依存并共同产生出它们单独时所不具备的系统性能……'一体化'一词有时也被用来描述原先相互分离的单位达到这种关系或状态的一体化过程。"③ 这一界定既强调了一体化是一种静态的关系或状态,也体现出一体化是动态地达到这种关系或状态的过程。"一体化"本身既是一个过程,也是一种目标。作为过程,它强调城乡教育的一体化应逐渐打破城乡二元经济结构和社会结构的束缚,构建动态均衡、双向沟通、良性互动的教育体系和机制;作为目标,它强调缩小城乡之间的教育差距,消除地域、经济等原因导致的教育不公平,使均衡化的公共教育服务覆盖城乡全体居民,实现城乡教育均衡发展、协调发展、共同发展。④ 由此可见,一体化就是指将两个或多个原本互不相同、互不协调的单位或部分,通过适当的方式、措施,使其相互融洽、相互协调,并逐渐融合为一个和谐的整体的过程和状态。

最后是"城乡教育一体化"的内涵。研究者从不同的视角对城乡教育一体化的内涵进行了解读。有研究从发展思维的角度认为,"城乡教育一体化是指在教育发展中,把城乡教育置于由城市和乡村所构成的同一个大系统之中,打破城乡二元经

---

① 鲍传友.义务教育均衡发展:内涵和原则[J].国家教育行政学院学报,2007(01):62-65.

② 周茂荣.论80年代中期以来的国际经济一体化趋势[J].世界经济,1995(06):27-31,79.

③ 多伊奇.国际关系分析[M].周启朋,郑启荣,李坚强,等译.北京:世界知识出版社,1992:267.

④ 褚宏启.城乡教育一体化:体系重构与制度创新——中国教育二元结构及其破解[J].教育研究,2009(11):3-10,26.

济结构和社会结构的束缚,把它们视为同一个整体,以系统思维方式,推动城乡教育相互支持、相互促进、协调发展,共同实施教育的现代化"①。也有研究对城乡教育一体化的各个因素进行分析,将一体化视为发展战略,并指出"城乡教育一体化发展战略是由城乡学校空间布局的城乡一体化战略、办学条件的城乡一体化战略,公用经费的城乡一体化使用战略,师资配置城乡一体化战略,教育管理城乡一体化战略等教育内外部各子系统发展战略所组成的战略体系"②。还有研究认为,这是一种动态进程,"城乡教育一体化的内涵可以概括为:在教育公平的核心价值取向下,打破城乡二元僵局,建设城乡教育共同体,在保持与发挥城乡教育区域性特色与优势的基础上,促进城乡教育互动联结、相互帮助、相互作用、消解差距,逐步实现城乡教育公平、共生共荣、协调发展的动态进程"③。

从对"民族地区""城乡""义务教育""一体化""城乡教育一体化"等概念的理解来看,城乡义务教育一体化发展在城乡教育一体化,乃至城乡一体化的推进过程中,起着奠基的作用。"在理解城乡义务教育一体化时,不能用僵化的、静止的观点去看待,因为城乡教育一体化发展不是一蹴而就、一步到位的,而是一个动态发展的过程。"④因此,本书界定的民族地区县域城乡义务教育一体化发展就是:在少数民族地区以县级行政单位管理的区域,在一体化思维方式的引领下,通过适当的方式、措施促进城市和乡村在义务教育方面的良性互动、双向沟通,破除城乡义务教育二元体制结构,推动城市和乡村义务教育资源共享、优势互补、相互促进,逐步缩小城乡义务教育资源差距,全面提升义务教育质量,使之融合为一个和谐、整体的过程和状态。

3.民族地区县域城乡义务教育一体化发展文化模式的内涵

城乡教育一体化发展的本质问题是文化问题。"文化作为一种软环境,对城乡教育一体化的意义巨大,不仅为城乡教育一体化建设提供内在的精神动力,而且也是城乡教育一体化建设的文化土壤。"⑤文化模式具有渗透性和稳定性,文化模式对于城乡义务教育一体化发展的作用不是短暂一时的,而是会持续不断地发挥作用,从深层制约和影响个人、群体和社会的观念和生活方式。

文化是人集体生活的智慧结晶,是经过漫长的历史积累逐渐形成的,并非一蹴

① 王克勤.论城乡教育一体化[J].普教研究,1995(01):6-8.
② 郭彩琴,顾志平.城乡教育一体化的困境与应对措施[J].人民教育,2010(20):2-5.
③ 李玲,宋乃庆,龚春燕,等.城乡教育一体化:理论、指标与测算[J].教育研究,2012(2):41-48.
④ 王正惠.城乡义务教育一体化发展研究综述[J].上海教育科研,2015(09):5-9.
⑤ 段俊霞.城乡教育一体化的文化生态研究[M].成都:四川大学出版社,2018:5.

而就。文化在社会活动和社会存在领域是以一种内隐的、规律性的形态深深嵌入个体的行动之中。城乡文化对于城乡教育一体化建设而言,其作用也是持续、稳定和广泛的,并且制约着人们在城乡教育一体化建设过程中的各种决策和选择。"城乡教育一体化的衡量标准并不是城乡教育制度一体化,而是统筹城乡教育发展的内在文化机理的一体化,当前我国城乡教育一体化的体制机制创新面临很大困难,其根本原因就是城乡二元结构中文化阻滞力牵绊,妨碍了新的城乡文化模式的产生。"①因此,要想实现城乡义务教育一体化,必须同时建设与城乡教育一体化相适宜的城乡文化。

城乡义务教育的一体化发展与它们各自生长的文化环境分不开,其价值取向应该"和而不同"。基于此,城乡教育一体化发展需面对的核心问题是探究不同文化模式的作用机理。首先应当明晰城乡义务教育一体化发展文化模式的基本内涵。基于前文对城乡义务教育一体化发展的理解,资源共享、相互融合、协调共生、共同发展等,这些都是能够表现其内涵的重要词汇。本书也将民族文化模式定义为特定民族普遍认同的价值系统,这种稳定的价值观念使个体的行为模式趋于同化,以价值系统为核心形成的思维方式、行为准则等整合出民族文化模式。基于此,本书尝试解读民族地区县域城乡义务教育一体化发展文化模式的基本内涵和作用机理,即在少数民族地区以县级行政单位管理的区域内,基于特定民族普遍认同的价值系统,采用教育现代化文化自觉的共生理念,引导城市义务教育和乡村义务教育在不同的逻辑路向中寻求价值共识,为民族地区县域城乡义务教育一体化发展提供内在的精神动力和外在的文化土壤,在文化层面促使城乡义务教育二元结构差距不断缩小,逐渐形成民族地区县域特有的城乡义务教育和谐共生的文化模式。

(二)民族地区县域城乡义务教育一体化发展文化模式的主要特征

特征是能够清晰地呈现某一事物本质属性的外在表现,由此,明晰城乡义务教育一体化发展文化模式的主要特征对理解其本质有重要意义。

城乡教育一体化不是城乡教育一样化,也不是要消灭农村教育,其目的在于实现城乡教育优势互补、协同共生。城乡教育一体化发展的核心价值在于实现教育公平,目标在于提高城乡教育质量、促进教育公平和实现教育现代化,主要任务是缩小城乡教育二元结构差距。李玲等人对城乡教育一体化的特征做了如下描述:

---

① 方晓田,靖东阁.论我国城乡教育一体化的文化阻滞力[J].高等农业教育,2014(10):17-21.

一是城乡教育目标共识,即城乡教育持有共同的目标——缩小城乡教育差距,促进城乡教育公平,提升城乡教育质量,最终实现城乡学生的全面发展;二是城乡教育观念互通,即城乡教育机构、学校、教师、学生等消除城乡偏见,进行有关教育理论、教学方法、管理方法、课程模式、培养理念与方式等方面的深度交流;三是城乡教育地位互认,即教师资格、职称等在城乡教育机构中规范、自由灵活的认证制度,促进师资在城乡间的自由良性流动,并落实流动过程中的权益保障;四是城乡教育资源共享,即教育经费、硬件资源、软件资源、信息资源等在城乡学校间合理优化的均衡配置、有效流通与共享共用;五是城乡教育责任共担,即城乡教育机构管理部门与人员、学校与教师对城乡教育质量、教育绩效、教育差距等有明晰的责任分担与问责机制;六是城乡教育优势互补,即城乡教育在经济、文化、生态等方面的个性特色与优势相互渗透、补充、传播与推广;七是城乡教育困难互助,即城乡优质学校与薄弱学校间实行强弱结对帮扶,起到相互支持和带动作用;八是城乡教育活动共同参与,即城乡校长共同参与领导管理,城乡教师共同参与课题研究活动、教学活动,城乡学生共同参与学习活动、实践活动等。①

基于上述城乡教育一体化的基本特征,以及前文对文化模式特征的认识与理解,分析得出民族地区县域城乡义务教育一体化发展文化模式的主要特征如下。

1.趋向性:文化认同是城乡义务教育一体化发展文化模式的目标旨趣

2010 年 1 月 4 日教育部出台的《教育部关于贯彻落实科学发展观 进一步推进义务教育均衡发展的意见》,明确提出"把义务教育作为教育改革与发展的重中之重,把均衡发展作为义务教育的重中之重"。可见,义务教育均衡发展是教育改革的重要目标。2010 年 7 月 29 日,《国家中长期教育改革和发展规划纲要(2010—2020 年)》指出:"加快缩小城乡差距。建立城乡一体化义务教育发展机制,在财政拨款、学校建设、教师配置等方面向农村倾斜。率先在县(区)域内实现城乡均衡发展,逐步在更大范围内推进。"可见,县域城乡义务教育一体化发展是全面改善义务教育薄弱环节,破解义务教育发展不平衡不充分矛盾的重要举措。县域城乡义务教育一体化发展力求让每个孩子都能享有公平而有质量的教育,办好人民满意的教育,这对改善乡村义务教育质量,特别是提升义务教育整体质量具有重大意义。在实现城乡义务教育一体化的过程中,人们对城乡文化、民族文化的认同逐步走向统一,这也是人民群众对义务教育发展的美好追求。换言之,城乡文化差距的缩小

---

① 李玲,宋乃庆,龚春燕,韩玉梅,何怀金,阳泽.城乡教育一体化:理论、指标与测算[J].教育研究,2012 (02):41-48.

是城乡义务教育一体化发展的出发点,也是立足点。通过城乡文化交往交融,形成城乡之间对文化的相互认同,为城乡义务教育一体化发展打好文化基础,在义务教育发展上真正实现以城带乡、共同发展,最终实现义务教育一体化发展。这是城镇和乡村义务教育发展的共同追求。

2.复杂性:区域差异是城乡义务教育一体化发展文化模式的形成基础

民族地区县域城乡义务教育一体化发展文化模式的复杂性集中体现在区域(民族)间的差异。具体而言,文化总是根植于民族之中。在一定范围内无论是单一民族居住或多个民族聚居,不同区域都具有不同的民族文化和独特文化模式。民族地区不同区域的城乡义务教育一体化发展文化模式具有各自的民族特色,一个民族的文化模式对其民族人民的心理、行为产生着重要的作用,对本民族人民的教育也影响深远。因此,探索文化模式对城乡义务教育一体化发展的影响机理时应当认识到文化模式本身复杂的特性,发现各区域内民族文化模式的差异,因地制宜,根据各自的实际情况,创造性地探索有自己特色的、有针对性的发展道路,最终实现城乡义务教育优势互补、特色发展和整体提升。

3.整体性:整体发展是城乡义务教育一体化发展文化模式的演进态势

民族地区县域城乡义务教育一体化不是单一发展,而是整体发展。当前最需要关注和最需要解决的关键问题既是城乡发展不均衡问题,也是城乡文化差异的问题。城乡义务教育一体化发展不能只关注学校教育的发展,还应从文化生态入手,构建有利于城乡义务教育一体化发展的文化场域。文化模式的整体性对促进城乡义务教育均衡和有效发展具有积极作用。一体化要求城乡义务教育在积极发展中相互促进,在互帮互促中不断实现高位均衡。一体化不是限制或削弱城市学校的发展,而是以更加有力的措施扶持乡村学校的快速发展,进而把基础教育办成高水平、高质量的教育。其中,针对物质文化配置的公平性而言,政府在教育指导思想上要以逐步缩小乃至消除日益扩大的教育差异为基调,促进教育整体发展。

4.动态性:互动融合是城乡义务教育一体化发展文化模式的生成过程

城乡互动是城乡义务教育一体化发展实现的必经过程。城乡义务教育一体化发展需要城市和乡村在教育方面采取适当的互动、互补、互生的方式、措施,使城乡义务教育达到相互融洽、相互协调,并逐渐融合为一个和谐整体的状态,最终实现城乡义务教育共同进步的目的。城市教育和乡村教育在人、事、物等各个方面的互动是城乡义务教育一体化发展的基础,比如城乡教师流动、城乡教研联动、城乡教育资源共享、城乡学校协同发展、城乡师生结对帮扶等。但城乡文化的差异和冲突也是城乡教育存在区别的根本原因,即"城乡二元结构中文化阻滞力牵绊,妨碍了新的城乡文化模式的产生"①。城乡义务教育一体化发展文化模式的建立应基于城市文化和乡村文化之间的互动逻辑展开。因此,城乡义务教育一体化发展文化模式建立的过程内蕴着动态性。

5.共生性:融合共生是城乡义务教育一体化发展文化模式的终极追求

文化与教育有着不可割裂的紧密联系。教育既是文化传承、创新的重要途径,也是文化的重要构成要素,同样地,文化也以不同的方式从社区文化、家庭文化、学校文化,乃至课堂文化等各个方面深刻地影响着教育的发展。文化犹如教育赖以发展的土壤、空气和养分,对教育起着无形却又强大的影响作用。城乡义务教育一体化发展的实现也离不开城乡文化融合共生态势的支撑,共生是任何一个民族县域内城乡义务教育一体化发展文化模式构成的基础,也是其终极追求。因此,城乡义务教育一体化发展的进程离不开文化,文化与教育是"共生体",二者在发展的进程中相互补充、相互促进,形成了"你中有我,我中有你"的共生关系。

(三)民族地区县域城乡义务教育一体化发展文化模式的构成要素

城乡教育一体化发展是实现公平而有质量的教育的实践路径,分析民族地区城乡义务教育一体化发展的文化模式,意在促进民族地区城乡义务教育一体化发展的有效落实,实现公平而有质量的教育。基于此,从要素上对民族地区县域城乡义务教育一体化发展文化模式进行分析,为后续从实践上把握其发展现状与现存问题,进而探索实现公平而有质量的教育的实践路径提供方向。

城乡教育一体化经历了"城市教育同化乡村教育"到"城乡携手、城乡统筹办教育"再到"城乡教育深度合作走向一体化"的过程。②"城乡教育一体化发展需要面对的核心问题是文化选择问题。究竟是传承乡村教育文化、走本土化路子,还是学习城市教育、走文化现代化之路,是城乡教育一体化发展的两难问题。"③王图认为,城乡义务教育一体化统筹发展是实现教育现代化、促进教育公平、振兴乡村的基础,但目前在城乡教育价值目标定位上依旧呈现要么"城市化",要么"为农村"的钟摆现象。④ 城乡义务教育一体化发展的过程中需面对很多问题,其中的核心问题是文化选择问题——如何处理好城市文化和乡村文化的问题。"乡土文化即农村居

① 方晓田,靖东阁.论我国城乡教育一体化的文化阻滞力[J].高等农业教育,2014(10):17-21.
② 杨小微.城乡教育一体化:乡村教育现代化的一种路径选择[J].中国民族教育,2021(05):15.
③ 谭天美,欧阳修俊.我国城乡教育一体化发展研究的回顾与省思[J].现代远程教育研究,2022(02):64-72.
④ 王图.乡村振兴战略背景下的城乡义务教育一体化统筹发展[J].当代教育科学,2020(04):69-75.

民在乡村生产生活中建构的价值观念、思维方式、心理意识等。其外显的表现为乡土民俗、农业文化遗产、乡村社会秩序、生活器物等,内隐于农村居民的心理情感、生活态度、交往习惯之中。"①而城乡教育应是城市文化和乡土文化的和谐共生场域。对民族地区县域城乡义务教育一体化发展文化模式构成要素的分析,意在把握其发展中的文化选择问题与现状,探索实现公平而有质量的教育的实践路径。

基于上文对文化模式构成要素的分析,结合对民族地区县域城乡义务教育一体化的理解,民族地区县域城乡义务教育一体化发展文化模式的构成要素集中体现在学校场域。学校中存在许多要素,包括硬件资源、教师与学生、课程与教学、学校文化等。文化模式的构成要素分为显性文化和隐性文化,包括物质文化、民族文化心理、生产生活方式、习俗文化、制度文化以及科学文化,且文化要素间的有机结合也组成了文化模式的构成要素。将文化模式的构成要素投射到民族地区县域城乡学校的场域中,既要分析单一的构成要素,也要观照要素间的有机结合。将文化模式的构成要素以及文化集丛在学校场域内进行对照,可以发现民族地区县域城乡义务教育一体化发展文化模式的构成要素主要表现为硬件资源、教师与学生、课程与教学和教育信息化几个方面。其中,硬件资源是文化模式构成要素中的显性文化,也就是物质文化,在学校中具体表现为校园面积、校舍、教学用具、民族文化走廊、绘画作品等实物。教师与学生是学校场域中的主要人群,教师与学生受到当地民族文化模式的影响,自身带有民族文化烙印。因而,他们的价值观念、思维习惯以及行为方式体现着文化模式的构成要素。比如,广西桂林市龙胜各族自治县的民族节庆十分丰富,被誉为"百节之县",县内学校在"传歌节""花炮节"等节日期间开展各种节庆活动。民族地区县域学校的地方课程与校本课程大多带有文化模式中习俗文化、民族科学文化甚至是人们生产生活方式的元素,比如恭城瑶族自治县的长鼓舞课程。教师与学生、课程与教学是学校文化模式中多个要素的有机结合体,集中体现出一定地域内人们的文化习俗和价值观念。从文化呈现的角度来看,教师与学生、课程与教学既是文化模式构成要素中显性文化的体现,也是隐性文化的体现。教育信息化是在一定的文化模式的基础之上,衔接城市文化和乡村文化,实现城乡教育一体化的具体路径之一。"教育信息化建设将进一步推动教育文化传承与创新功能的实现,促进乡村传统文化的现代化转型发展,让优秀文化

---

① 颜晓程.城乡基础教育一体化发展的生态位困境及优化策略[J].理论月刊,2020(11):132-139.

厚植乡村、让落后文化被收编和消解,为乡村振兴注入更多的文化动能。"①教育信息化发展水平影响着城乡义务教育一体化发展的进程,如智慧校园的建设让文化模式的构成要素在校园中流动起来,使优质教育资源突破时间和空间限制,高效推动城乡义务教育优质资源的共享。

综上所述,本书中民族地区县域城乡义务教育一体化发展文化模式的构成要素主要从学校场域来分析,具体包括硬件资源、教师与学生、课程与教学和教育信息化,以及这些构成要素之间的有机结合。

(四)民族地区县域城乡义务教育一体化发展文化模式的内在结构

对民族地区县域城乡义务教育一体化发展文化模式内在结构的分析,意在以理论与实践双重逻辑为基础观照民族地区县域城乡义务教育一体化发展,从整体上把握县域民族文化模式对城乡义务教育一体化发展的影响。

文化模式的构成要素以及对各要素之间关系的分析是把握文化模式内在结构的基础。因此,分析民族地区县域城乡义务教育一体化发展文化模式的内在结构应基于对其构成要素的分析之上,厘清各构成要素及要素间的关系。

第一,硬件资源。硬件资源包括生均教学及辅助用房面积、生均体育运动场馆面积、生均教学仪器设备值、每百名学生拥有计算机台数、生均图书册数、师生比、生均高于规定学历教师数、生均中级及以上专业技术职务教师数等。硬件资源的数量和质量是民族地区县域城乡义务教育一体化发展的基础和保障。

第二,教师与学生。"城乡义务教育一体化进程中的乡村教师治理现代化是指着眼国家全面深化新时代教师队伍建设的时代背景和城乡义务教育一体化的发展机遇,在对乡土文化的浸润式传承、乡村教师的乡土性特质以及城乡教师的差异化发展等方面进行全面统筹的基础上,充分利用现代文明和智能化手段,协助多元主体实现对乡村教师'共治'的过程。"②新时代教师队伍建设引领着城乡义务教育一体化发展,如何培养出民族地区县域本土教师和引进具有跨文化素养的教师成为民族地区县域城乡义务教育一体化发展的重要议题。生于斯长于斯的学生自小受到民族文化模式的熏陶,在潜移默化中打上了文化烙印,他们是追求自身终身发展的个体。他们在城镇或者乡村通过接受义务教育,获得个体的发展,是民族地区县

---

① 陈超凡,岳薇,汤学黎.教育信息化与乡村贫困文化消解[J].中国电化教育,2021(06):75-82.
② 张惠惠,曹羽婷.城乡义务教育一体化进程中乡村教师治理的困境与突破[J].当代教育科学,2020(08):81-86.

域城乡义务教育一体化进程的推动者也是受益者。

第三,课程与教学。课程与教学是学校教育的核心要素,主要包括课程建设与开发和教学实施与改革。民族地区县域学校课程的建设与开发需基于当地独特的民族文化基础,是因地制宜的;而教学实施与改革应关注民族地区县域学生的独特性来开展,尤其需要关注学生文化背景的独特性,是因材施教的。因而,民族地区县域城乡义务教育学校的课程与教学承载着其民族文化模式的构成要素,同时课程与教学又影响着师生的发展,进而促进民族地区县域城乡义务教育一体化发展的进程。

第四,教育信息化。作为文化传播的重要媒介,教育信息化平台是乡村文化和城市文化沟通的桥梁,它既承载着乡村文化又接收着城市文化,起着促进城乡之间文化双向耦合的作用。有学者建议,"在充分运用集团化办学、学校联盟、合作教研等形式加强城乡教育资源流动互通的同时,大力推广运用'互联网+教育'模式,建设专递课堂、同步互动课堂、双师课堂等,为乡村小规模学校提供丰富优质的在线教育资源,推动优质教育资源流通共享"①。教育信息化是促进民族地区县域城乡教育资源共享、城乡文化交流与交融的重要结构性要素,是城乡义务教育一体化发展文化模式中的重要节点。

民族地区县域城乡义务教育一体化发展中的各要素有机结合构成文化模式,各要素在这一文化模式中发挥其自身的作用,并相互作用。硬件资源的配套与建设是基于当地文化模式构成要素的前提下,与教师的教学情况和学生的学习情况相适应,服务于学校并促进城乡义务教育一体化发展。课程与教学的落实以教育信息化为依托,通过提升学校信息化建设水平,以建设智慧校园加强信息化的教育环境建设,实现城乡学校的教育资源共享。城乡学校之间能够实现文化观念同一,即通过教育理念、育人理念、课程模式和评价机制等方面的深度交流与互动,消除城乡对彼此的偏见;在具体的硬件设施、软件资源、经费配置、信息分享等方面实现城乡学校资源共享,同样能够缓解城乡差异造成的矛盾。②

综上所述,我们认为,民族地区县域城乡义务教育一体化发展文化模式的内在结构是:文化模式调节并控制着硬件资源、教师与学生、课程与教学以及教育信息化这些构成要素,各个要素和要素间的有机结合集中体现着价值观念,进而观照到

---

① 庞丽娟.统筹推进城乡义务教育一体化发展[J].教育研究,2020(05):16-19.
② 纪德奎.乡村振兴战略与城乡义务教育一体化发展[J].教育研究,2018(07):79-82.

现实,给学校和师生打上文化烙印,影响人们的思维习惯和行为方式,最终促进城乡义务教育一体化发展。(图1-4)

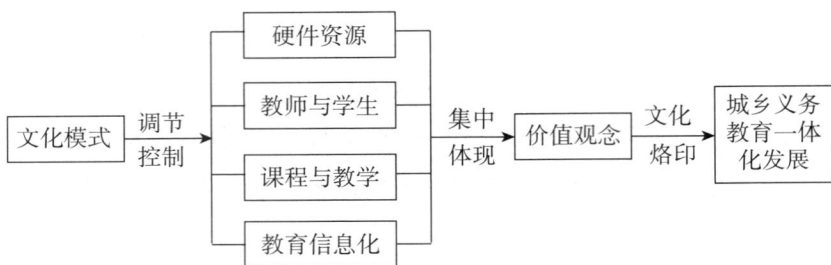

图1-4　文化模式对城乡义务教育一体化发展作用模式图

(五)县域城乡义务教育一体化发展文化模式基本类型及现有经验

文化可以理解为"人化",即人类在生活延续过程中对物质世界改造所形成的一切"人为"成果,这些成果与人类生活相关,构成人类生活的各方面。文化模式是文化特质、文化集丛的结构化表现,可以从不同的结构层进行多维度的划分,如从地理环境这一角度,可以概括得出不同国别、不同族群的文化模式;而从人文环境这一角度,文化模式又因所处历史时代和社会类型不同而呈现出不同的特点。因此,有必要明确县域城乡义务教育一体化发展文化模式的基本类型,以对民族地区县域城乡义务教育一体化发展文化模式的分析提供参考。从城乡关系现状分析,县域城乡义务教育一体化发展文化模式能够从不同的维度进行划分,呈现出多种类型。

1.县域城乡义务教育一体化发展文化模式的基本类型

因化解城乡二元结构是城乡义务教育一体化发展的重要议题,故本书从城乡关系的角度分析不同类型的县域城乡义务教育一体化发展文化模式。

第一类是"二元对抗"下的单向本位。"二元"分别指的是城市和乡村,从不同的价值立场出发,会形成不同的价值取向,单向本位主要分为以下两种:一是城市本位。城市化的价值取向认为,城市化是中国社会变迁的重要趋势,在现代化和工业化进程中,将有越来越多的农民进入城市,他们期望在城市过上市民的生活,乡村学校教育应该为城市化和市民化做好准备。农业现代化和生产方式的转型升级,将使耕作农村土地所需要的劳动力逐渐减少,未来越来越多的农民会进入城市从事第二产业和第三产业,如何适应城市生产和生活的需要,将是他们以后面临的真正问题。故而城市本位论者认为乡村教育的目标不能定位于"培养农民"和"为三农服务",而应定位于培养适应城市化社会生活的公民;乡村教育的主要内容应该是现代化教育,而不是乡土课程。当前,不少地区在城乡义务教育一体化实践中采用小学进镇、中学进城的一体化模式,加之大量乡村中小学生选择到县城就读,在很大程度上反映了这种城市化教育价值取向。二是乡村本位。在城乡二元分治体制之下,不可避免地形成了一种"非此即彼"的二元对立思维模式,这使得乡村教育价值取向始终处于"离农"和"为农"的博弈之中,乡村教育价值观不可避免地体现出单一性、片面性和工具性的特性。乡村本位的价值取向认为,乡村教育的城市化使农民辛辛苦苦教养的后代不断地背离乡村,越来越失去对乡村的亲近之情,乡村教育既没有有效地实现反贫困,也没有有效地传承乡村文明,城乡差距愈发拉大,乡村教育城市化将造成单面的城市社会。因此,乡村本位论者主张乡村教育要传承乡村文明,适应乡村社会的现实需要和乡村儿童的发展需求,要紧密联系乡村生活,要基于乡村生活经验培植儿童对乡村的情感认同和生存适应能力,不能把乡村教育看作落后的、需要改造的对象,而是要充分肯定、挖掘乡村教育的优势和特色。

第二类是"和而不同"下的共生本位。无论城市本位还是乡村本位,究其本质都是城乡义务教育一体化发展个体本位文化模式的凸显,在此文化模式下的城乡义务教育一体化发展容易陷入以下误区:城乡文化特质的冲突,制度安排上的城市倾向、农村教育价值的偏离等。[①] 城乡义务教育一体化发展是要把城乡义务教育作为一个整体来统筹谋划,综合研究。城乡义务教育一体化发展的建构理念预设着其与乡村文化传承的逻辑一致和价值适切,后者能够在政策的推动下自然融入一体化建设体系。然而,"乡村文化的现实挣扎揭示出两者之间的逻辑悖论,包括整体思维与一元思维的系统差异,开放性与保守性的特性殊途,文化改造与自然承续的方法分歧,以及制度建设与观念建设的建设思路不同"[②]。因此,城乡义务教育一体化发展应以共生理念作指导,践行集体本位式的文化模式。一方面,城乡社会发展的共同理想、城乡儿童共同的年龄特征和教育改革的基本精神是城乡义务教育一体化的基础,城乡义务教育应该基于新课程改革的核心理念,促进社会的公平与

---

① 苏刚.城乡教育一体化:从"二元对抗"走向"有差别的统一"[J].上海教育科研,2013(10):21-24.

② 王乐,马小芳.城乡教育一体化与乡村文化传承的悖论与化解[J].宁波大学学报(教育科学版),2021(01):19-28.

资源整合,实现文化的传承与创新,培养具有创造探究能力、终身发展能力和多元文化能力的社会公民。另一方面,城乡社会具有不同的社会环境和文化背景,城乡儿童的生活经验和文化资本也不相同,乡村义务教育既要承担通过高考等多种方式培养社会精英的任务,还要承担培养普通公民基本素质的任务,同时,又要应对乡村义务教育在经济、文化和地理环境等方面的独特状况。"因此,城乡教育一体化应该'和而不同',其'和'在于城乡互相理解、资源共享、文化认同、均衡协调,在于培养具有共同社会主义核心价值观的现代中国公民;其'不同'在于因地制宜和因人制宜,在于适应当地社会和当地人的社会文化状况和儿童发展特征。"①

2.城乡义务教育一体化发展"共生本位"文化模式的现有经验

了解非民族地区县域城乡义务教育一体化发展"共生本位"文化模式的现有成功经验,对民族地区县域城乡义务教育一体化发展文化模式的研究具有重要的参考价值,故在此对现有经验进行尝试性分析。作为一种关系哲学,共生强调的是"异质间合作"。把共生理念应用到城乡义务教育一体化发展上既是一种理念运用,也是一种实践逻辑,对于分析城乡义务教育一体化发展文化模式具有重要价值。目前,苏州市、成都市、上海市作为城乡发展一体化综合改革试点和统筹城乡综合配套改革试验区,伴随城乡经济社会一体化发展,开展了城乡义务教育一体化发展机制的有益探索,形成了不同的发展模式,通过分析其共性特征能够为探索城乡义务教育一体化发展"共生本位"文化模式提供参考。

其一是苏州模式。江苏苏州在践行城乡发展一体化综合改革的具体落实中,推行"三形态""三集中""三置换""四对接"等措施,即采用融入城市化、就地城镇化、农村现代化的"三形态"模式,加快推进"工业企业向规划区集中、农业用地向规模经营集中、农民居住向新型社区集中"的步伐;优化城乡土地资源配置,以承包土地置换土地股份合作社股权、宅基地置换商品房、集体资产置换股份;实现城乡基础设施、城乡公共服务、城乡社会保障和城乡社会管理对接。② 此外,苏州还积极推动城乡教育一体化示范区的建立,试图通过示范区引领其他区域的发展,"以点及面"实现全区域的城乡教育一体化。由此形成了"六个统一"+"六个一样"的发展模式,具体而言是指:"对区域内城乡学校统一管理体制、统一规划布局、统一办学

---

① 符太胜,严仲连.主体间性理论视域中的城乡教育一体化[J].教育理论与实践,2016(34):19-22.
② 王建.城乡一体化义务教育发展战略和机制:基于苏州和成都的实践模式研究[J].教育研究,2016(06):43-50.

标准、统一办学经费、统一教师配置、统一办学水平,实现城乡学校校园环境一样美、教学设施一样全、公用经费一样多、教师素质一样好、管理水平一样高、学生个性一样得到弘扬。"[1]

其二是成都模式。成都作为四川省的经济、政治和文化中心,其城乡义务教育一体化发展文化模式对省内其他地区具有重要的参考价值。成都主要形成了市域统筹+"三圈一体"+"六个一体化"的发展模式,即以解决农民和农村发展问题为突破口,以中心城区、近郊区和远郊区"三圈层"总体规划为引领,推进工业向园区、农民向城镇和新型农村社区及土地向规模经营"三集中"。"六个一体化"即城乡规划一体化、城乡产业发展一体化、城乡市场体制一体化、城乡基础设施一体化、城乡公共服务一体化、城乡管理体制一体化。同时,义务教育是成都关注的重点,在统筹城乡综合配套改革的过程中形成了"一元化体制、全域化规划、标准化建设、倾斜化配置、多模式融合、一体化管理"发展道路。具体而言,一是构建城乡一元的公共教育体制,二是优化全域中小学布局,三是实施城乡中小学标准化建设工程,四是公共教育资源配置向农村和远郊区倾斜,五是实施广覆盖、多层次、宽领域的城乡教育合作。[2]

其三是上海模式。上海是个国际大都市,其城镇化水平较高,但依旧需要解决城乡发展中产生的问题。上海奉贤区在发展的实践过程中,以实现奉贤区中心城区内的均衡、奉贤区城与乡之间的均衡、奉贤区与上海市中心之间的均衡为目标,积极动员相关利益群体,探索了"三化叠加、四方协同、四轮驱动"的实施路径,即在"城区内一体化、城乡间一体化、区域间一体化"三化叠加的背景下,基于"政府、学校、专业机构和社区"的四方协同,通过对"硬件配置、教师资源、学校管理、行政治理"的四轮驱动,形成了行之有效的区域城乡教育一体化推进模式。[3]

总之,"共生"是在认识到异质性的前提下进行讨论的,尽管不同主体在价值观、规范和目标方面存在差异,但正是由于这些差异,使得彼此能够在生存过程中建立相互依存和相互支持的关系。苏州模式、成都模式、上海模式在推进城乡一体

---

① 王建.城乡一体化义务教育发展战略和机制:基于苏州和成都的实践模式研究[J].教育研究,2016(06):43-50.

② 王建.城乡一体化义务教育发展战略和机制:基于苏州和成都的实践模式研究[J].教育研究,2016(06):43-50.

③ 张竹林,张美云.城乡教育一体化的区域模型构建:基于上海市奉贤区的实践思考[J].教育发展研究,2017(20):14-22.

化义务教育发展中巧妙处理了城乡教育一体化与经济社会一体化的关系、城乡基本公共教育服务均等化与义务教育标准化和均衡发展的关系、城市教育与农村教育的关系、推进义务教育县域内及更大范围内均衡发展与提升统筹管理主体层次的关系、中央顶层制度设计和地方自主改革探索的关系。尤其在突破了以往"重城抑乡"的认识观，逐渐形成"城乡等值"的认识观，使城乡教育在地位互认的基础上各具优势，实现城乡共同发展，从而达到共存、共享、共赢、共生的最终目的。以上共性特征正是苏州、成都、上海城乡义务教育一体化发展"共生本位"文化模式的彰显。

第二章

民族地区县域城乡义务教育一体化发展的
三江"文旅促教"模式

本章主要介绍研究团队通过对三江侗族自治县的调研,凝练出民族地区县域城乡义务教育一体化发展的"文旅促教"模式。三江侗族自治县是广西侗族的主要聚居地,也是广西唯一的侗族自治县。在全国五个侗族自治县中,三江侗族自治县的侗族人口数量最多,也是县域内侗族人口比重最大的侗族自治县。通过综合考量与分析得出,三江侗族自治县在城乡义务教育一体化发展方面是比较典型的民族地区县域,故选择该县的城乡义务教育一体化发展作为民族地区县域城乡义务教育一体化发展的典型案例。首先,研究团队通过查阅相关文献,梳理了三江侗族自治县历史和文化特点,介绍了其城乡义务教育一体化发展的基本概况。其次,对三江侗族自治县进行了实地考察,收集并整理了三江城乡教育的相关数据、事实和案例。再次,将收集到的数据进行分析、提炼、对比,总结出了三江侗族自治县城乡义务教育一体化发展的经验与问题。最后,构建了民族地区县域城乡义务教育一体化发展的三江"文旅促教"模式。

一、田野描述:三江侗族自治县城乡义务教育一体化发展概述

三江侗族自治县历史悠久,形成了极具特色的地方文化。下文从地理环境、历史沿革、人口概貌、民族语言、建筑特色、节日、饮食、旅游、教育等方面对三江侗族自治县进行了概述,为人们深入了解三江城乡义务教育一体化发展提供文化资料。

(一)侗族文化根脉衍生的西南少数民族旅游胜地

三江侗族自治县的地理环境优越,民族风情浓郁,旅游产业发达,素有"千年侗

寨·梦萦三江”的美誉。

1.地理环境：九山半水半分田

三江侗族自治县地理位置特殊,位于广西的北部,与湖南和贵州接壤。同时,三江侗族自治县属于云贵高原的一部分,地处丘陵山地地带,县域内包含许多山脉、小平坝以及河流等,有着绝佳的自然风光,可将其自然地理特征概括为"九山半水半分田"。① 侗族人民充分利用自然环境修建住宅,一户户侗族人家就坐落于起伏跌宕的山脉之中。河流是孕育人类文明的摇篮,县境内河网密布,榕江、浔江是哺育侗族人民的两条主要河流,丰富的水资源不仅为居民提供了生活用水,同时也为以种植水稻为主的侗族人民灌溉农田提供了条件。县内的群山和江河让三江侗族自治县成为天然的休闲养生胜地,同时其相对封闭的地理环境也让三江侗族文化得以较好地保存、传承和发展。

2.历史沿革：建置改废的跌宕变迁

三江侗族自治县境域因建置的改废而多变,秦时属桂林郡,中间经过两汉、三国、两晋、南北朝和隋朝的多次演变,到唐朝时为融州地。北宋至和年间(1054—1055 年),在今老堡乡附近置"王口砦"。崇宁四年(1105 年)改置怀远军,不久改为平州,并置怀远县,此为三江置县之始,相比于秦朝时的桂林郡来说,变化颇多。后来,历南宋废县、元复置县到明初废县置司,至洪武十三年(1380 年)废司置县,仍称怀远县,属柳州府。直至民国三年(1914 年),怀远县改名为三江县。1949 年 11 月 18 日,三江县全境解放,同年 12 月 18 日成立三江县人民政府。1952 年 12 月 3 日,成立三江侗族自治区(县级),属桂西壮族自治区(州)宜山专署(地区)。1955 年 9 月 17 日改名为三江侗族自治县,2002 年 9 月 29 日划归柳州市管辖。② 从三江侗族自治县的历史嬗变可窥见其悠久丰厚的文化底蕴,尽管历经多次改制,仍有许多传统沿袭至今。

3.人口概貌：侗族为主的小聚居形态

三江侗族自治县是广西唯一的侗族自治县,素有"千年侗寨·梦萦三江""中国侗族在三江"的美誉。③ 由三江侗族自治县 2020 年第七次全国人口普查主要数据

---

① 项萌.旅游业背景下侗族传统民居的文化意义与变迁:对广西三江林溪侗族村寨的田野考察[J].黑龙江民族丛刊,2009(01):145-149.

② 《三江侗族自治县概况》编写组.三江侗族自治县概况[M].北京:民族出版社,2008:39-40.

③ 广西柳州市三江侗族自治县人民政府门户网站.三江概况[EB/OL].(2022-03-15)[2022-07-17]. http://www.sjx.gov.cn/zjsj/sjgk/.

公报可知,三江侗族自治县现辖 15 个乡镇,常住人口为 321 538 人,其中侗族人口为 181 145 人,占 56.33%;汉族人口为 49 231 人,占 15.31%;其他少数民族人口为 91 162 人,占 28.35%,其中壮族人口为 18 222 人,占 5.67%。① 从以上数据可知,三江侗族自治县的居民主要为侗族、汉族、壮族等,其中侗族人口数量最多。从城镇方面来看,全县人口中,居住在城镇的人口为 91 236 人,占 28.37%;居住在乡村的人口为 230 302 人,占 71.63%。与 2010 年第六次全国人口普查相比,城镇人口增加 47 135 人,乡村人口减少 22 841 人,城镇人口比重增长 13.54 个百分点。② 从十年间城镇人口数据的变化来看,三江侗族自治县的城镇化趋势明显,人民的生活水平有所提高,人们对美好生活的愿望正逐渐得以实现。

4.民族语言:传承与革新并重的现代姿态

民族语言是民族文化的重要符号标志。在《侗语简志》一书中,侗语按照区域划分为南北两类。三江侗族自治县属于南部方言区,又分为五个土语片。侗语在全县 80%的乡镇、村中通用,民族杂居村寨的交际语是侗语,苗族、瑶族、壮族中相当一部分人会说侗语,深入村寨的一些汉族干部也会说侗语。③ 自国家推广普通话以来,学校教学多使用普通话,尽量不用侗语。可见,国家通用语言文字推广工作效果较好。但在日常生活中,侗族儿童大多倾向于使用自己的民族语言(侗语)与本族的朋友、同学交流,家长也会对自己孩子的侗语发音有严格要求,由此侗语得到较好的传承与使用。在侗族村寨中,随处可见的侗语宣传标语也体现出侗族人民对语言传承的重视。相关研究表明,"侗族人将长期稳定地使用侗语,侗语的活力和侗语的交际能力仍将持续"④。侗族人民对待民族语言的态度正如其对待生活一样,在传承优秀传统习俗的同时紧跟时代发展的步伐,持开放包容的态度,既重视传承也重视革新。

5.建筑特色:木构干栏式吊脚楼

侗族的居住地多依山傍水,多雨潮湿,虫蛇活动频繁。为了适应环境及保护自

---

① 广西柳州市三江侗族自治县人民政府门户网站.三江县 2020 年第七次全国人口普查主要数据公报[EB/OL].(2021-06-10)[2022-07-22].http://www.sjx.gov.cn/sjzt/sjfb/tjzb/202106/t20210611_2811547.shtml.
② 广西柳州市三江侗族自治县人民政府门户网站.三江县 2020 年第七次全国人口普查主要数据公报[EB/OL].(2021-06-10)[2022-07-22].http://www.sjx.gov.cn/sjzt/sjfb/tjzb/202106/t20210611_2811547.shtml.
③ 《三江侗族自治县概况》编写组.三江侗族自治县概况[M].北京:民族出版社,2008:19.
④ 张景霓,苏丹.广西三江侗语使用情况及演变趋势预测[J].广西民族大学学报(哲学社会科学版),2016(02):191-196.

身安全,侗族人民普遍采用干栏式建筑。房屋共分三层,底层架空,用来圈养牛、羊等牲畜。第二层为主人居住,其中有堂屋和火塘。第三层给客人居住或作为存放谷物的仓库。① 近些年来,随着三江侗族自治县旅游业的发展,一些家庭为了吸引游客,增加住宿人数,将传统的房屋结构进行改造。改造的具体表现为:一是架空层改造,将二层的功能布局移至底层;二是二层主要功能变成客房,房屋内部布局改变。② 虽然侗族人民对房屋的改造在某种程度上削弱了侗族特色建筑的原汁原味,但这也是侗族人民主动适应旅游业发展的积极行为的展现。

侗族的著名建筑除吊脚楼外还有鼓楼、风雨桥等。鼓楼建造采用杠杆原理,层层支撑而上,不用一根铁钉,但结构非常牢固。因鼓楼的特色建筑方式,其威严耸立,甚为壮观,是村寨人们聚会、商讨重要事宜的场所。风雨桥整体由桥、塔、亭组成,全用木料筑成,桥面铺板,廊亭木柱间设有木凳,供人休息。风雨桥上通常非常热闹,有做手工的老太太,有驻足拍照的旅客,有玩耍嬉笑的儿童,是侗族人民美好生活图景的承载物。

6.侗族节庆:民族特色的直接显现

三江侗族自治县的侗族节庆十分丰富,既有春节、清明节等中华民族传统节日,又有多耶节、尝新节等富含民族风情的特色节日。在众多节日中,侗年是侗族人的第一大节日,有俗语称"杀土猪、吃刨汤、欢欢喜喜过侗年"。侗年期间,家家户户都会参与历代流传下来的各类侗族特色活动,通过活动传承和彰显侗族独具一格的文化。

在侗年开展的活动别有一番风味,例如"拦路迎宾",意思是当宾客到达门前时,侗家人要拦住客人,献上美酒,表示欢迎。"百家宴"是侗族待客的最高礼仪,当有重要客人来村寨时,全村各户便会自备酒菜,将菜拿到鼓楼坪,摆在桌子上。宾客将会从第一桌开始品尝各类菜肴,并逐一向后,每一桌都能品尝,直至最后一桌。在这里,侗族人民流传着这样一句话:"吃百家饭、纳百家福、联百家心、驱百家邪、成百样事、享百年寿。"此外,人们还会表演各种各样的节目,如芦笙踩堂、笛子歌、侗族大歌等。③

① 项萌.旅游业背景下侗族传统民居的文化意义与变迁:对广西三江林溪侗族村寨的田野考察[J].黑龙江民族丛刊,2009(01):145-149.
② 项萌.旅游业背景下侗族传统民居的文化意义与变迁:对广西三江林溪侗族村寨的田野考察[J].黑龙江民族丛刊,2009(01):145-149.
③ 广西柳州市三江侗族自治县人民政府门户网站.杀土猪、吃刨汤 欢欢喜喜过侗年![EB/OL].(2020-12-24)[2022-07-22].http://www.sjx.gov.cn/zjsj/sjfq/202102/t20210207_2520481.shtml.

7.侗族饮食：嗜好酸味的生活智慧

三江人民喜食酸味,研究团队在调研期间发现,饭店做的菜大部分都偏酸,并且菜里多有西红柿。经了解发现,侗族自古以来就有"侗不离酸,酸不离侗"的说法,当地人自己也称"三天不吃酸,走路打倒蹿"。① 实际上,吃酸的习惯与过去侗族地区缺盐以及酸食能有效减轻饥饿感有关。据当地人介绍,他们过去经常要去山林里干活,每天都比较累,体力消耗又大,很快就会饿,而酸食虽不易消化,但是它既可以让人有较强的饱腹感又可以减少其对盐的需求。更为重要的原因是酸性食品方便封坛保存,营养价值高,富含各种人体所必需的营养物质,特别是以鱼类为加工原料的侗族酸食富含人体所需的可溶性钙是新鲜鱼食品的 16 倍以上,"稻鱼鸭共生"系统成为侗族食材的一个重要来源。② 久而久之侗族人爱吃酸的习惯就逐渐养成。在其他民族中,长期吃酸的习惯并不常见,如汉族平时只会买一些酸菜用来做小菜或者作调味剂。侗族人家里腌制了许多酸食,如酸萝卜、酸黄瓜、酸白菜。除了酸蔬菜,侗族人也会把肉腌制成酸食,如酸鱼、酸鸭、酸腊肉。经过腌制的蔬菜和肉品可以保存很久,最少可以存放 3 年,而最多可存放 30 年,只有当贵客来了才会被取出制成菜肴。例如,三江程阳侗寨的百家宴席上,俗称"侗族三酸"的酸鸭、酸鱼、酸肉是必备菜品,表示对远客的欢迎。

8.旅游：世界楼桥之乡

三江侗族木结构建筑群闻名于世,鼓楼和风雨桥则是其中的代表性建筑,全县共有鼓楼 230 余座,风雨桥 200 余座。由此,三江的木结构建筑群和自然风光相互映衬,形成了多个景区,其中有 6 个 4A 级景区,4 个 3A 级景区。同时,三江侗族自治县因其独特的物质与非物质文化,有 5 个侗族村寨被列入世界文化遗产保护预备名录,而侗族大歌更是被列入世界非物质文化遗产名录之中。三江侗族自治县先后获得"亚洲金旅奖最具民俗特色旅游县""中国文化先进县""全国旅游标准化示范县"等荣誉称号。③ 在调研中发现,为了保存三江建筑的原汁原味,三江侗族自治县政府与相关部门相继完成了《程阳桥侗族文化风情旅游区保护开发总体规划》,制定了《三江侗族自治县旅游管理条例》等条例,提出对自然景观和自然村落、

---

① 《三江侗族自治县概况》编写组.三江侗族自治县概况[M].北京:民族出版社,2008:22.
② 石敏.从"稻鱼鸭共生"看侗族的原生饮食:以贵州省从江县稻鱼鸭共生系统为例[J].中国农业大学学报(社会科学版),2016,33(03):76-82.
③ 广西柳州市三江侗族自治县人民政府门户网站.三江概况[EB/OL].(2022-03-15)[2022-07-17].http://www.sjx.gov.cn/zjsj/sjgk/.

民间建筑(包括吊脚楼群、鼓楼、风雨桥、戏台、凉亭、寨门)等人文景观在内的旅游资源需予以重视和保护,并采取相关有力措施保护三江传统文化,指定相关专业人员进行具体规划和指导,加大资金的投入和对旅游资源的合理保护力度。这在一定程度上保护了侗族的传统特色建筑,使其得以延续。

(二)三江侗族自治县城乡义务教育一体化发展概况

结合在广西柳州市三江侗族自治县人民政府门户网站收集的信息,并依据《三江侗族自治县县志》等相关材料以及在县域内各学校调研时所获得的资料,概括出三江侗族自治县城乡义务教育一体化发展的基本情况。

1.三江侗族自治县教育基本情况:教育质量稳步提升

(1)学校数和学生数

在学校设置上,截至 2018 年,三江侗族自治县共有小学 39 所,小学教学点 187 个,在校学生 34 673 人;初中 14 所(其中九年一贯制学校 1 所),在校学生 15 060 人。在学校基础设施建设上,小学占地面积 576 244.23 平方米,生均 16.62 平方米;普通初中占地面积 316 375.9 平方米,生均 21.01 平方米。其中,小学校舍面积 236 027.5 平方米,生均 6.81 平方米;普通初中校舍面积 168 236.3 平方米,生均 11.17 平方米。

(2)教师数及培训情况

在师资力量上,截至 2018 年,小学阶段教师共计 1 809 人,其中,研究生学历 1 人,本科毕业 407 人,专科毕业 1 202 人,高中毕业 161 人,高中以下学历 3 人;初中阶段教师 952 人,其中,本科毕业 661 人,专科毕业 267 人,高中毕业 3 人。整体来看,三江师资力量相较往年更为雄厚,教师素质和学历也有所提升。

除师资力量有所提升外,三江侗族自治县也十分重视对在职教师的培训工作。各校公用经费总额的 5%用于教师培训,2015—2017 年全县中小学校教师培训经费投入共 870 万元,培训人数达 2.2 万人次。三江侗族自治县 2018 年依托教育部—联合国儿童基金会项目开展各级各类教师培训达 56 个班(期),参训教师达 8 150 人次。教师参加的各级培训包括"国培"264 人次、"区培"1 690 人次、"市培"196 人次、"县培"6 000 人次。开展的各级各类教师培训有效提升了师资队伍的理论水平和专业技能,培养了一批县级骨干培训专家。

(3)基础教育普及程度

截至 2018 年,三江侗族自治县九年义务教育巩固率为 93.16%,全县在校学生共 67 814 人,其中普通高中在校生 3 930 人,民族中学在校生 794 人,初中在校生 15 060 人,小学在校生 34 673 人。[①] 三江侗族自治县在小学和中学分别设置了民族班,小学民族班受场地、校舍、师资等因素的制约,规模较小,仅在富禄苗族乡、同乐苗族乡两个民族乡设立民族班,其中富禄苗族乡招收 2 个班共 90 人,同乐苗族乡招收 2 个班共 90 人,按各村人口比例分配名额,择优录取。进入民族班就读后,民族班学生的综合素质得到较大提高。为提高初中民族班的生源吸引力和办班效益,三江初中民族班由县城学校承担招生任务,2017 年全县招收初中阶段民族生 180 人,其中三江民族 SY 学校招生 90 人,三江 GYZ 第二中学招生 90 人。2018 年三江职业技术学校转制为初中办学,招收少数民族学生 100 人,三江民族 SY 学校招收民族学生 100 人。

(4)基本办学条件

截至 2017 年,三江教育基础设施建设工作基本稳步推进,各类学校均有配备一定数量的图书、计算机、教学仪器设备、音体美器械。2014—2017 年全县累计为各级各类学校配备图书 620 000 册,计算机 2 600 台,多媒体设备 950 套,教学实验仪器约 386 040 件,音体美器械 29 618 件。[②] 2018 年,三江侗族自治县在柳州市教育局的大力支持下建设了"柳州市县域在线同步课堂"项目,第一期项目覆盖古宜、林溪和良口三个乡镇。项目的实施解决了全县农村学校长期以来存在的师资不足及教师专业水平参差不齐的问题。在柳州市教育局的领导下,三江侗族自治县用 3 年时间,在 2020 年全面完成了"柳州市县域在线同步课堂"项目。

2.三江侗族自治县教育经费:来源稳定而支出单一

广西柳州市三江侗族自治县人民政府门户网站中的数据显示,三江侗族自治县教育系统 2020 年度收入、支出总计 924 681 645.88 元。与 2019 年相比,收、支增加了 148 095 024.81 元,增长了 19.07%。其增长的具体原因有以下几点:第一,教育系统 2020 年增人增资支出加大,并将教师工资标准提至不低于当地公务员工资的水平。第二,2020 年发放了 2019 年教育系统绩效工资增量,同时从 2020 年 8 月起为 2020 年教育系统事业人员每人预发绩效 1 000 元/月。第三,市级乡村教师生活补助的发放月份有所增加。补助政策从 2019 年 9 月份开始执行,2019 年共发放 4 个月,共计发放 173 万元;而 2020 年则按全年发放,共计发放 526 万元,比上年增加 353 万元,这也是导致支出增加的一个原因。第四,中小学基建项目的投入加大

---

① 广西柳州市三江侗族自治县人民政府门户网站的此部分数据截止到 2018 年。
② 广西柳州市三江侗族自治县人民政府门户网站的此部分数据截止到 2017 年。

也造成了支出有所增加。

三江教育系统 2020 年度收入总计 924 629 118.38 元。其中,财政拨款收入达 923 868 378.28 元,占比 99.92%;上级补助收入 0 元,占 0%;事业收入达 760 740.10 元,占比 0.08%;事业单位经营收入 0 元,占 0%;年初结转和结余 0 元,占 0%。以上数据表明,财政拨款收入几乎是三江教育系统 2020 年度收入的全部来源。

三江教育系统 2020 年度支出合计 924 656 046.55 元,其中,用于基本支出的达 715 660 978.39 元,占比 77.40%;用于项目支出的达 208 995 068.16 元,占比 22.60%;经营支出 0 元,占 0%。① 从以上数据可以看出,三江教育系统 2020 年度支出经费主要用于基本支出,比较单一。

3.三江侗族自治县义务教育资源优质发展情况:控辍保学取得阶段性成果

2020 年是脱贫攻坚的收官之年,义务教育保障则是脱贫攻坚"四大战役"之一。义务教育保障是否合格是决定脱贫攻坚能否圆满完成的重要因素之一。其中,控辍保学是义务教育保障战役中非常重要的一环,其效果如何直接关系到脱贫攻坚的质量。所以,三江侗族自治县教育局高度重视控辍保学工作,希望举全县教育系统之力来打赢控辍保学攻坚战。三江侗族自治县教育局指出,控辍保学工作的目标任务是:义务教育巩固率达到 97%以上,建档立卡贫困户适龄儿童零辍学(身体或心理特殊情况除外)。为了保证控辍保学目标的圆满达成,三江侗族自治县教育局制定了如下工作机制,旨在为打赢控辍保学战保驾护航。

第一,建立控辍保学奖励机制。凡是能完成控辍保学目标任务的学校,教育局将根据实际情况给予其奖励。榕江、苗江片区(梅林乡、富禄苗族乡、洋溪乡、良口乡、老堡乡、同乐苗族乡、独峒镇)初中能按时并高质量完成年度控辍保学目标任务的,将按每生 20 元乘以学校学生总数的标准办法予以奖励;小学则按照每生 10 元乘以学校学生总数的标准办法予以奖励。三江侗族自治县内其他的乡镇学校和县属义务教育阶段学校,初中则按照每生 15 元乘以学校学生总数的标准办法予以奖励,而小学则按照每生 10 元乘以学校学生总数的标准办法予以奖励。具体的奖金将由参与控辍保学工作的教师分享,由学校自行制定分配方案。

第二,建立控辍保学督查追责机制。凡是在控辍保学中有学校或者是教师个人因玩忽职守、不负责任甚至失责导致学生辍学或者在上级有关部门督促检查中

---

① 广西柳州市三江侗族自治县人民政府门户网站.三江侗族自治县教育系统 2020 年度部门决算[EB/OL](2021 - 10 - 25)[2022 - 07 - 24].http://www.sjx.gov.cn/xxgk/fdzdgknr/yjsgkpt/bmjs/bmjs2020/202110/t20211026_2942738.shtml.

被（黑榜）通报的，三江侗族自治县教育局将按照县委、县政府的有关规定扣减相关责任人的绩效，与此同时，再由局纪检室、督导室联合派驻县教育局纪检监察组启动追责机制。在日常工作中，局纪检室、督导室将联合派驻县教育局纪检监察组不定期地对各学校控辍保学工作情况进行检查、督查，对因不尽职而导致出现问题的学校进行及时通报，如果问题严重或造成不良影响，将会启动追责机制。[①] 三江侗族自治县的控辍保学方案取得了系列实效，促进了义务教育质量的提升。

4.三江侗族自治县学生资助管理：资助对象覆盖面广且资助力度逐年加大

2022年的资助学段分别为学前阶段、义务教育阶段、高中阶段、大学阶段，资助人员覆盖面广。资助的类别也因学段的不同而呈现出不同的特点。学前阶段主要是免保教费；义务教育阶段主要是发放营养餐补助费、寄宿补助费等；高中阶段则主要是免除学费、免除学杂费，并且设置了国家助学金，用来资助学习成绩优异但家境贫困的学生；大学阶段主要是为贫困大学生提供入学补助，为大学生提供生源地信用助学贷款。

在补助金额方面，学前阶段视不同情况分别按照375元/学期、750元/学期减免保教费。对于义务教育阶段的学生来说，寄宿的小学生每学期补助500元，寄宿的初中生每学期补助625元。对于非寄宿的小学生来说每学期补助250元，非寄宿的初中生则每学期补助312.5元。到了高中阶段，示范性高中和非示范性高中的补助标准是不同的，示范性高中的补助金额要比非示范性高中高出180元/人左右。而大学阶段，不同类型学校的补助标准也是不同的，如区外重点本科补助3 000元/人，其他普通本科补助2 000元/人。[②] 实际上，无论补助金额多少，补助以何种方式呈现，均表现出教育系统对于教育、对于贫困学生的重视，旨在通过补助，让每个学生都享有接受良好教育的权利。三江侗族自治县对学生的资助力度逐年加大，致力于实现教育公平，促进全县义务教育均衡发展。

5.三江侗族自治县调研学校：办学特色鲜明

（1）三江MZ初级中学

三江MZ初级中学成立于2018年8月22日，该校是三江侗族自治县为进一步

① 广西柳州市三江侗族自治县人民政府门户网站.关于调整和压实控辍保学教育线工作责任的通知［EB/OL］.（2020－07－13）［2022－07－24］.http://www.sjx.gov.cn/xxgk/wjzl/bmwj/202102/t20210207_2523527.shtml.

② 广西柳州市三江侗族自治县人民政府门户网站.2022年三江县教育资助一览表［EB/OL］.（2022－05－19）［2022－07－23］.http://www.sjx.gov.cn/wsbs/ggfw/jypx/jyzhxx/202207/t20220720_3100064.shtml.

优化城乡教育资源布局所建立的学校之一。学校占地面积约 39 943 平方米,校舍占地面积约 13 771 平方米。该校面向三江侗族自治县各个初中学校征聘了一批学科骨干教师、班主任以及一批优秀的管理人员,使三江 MZ 初级中学有了一支有实力的双师型教师队伍。学校于 2018 年秋季学期开始招生,当年共招有 14 个教学班,学生有 756 人,教师有 51 人。

三江 MZ 初级中学管理科学化、智能化。学校用制度文化做保障,用精神文化为引领,逐步形成了"小、近、实"的德育工作原则。此外,不同年级形成了以"习惯、荣辱""感恩、责任""奋斗、成才"为主题的系列化德育特色活动。该校紧跟时代发展,大力建设智慧校园,充分利用现代信息技术助力学校在德育、教学、安全等方面的管理,建立学校大数据以及各类资源库,提升学校智能化管理水平。

三江 MZ 初级中学基础设施齐全。校园环境幽雅,绿树成荫,绿化覆盖率达80%。教学楼、操场、食堂等错落有致,教学设备先进齐全,生活设施安全舒适,运动设施丰富多样。学校内有诸多功能教室,如茶艺室、航模室、画室、室内体育馆等,能最大程度地照顾到绝大多数学生的兴趣,满足学生的多样化发展需求。此外,学校还配备有双向互动多媒体教室、多媒体学术报告厅、图书馆等,可供教师研修、备课、讨论,为教师专业成长提供场地保障及信息支持。学生宿舍环境干净卫生安全,配有热水淋浴系统和电风扇,有专门的生活教师负责学生的起居生活。学校食堂是三江侗族自治县一级食堂,也是县教育系统的窗口食堂,环境宽敞明亮,饭菜美味可口。

三江 MZ 初级中学有着鲜明的学校特色。教学智能化已成为信息化时代教育教学的基本趋势。为了适应信息化智能教学,学校将信息化技术作为教育教学改进的重要手段,努力建设教育信息化学校,旨在通过现代信息技术手段提升学校各方面的管理水平。学校建设了智慧校园、智慧课堂,让教师和学生的学习不再拘泥于线下课堂,充分享受到国内优秀的教育教学资源,开阔学生的学习眼界,促进教育资源共享,推进教育均衡优质发展。除学习基础文化知识,学校还非常关注学生的可持续发展。如学校会开展民族文化体育艺术节、汉字听写大赛、校园英语节等各类活动和竞赛,丰富学生的日常学习生活。学校具有不同于其他学校的特色社团,这些社团代表了民族学校的特色,例如侗族器乐(侗族琵琶、侗笛、侗族芦笙等)社、侗族歌舞(侗族大歌、侗族多耶)社、侗族木构建筑社等。①

---

① 三江侗族自治县这所富有民族特色的初级中学正式挂牌成立啦![EB/OL].(2018-08-30)[2022-07-23].https://www.sohu.com/a/251063365_99930132.

（2）三江 TL 乡中学

三江 TL 乡中学创建于 1970 年,坐落在归洋溪、高培溪、苗江三水汇合处,距离县城 43 千米。学校环境幽雅静谧,绿树成荫,走在校园内非常舒适。教学楼拔地而起,与周围景色相互映衬,成为苗江河畔一道亮丽的风景线。校园内学习气氛浓厚,是教学读书学习的好场所。学校曾于 1974 年开办第一届高中班,其后招收 7 届学生共 10 个班,学生达 663 人。在学校几届领导及全体教职工的严谨治学、艰苦奋斗、不懈努力之下,经过五十多年的风雨兼程,学校在教学、师资、学生质量、校园环境、管理等方面迅速发展,硬件及软件条件均得到了巨大提升,目前是三江侗族自治县域内乡镇中学中规模最大的学校之一。

学校目前占地面积为 11 500 平方米,建筑面积为 11 364 平方米,图书室藏书量达 68 310 册,有劳动教育示范基地 11 333 平方米。现任的学校领导班子中设校长 1 人、副校长 3 人,校长任职岗位资格合格率为 100%,中层领导共设 10 个岗位。领导班子团结协作,依法治校,锐意创新,科学管理,全面贯彻党的教育方针,强力推进教育教学改革,引领师生豪迈向前。

学校现有教职工 83 人,其中男教工 52 人,女教工 31 人,教师平均年龄 38 岁。专任教师合格率为 97%,其中具有高级职称的 5 人,中级职称的 39 人,市级优秀班主任、优秀教师、德育先进个人共 31 人。学校现有 29 个教学班,学生 1 687 人(其中男生 835 人,女生 852 人)。

自实施"普九"以来,学校以"创建一流学校"为办学目标。学校始终坚持"两条腿走路"的办学方向,在文化加特长的教育理念指导下,发展学生个性,培养学生特长。学校的校风为"严谨、守纪、和谐、励志",教风为"敬业、协作、博爱、奉献",学风为"勤奋、知礼、诚实、进取",校训为"乐教、乐学、乐思、乐助"。学校非常重视教师的学习和研讨,教师也非常积极主动,各教研组之间自觉积极开展教研活动,努力探讨适合本校的教育教学方法,极大提高了学校的教育教学质量。学校文体活动氛围浓厚,课外活动丰富,是美、音、体特长生成长的摇篮,是向高一级学校输送特长生的基地。目前自治区非物质文化传承(侗族剪纸与刺绣)已在学校建立基地,为侗族非物质文化遗产的传承与发展起到了重要的作用。①

整体来说,当前三江侗族自治县县城的中小学,基础设施完备,生源质量基本良好,师资力量相对充足。但是部分偏远山村仍分布着大小不一的教学点,这些教

---

① 广西柳州市三江侗族自治县人民政府门户网站.三江县同乐苗族乡中学简介[EB/OL].(2017-12-08)[2022-07-23].http://www.sjx.gov.cn/wsbs/ggfw/jypx/zxjy/202102/t20210207_2533012.shtml.

学点共有 784 个教学班级、18 000 余学生,有些教学点的教学设备设施至今仍然无法达到标准。在三江富禄苗族乡,还存在复式教学班。农村学校教师资源的缺乏、教学质量的下降致使一部分家长选择将孩子带入城市就读,城镇学校接收的进城务工人员子女学生逐年增多,学校教学条件提升速度不能满足日益增多的学生需要。乡镇学校相比城镇学校依然存在师资匮乏、教学设备欠缺的情况。乡镇学校由于地理位置偏远而难以留住新招聘的教师,学校基础设施不够完备,无法满足学生正常的学习生活需要。此外,由于乡镇地区的家长普遍对子女教育的重视程度不够,存在义务教育阶段学生辍学打工或女孩早早嫁人的情况。

二、田野考察:三江侗族自治县城乡义务教育一体化发展的案例描述

调研小组共有 4 名成员,一同深入三江侗族自治县,以县城的三江 MZ 初级中学和乡镇的三江 TL 乡中学为调研对象,对这两所中学进行实地考察并对两所学校的校长、教师、学生进行访谈。通过访谈了解两所学校在硬件资源、教师与学生、课程与教学、教育信息化四个方面的基本情况。通过对比两所中学的基本情况,了解两所学校的同一性与特殊性,为后续的资料分析打好基础。

(一)三江侗族自治县两所中学硬件资源情况比较

学校的硬件设施构成了学生学习和教师教学的物理环境,硬件设施是满足学生学习需求、提升学生学习质量的重要条件。通过实地调研发现,三江侗族自治县两所中学硬件资源差异明显,两所学校在教育硬件和教育投入两方面均存在差异。

1.教育硬件:城市学校教学设备配置更加完善

在教育硬件上,与三江 TL 乡中学相比,位于三江侗族自治县县城的三江 MZ 初级中学配备有更加完善的教学设备、校园管理设备和校园基础服务设施。(表2-1)

表2-1　三江侗族自治县两所中学硬件资源情况对比

学校	教学设备	校园管理设备	校园基础服务设施	图书保有量
三江 MZ 初级中学	1.希沃白板教室全覆盖 2.学生平板 3.纸笔互动板	1.智慧校园管理系统 2.专业化宿舍门禁管理系统	1.标准化塑胶操场 2.双层食堂 3.标准化宿舍楼 4.教学区域网络全覆盖	3.4 万册
三江 TL 乡中学	希沃白板教室全覆盖	校园门禁系统	1.无标准化操场 2.单层食堂 3.老旧宿舍楼 4.教学区域网络全覆盖	7.4 万册

（1）教学设备

三江 MZ 初级中学配备有以希沃白板、学生平板、纸笔互动板为代表的教学设备。三江 MZ 初级中学试点建设平板班和纸笔互动班。学校为平板班的每位学生配备平板，面对教师布置的任务，学生只需在自己手中的平板电脑上作答并及时上传，教师就可以清楚地看到每个学生的做题结果，全程也有效地使用了一些软件实现计时、随机点名、学生抢答等，充分挖掘和运用了平板教学的优势，使课堂灵活而高效。纸笔互动班的每位同学拥有一个纸笔互动板，纸笔互动课堂通过智能手写板的快速接入，协助教师开展信息化课堂即时互动授课、纸笔板书、智能采集课堂数据，及时了解学生对知识点的掌握情况，实现针对性教学，让教师能关注到每一个学生。纸笔互动板具有及时性，在课堂中能够及时反馈学生的学习状况，为教师及时调整课堂教学提供了便利，是实现高效教学的重要工具。

三江 TL 乡中学在教育硬件上与三江 MZ 初级中学相比略有欠缺，除每个教室拥有一个供教学使用的大型电子希沃白板作为教师教学的辅助设备外，其他教学设备资源相对欠缺。全校有 4 个教室各配备有一台网络直播设备，以供网络直播教学，但日常教学使用率不高。

（2）校园管理设备

三江 MZ 初级中学每个教室门口配有智慧校园系统，通过此系统能实现教师与家长、学生与家长的实时联系。家长可以通过该系统了解学生进出教室、迟到早退或纪律扣分情况，同时智慧校园系统具有人性化的信息接收功能，在异地的家长可以随时发信息至该系统，学生只需刷自己的卡就可看到父母发送给自己的留言信息。该设备在一定程度上解决了学生与家长的远距离沟通问题。

在校园管理方面，三江 MZ 初级中学的宿舍有一套专业化门禁管理系统。三江 MZ 初级中学的学生大多来自县域内的乡镇，如富禄苗族乡、同乐苗族乡，基于这种情况，学校为全体学生配备宿舍，实行寄宿制。学校周六上午放假，至周日晚正常上课。宿舍门口采用人脸识别门禁系统，家长能及时了解学生在校、回寝、出寝的动态，也更便于学校的日常管理。

相比较而言，三江 TL 乡中学在校园管理设备上略有欠缺，仅有一个校园门禁系统，宿舍管理员由校方聘请的人员担任，没有信息化门禁系统。

（3）基础服务设施

三江 MZ 初级中学拥有相对完备的基础服务配套设施，学校拥有一个标准化运动场、足够容纳全体学生的独立宿舍区、一间拥有 3.4 万册图书的图书借阅室和满足师生饮食需求的双层食堂。三江 TL 乡中学的基础设施:有一个简陋的单层食堂和简易的运动场,但该运动场缺乏塑胶跑道,篮球运动场地也尚未达到义务教育阶段学生标准运动场地要求,仅有几个供学生打篮球的篮球筐。学校目前共建有两栋宿舍楼,教学楼里的部分教师休息室由于校园空间不足被改建为学生宿舍。

在校园网络基础设施上,三江 MZ 初级中学与三江 TL 乡中学均没有独立的校园网络,但都实现了校园内无线网络的全覆盖。三江 MZ 初级中学教务处教师表示办公区的网速较慢,宽带带宽 700 多兆,网速已经影响到日常的办公。据平板班学生反映,在课堂使用平板时偶尔会出现网络卡顿的现象。

(4)图书保有量

两所学校的图书保有量都较大,三江 MZ 初级中学的图书总量约 3.4 万册,三江 TL 乡中学有一间由惠州出入境边防检查站援建的图书阅览室,目前共有图书存量 7.4 万册,总量多出三江 MZ 初级中学图书保有量近 4 万册。

2.教育投入:城乡学校生均经费相当

在教育投入上,三江 MZ 初级中学目前每年生均经费 800 元。政府资金基本到位,除政府投入外,某经济联盟资助了平板班的设备资金和学生生活费,除此之外学校几乎没有其他专项基金。据校方表示,学校在建设过程中负债 20 多万元,资金主要用于校舍的建筑安全维护,如教学楼窗户保险围栏的建设。(表 2-2)

表 2-2 三江侗族自治县两所中学教育投入情况对比

学校	生均经费/年	学校负债金额/元	企业资助(资金)
三江 MZ 初级中学	800	20 多万	某经济联盟资助平板班学生每人生活费 1 000 元/学期
三江 TL 乡中学	800	10 多万	2004 年 9 月某汽车公司资助 61 名春蕾班女童,共计 18 万元;2007 年 9 月,该公司资助 60 名少数民族励志班的学生 15.9 万元;2015 年,广西和合济困助学基金会对 50 名建档立卡贫困户学生进行了为期两届的资助

三江 TL 乡中学在教育投入上,目前由政府拨款的生均经费与三江 MZ 初级中学一致,均为每年生均 800 元。除政府拨款外,几乎没有专项基金。在过去 20 年里,有部分企业资助,主要是面向少部分学生,并非针对全体学生。2004 年 9 月,某

汽车公司资助了部分即将上初中的苗、瑶、侗等少数民族女童。这些学生由于家庭特别困难,面临辍学危机,所以才得到资助。某汽车公司发动员工捐资助学,出资18万元人民币在三江 TL 乡中学成立了"五菱春蕾班",使 61 名家庭贫困的苗、瑶、侗等少数民族女童得以继续完成学业。2007 年 9 月,某汽车公司初中励志班在三江 TL 乡中学开班,首届励志班共招收来自三江侗族自治县同乐苗族乡、良口乡、独峒镇的 60 名少数民族学生,公司共出资 15.9 万元,在初中三年他们将免费接受义务教育。接着,某教育公司为学校提供了免费的教辅书籍。2015 年,广西和合济困助学基金会对 50 名建档立卡贫困户学生进行了为期两届的资助。校方表示,学校目前正常运行过程中经费负债 10 多万元。

整体来看,位于县城的三江 MZ 初级中学和位于乡镇的三江 TL 乡中学,在教育经费投入上基本一致,三江 TL 乡中学由于建校历史悠久且教学设备资源相对匮乏,会获得短期性的特定学生群体资助及教辅书籍的资助。在学校建设运营上,截至 2021 年,建校仅 3 年的三江 MZ 初级中学负债 20 多万元,三江 TL 乡中学负债金额相对较少,负债为 10 多万元。

(二)三江侗族自治县两所中学教师与学生情况比较

教师和学生是一所学校的基本组成要素,教师和学生的情况体现了一所学校的办学水平。以下主要将两所中学的教师和学生情况进行对比,以明晰两所中学的差异。

1.城乡教师与学生数量分布:县城学校教师与学生数量均高于乡村学校

三江 MZ 初级中学约有教师 130 人。三江 TL 乡中学共 98 名教师,其中有 89 名在编教师,9 名特岗教师。学校的部分教师需要轮岗,人数会有一定波动,因而有时会出现一名教师上几门课的情况,例如体育教师还教生物和地理。三江 MZ 初级中学约有 1 952 名学生。初一有 13 个班,初二有 10 个班,初三有 16 个班。三江 TL 乡中学有 1 200 名学生,其中包括 7 名残疾学生(肢体残疾和智力残疾),730 名建档立卡贫困户学生。初一有 5 个班,初二有 9 个班,初三有 8 个班,一共 22 个班级。就师生比而言,县城学校的师生比相对较低,甚至达不到规定的标准,反而是乡村学校的师生比高于规定的标准,即使达不到也是较为接近的水平。就教师数量而言,县城中学远多于乡村中学。在访谈中得知,乡村学校除语文、数学、英语教师之外,普遍缺少美术、音乐、体育等科任教师,而心理健康教育教师更是寥寥无几,主要由其他学科的教师兼任。在县城中,教师数量虽然较多,但是由于学生多,教师相对较少的问题未获得有效解决,故师资仍缺乏。从全县范围看,城乡中学教师的总数基本持平,但专业配比极不平衡,导致不少学科教师缺口依然很大。①

2.城乡教师与学生资源分配:乡村教师队伍不稳定且师资发展相对滞后

当前,初中教育已经上升为三江侗族自治县的教育难题,在众多方面出现不适应教育发展的问题。在乡村教育教学中,教师补充机制严重滞后,三江 MZ 初级中学以本地教师(三江侗族自治县、柳州市)为主,有 80 多个,但是也有来自贵州、云南的教师,2022 年有两位新教师分别来自全州和湖南。三江 TL 乡中学一半是本地教师,一半是外地教师,主要来自云南和贵州,部分来自钦州、来宾等地区。在学校内部,教师的工作量不平衡,突出表现为部分教师教学任务繁重,承担多个班级的教学任务,尤其是语文、数学和英语三大学科的教师。

三江侗族自治县属于典型的城乡二元结构,乡村学校和小规模学校教师编制过紧,且师资专业素养不够高。由于乡村学校的生源少而班次多,若按照编制数进行分配,难以为各班配齐教师,于是主要采取包班制的形式分配。一名教师扮演多个学科教师的角色,对学校课程"开足开齐开好"产生较大阻碍。值得关注的是,在一些教师缺员的学校,出现"有编不补"的现象,长期保留临时聘用制度,甚至有挤占或挪用教职工编制的现象。三江 MZ 初级中学高级教师有七八个,因为每年都可能有退休教师或新任教师,故而准确数字不能确定。教师以前主要在职校中任教,学校刚刚成立时从三江侗族自治县各个初中学校新聘一批学科骨干教师并面向全县公开招聘优秀管理人员,精选名师和骨干教师担任班主任和科任教师。三江 TL 乡中学没有正高级教师,仅有副高级教师 20 多个。整体而言,三江侗族自治县的乡村教师队伍呈现不稳定状态,出现乡村教师"招不来、留不住、教不好"的问题。

3.城乡教师学历结构:城乡教师学历普遍偏低

三江 MZ 初级中学和三江 TL 乡中学师资队伍的学历都呈现两极差异,即青年教师的学历较高,而老教师的学历普遍偏低。教育部办公厅、财政部办公厅印发的《关于做好 2018 年农村义务教育阶段学校教师特设岗位计划实施工作的通知》对教师的学历层次作出了新要求,主要是指初中教师特设岗位需要本科及以上学历,小学教师特设岗位需要专科以上学历。因此,自 2018 年后,到三江侗族自治县任职的特岗教师均是受过高等教育的教师,这些特岗教师的加入提升了三江侗族自治县义务教育阶段教师的学历水平。但是,特岗教师的数量并不多,不能直接对教师队伍的学历结构有实质性的改变。在学校中,低学历教师都是 50 岁以上、临近退休

---

① 刘天,程建坤.改革开放 40 年我国义务教育均衡发展的政策变迁、动因和经验[J].基础教育,2018(06):22-31.

的教师,虽然他们参加工作初期的学历在当时并不低,但由于各种原因没有提升学历导致当前的学历普遍落后于青年教师。

4.城乡教师流动：乡村学校教师向城市流动性较强

据调查,三江 MZ 初级中学没有教师流失。三江 TL 乡中学新进教师和流出教师人数整体上基本保持平衡,2018 年、2019 年两年一共流失了 20 人,2020 年一共流失了 20 人,但是也有新任补充的教师。2017 年教师流动主要是家庭原因,有些教师因为家在县城,考虑到学校距离县城较远便离开了。2018—2019 年则主要是教育局借调导致的教师流失。一直以来,优秀乡村教师流失是个普遍问题,虽然三江侗族自治县政府出台了多项政策支持,如为乡村教师提供周转房、提供山区补助和生活津贴等,就待遇而言已经缩小了与县城教师的差距,但并未能根本解决这一问题。同时,县域城乡二元经济结构使得城乡教师生活条件存在较大差异,更加速了三江侗族自治县的乡村教师向县城流动。

三江 MZ 初级中学有城乡教师流动交流制度,一些教师会参与乡村支教,还有一些教师会参与教师轮岗。三江 TL 乡中学也存在教师"借调"制度,会出现"出去就不回来"的现象,教师借调期满后,编制也会相应地转到借调的学校(县城)。2019 年及以前,教育局文件上会指出一般是"借调"一年,2020 年则弱化了借调的时间年限,所以本校(乡村中学)教师在借调到县城中学几年后就在那里工作了,编制也一并转入他校。访谈期间,调研人员询问了校长,是否有借调后自愿回来的教师,校长无奈地表示"没有"。同时,校长也对乡村教师"流入"县城中学后不愿回校表示理解,毕竟那里有更优质的生源和更高的薪酬待遇,如果乡村教师自己能留在那里,也说明他的教学能力达到了县城中学的考核标准。

5.城乡学生整体素养情况：乡村生源质量总体偏低

2014 年,《国家新型城镇化规划(2014—2020 年)》出台后,进县城购房的农民数量呈上升趋势,逐步出现了"择校热"现象,有能力且重视教育的家长,往往愿意将孩子送入城市学校学习,导致农村学校的优质生源流失。调查发现,三江侗族自治县的乡村普遍存在劳动力外流的情况,而乡村学生也普遍跟随父母进城上学,乡村学生流失的问题较为常见。此外,在县城的学校也会出现抢占优质生源的现象,即县城学校会在招生前到乡村学校进行走访,对优秀的学生给予诸多优惠条件,以吸引他们到县城就读,这不仅对乡村学生的流失产生了较大影响,还导致了乡村生源质量的下滑,形成优质生源不断流向城市、乡村留不住好学生的恶性循环。

（三）三江侗族自治县两所中学课程与教学情况比较

课程是教师从事教育活动的基本依据,结构合理、门类丰富的课程体系也是教师开展教学活动的前提。三江侗族自治县两所中学在课程门类设置、校本课程开发、课堂教学等方面均有所差异。

1.课程与课堂：城乡学校差距明显

（1）学科课程的设置情况

在培养学生"德智体美劳"全面发展的要求下,调研关注了文化课程与艺体信息课程的设置。三江 MZ 初级中学与三江 TL 乡中学的课程设置基本达到全面的要求,除了语文、数学、英语、历史、道德与法治、物理、化学、生物、地理文化课程,两所学校都开设了音乐、美术、信息、体育等培养学生综合发展的艺体类课程。其中,三江 MZ 初级中学各年级学生周课表除了安排文化课程,在艺体类课程设置上,七年级一周一节音乐、信息、体育课,八年级一周一节音乐、信息、美术、体育课,九年级一周仅安排一节体育课,这是因为临近中考,学校对文化课程更为重视。三江 TL 乡中学七、八年级每班一周安排体育、音乐、信息、美术各一节,九年级每班一周仅一节体育课。

（2）地方课程与校本课程的开设情况

在地方课程和校本课程方面,两所学校目前都没有形成正规、系统的校本课程,但都结合地方特色进行了校本课程开发的摸索和尝试,主要形式为举办学习地方民族特色文化知识和技能的学生活动和组建技能兴趣社团。三江 MZ 初级中学的校本课程模式主要表现为 50 人规模的侗族多耶舞蹈队;学校特长生为成员的侗族芦笙音乐队(中考可用于特长加分);以大课间休息的活动形式展开的侗族大歌活动,时长大约半个小时;侗语故事演讲比赛,由侗族学生全程用侗语进行演讲。侗族、瑶族学生占绝大多数,汉族学生仅有几名,为学校进行以上校本课程的尝试奠定了良好的基础。三江 TL 乡中学曾进行过侗族刺绣校本课程尝试,且有意进一步开发。央视报道过,三江 TL 乡中学的一位教师曾在 2017 年申请过关于"侗族刺绣文化"的柳州市课题(2015—2017),并成功立项,但是仍未能建立起正规的校本课程,原因主要是教师的侗族刺绣技艺与教学能力不匹配,能够进行课堂教学的教师刺绣技艺不够精,而技艺高超、深谙侗族刺绣的人往往文化水平、沟通能力、教学能力又不足,缺乏"技艺+教学"的侗族刺绣人才。

（3）"双师课堂"在城乡学校的不同效果

三江 MZ 初级中学与三江 TL 乡中学都开展过双师课堂,其主要形式为主讲教师(线上名师)在学校专门的"信息化同步互动课堂主播室"进行线上授课,其他教室进行实时转播,由一名线下教师带领学生进行观看学习。三江 MZ 初级中学有15 间直播互动教室、2 个录播室。在调研中,团队采访了一名初二年级的在校生,她本学期共参与了四五次双师课堂,科目分别为语文、数学和物理,该名初二学生对本校双师课堂效果给予了充分的肯定。三江 TL 乡中学仅在 2020 年进行过一次双师课堂尝试,与三江 MZ 初级中学相比,三江 TL 乡中学双师课堂开展的力度、积极性和效果都更差一些。在采访该校校长时,校长表明设备齐全却不能常态化实行双师课堂的原因在于乡镇初中实施双师课堂前期耗费的人力、物力过大。例如,双师课堂的"线上名师"在乡镇难找,去县城请又比较麻烦,不仅需要协调时间,人员往返交通也是阻力(从县城到乡镇需要 90 分钟车程)。同时由于线上名师与线下教师缺乏了解和互动,名师的讲课内容与班级的教学计划有出入,容易造成"线上教学线下辅导不同频"的情况,最后导致双师课堂效果差的局面。

2.教学质量:县城学校明显高于乡村学校

(1)多媒体教学设备的使用及效果

通过实地调研发现,柳州市教育局为城乡中学都提供了配备希沃白板的经费。当前,城乡中学的教室都拥有多媒体互动教学设备,三江 MZ 初级中学与三江 TL 乡中学教师都会使用多媒体进行教学,但三江 MZ 初级中学的教师基本每节课都会通过希沃白板进行辅助教学,而三江 TL 乡中学的教师使用该设备的整体频率相对较低。通过与三江 TL 乡中学校长的访谈得知,学校的年轻教师使用多媒体设备频繁,而老一辈教师不经常使用多媒体设备。同时三江 MZ 初级中学的多媒体设备种类更加丰富,除了希沃白板,该校还设置有平板班,还有在课堂中可与教师进行实时互动的纸笔互动板。

在学生对多媒体教学的反映与适应性上,三江 MZ 初级中学与三江 TL 乡中学的学生都表达了对希沃白板等多媒体设备辅助教学的喜欢与肯定,因为多媒体设备可以呈现生动的图像、文字、声音,结合学习内容,增强了学习的趣味性和高效性,提高了学生的学习积极性,学生普遍适应。但在对多媒体设备的操作掌握上,三江 MZ 初级中学学生比三江 TL 乡中学学生更加熟练。在上台演示时,三江 MZ 初级中学学生都能够熟练操作希沃白板、学生平板、纸笔互动板,这与教师普遍使用设备教学息息相关,在课堂中锻炼了学生使用现代化教学设备的能力。但三江 TL 乡中学的学生仍有一部分不会使用或较为熟练操作希沃白板,这也与教师在课堂中使用设备频率较低相关。

（2）教学方式的变革情况

三江 MZ 初级中学自 2018 年秋季招生办学以来，就开始实施教学改革的措施，主要是"高效课堂"的教学改革，2021 年是办学第三年，高效课堂的普及率越来越高。"高效课堂"主要是指教师将一个班级中的学生分成几个大组，每组学生共同分担课程内容的学习，一个大组内的几个同学再进行相应学习内容的分工，每人负责一个小板块。通过学生自己提前学习相关板块的内容，在课堂上由学生上台讲课，类似于"PBL"（项目式学习），以学生为主体，让学生主动探求知识，进行群体学习，教师在讲台下参与观察，学生遇到困难再提供帮助。

调研中，课题组成员观摩了三江 MZ 初级中学两节"高效课堂"，一节是初中历史课，另一节是初中数学课。据观察，团队成员发现学生参与"高效课堂"的积极性高，台上学生与台下学生互动良好，同时在"高效课堂"中，教师可借助纸笔互动板与学生进行问答互动，实时了解学生的课堂反馈。教师会在讲台下随时关注学生主讲人的讲课状态，主讲人遇到不懂的问题可当场请教教师，教师充当辅助的角色，课堂节奏适宜，课堂氛围良好。

三江 MZ 初级中学还有一个由某经济联盟资助的平板班，该班学生每人专门配一个平板，某经济联盟资助该班每个学生每学期 1 000 元生活费。学生自初一入学之后就配备一台平板，且有三年的专属使用时间。但是学校会控制平板的后台程序，学生只能使用固定的学习软件，无法自己下载其他娱乐软件。平板主要有三个功能：一是转播课堂上希沃白板的教学内容；二是搜资料，搜题目；三是可以查看教师上课的课件。平板班学生初一获得平板时需要交 1 000 元押金，学校会在学生归还平板时返还所有押金。

而三江 TL 乡中学暂未能进行教学改革，仍以普通的"教师上课，学生听课"为主，调查反馈的原因在于本校学生的生源质量不太好，进行教学改革难度较大，可行性不强。以 2020 年的小升初现状为例，TL 乡中心校成绩排名前 500 名的学生被县城初中录取，其余的学生继续在乡镇就读，可见三江 TL 乡中学学生的基础较为薄弱，传统的"以教师为中心"的教学方式更适合学生的现实情况。

（3）两所学校的不同教学效果

学校的升学率能够在一定程度上反映出学校的教学效果。三江 MZ 初级中学近年来的升学率为 80%，每年一般有 20 名学生升入柳州市区的重点中学（柳州高中、铁路一中），其他学生在县级高中就读。至 2021 年办学 3 年来，学校取得了长足的进步，教学综合改革成果名列全县第二名，学校希望可以在不远的将来，建成三江一流中学。而三江 TL 乡中学平均每一届初三有大约 500 人,普高升学率可以达到 36%,职高升学率达到 48%,总升学率可以达到 84%,其余均进入社会打工或待业。目前,三江 TL 乡中学在提高教育教学质量上暂未取得十分明显的成就。存在的困难主要体现在学校建筑用地不够、师资不足、生源质量一般,学生学习基础较差,存在厌学情绪等方面。

(四)三江侗族自治县两所中学教育信息化情况比较

教育信息化是社会信息化的产物,是教育发展的最新形态。从长远来看,学校必须具备信息化设备,教师必须具备信息化教学能力,学生必须适应信息化教学。

1.信息化设备设施:县城学校信息化设备更加完善且利用率较高

从信息化设备设施数量上看,以电脑为例,三江 MZ 初级中学共有 2 间电脑室,120 台学生用电脑和 50 台教师用机(云桌面电脑)。通过对学校的 M 副校长进行访谈得知,学校不久会再扩建 2 间电脑室,以满足更多学生的信息教学需求。在其他信息化基础设施上,每个教室都配备有希沃白板等多媒体设施,共有 2 间录播室、15 间直播互动教室,学生可以通过话筒、监视器等设备获得与校外信息技术教师交流互动的机会,本校教师也会通过直播互动设施对其他村级学校进行帮扶。除此之外,学校还引入了平板、纸笔互动板等先进设施以提高学生的学习效率。

三江 TL 乡中学与三江 MZ 初级中学相同,每个教室也都配备有希沃白板等多媒体设施,有 2 间电脑室,学生用电脑总数为 110 台,但未配备教师用电脑,且仅有 4 间直播互动教室,无平板、纸笔互动板的投入与使用,与三江 MZ 初级中学相比仍处于相对落后的地位。

根据观察及访谈结果发现,三江 MZ 初级中学和三江 TL 乡中学都有较为完备的网络硬件设施,教师在课堂上能随时带领学生学习网上的相关学习资料,且两所学校都实现了无线网络的全覆盖,满足了师生日常上网的需求。两所学校虽然都达到了基本的教育信息化建设需求,但从具体数据上看,三江 TL 乡中学与三江 MZ 初级中学相比还存在一定差距。与此同时,在访谈中得知,两所学校采用双师课堂的频率都较低,三江 TL 乡中学甚至已没有再开设双师课堂,这是因为无论是三江 MZ 初级中学还是三江 TL 乡中学,有不少教师都认为采用双师课堂容易扰乱教师原教学计划、打断原教学进度,同时线上线下教师之间也难以实现有效的沟通与配合,不利于学生学习效率的提高。

2.教师信息化能力素养:乡村学校更加重视教师的信息化教学培训

在三江 MZ 初级中学中,几乎所有教师都使用多媒体教学,一周使用频率可达

100%。教师平常上课都采用"互联网+教学"的教学方式,且教师每年都会获得与信息技术相关的培训机会,文化课教师培训的内容多为如何将信息技术与学科知识高度融合,而信息技术教师的培训内容多趋向于人工智能、编程等方向。受中考升学压力的影响,学校对学生信息技术教育的重视程度不高,因此信息技术教师外出培训的机会与其他科任教师相比较少。信息技术教师参加的培训主要在本地,一般是与本地其他学校的信息技术教师进行交流,一学期约有两三次。各个学校的信息技术教师共同组建了一个微信群,如果某校的信息技术教师在维护网络设备时遇到问题,可以在群里咨询其他学校的教师,教师之间也会互相交流教学动态。通过对该校信息技术教师的访谈得知,其他科任教师对信息化设备的接受能力很强,信息化水平提高得很快,一些教师还参与了信息技术相关的比赛,这类比赛主要考察教师将学科知识与信息技术相融合的能力,包括校级、县级、国家级比赛,部分教师曾经获得过国家级的奖项。

在三江 TL 乡中学,除部分较为年长的教师外,大部分教师都会使用多媒体进行教学,一周使用频率虽低于三江 MZ 初级中学,未能达到100%,但也能保持较高频率。教师在课堂上也是采用"互联网+教学"的教学方式。与三江 MZ 初级中学稍有不同,三江 TL 乡中学比较重视对信息技术教师的培训,但因每门科目外出学习教师的数量不确定,主要看政府分配的名额,信息技术教师虽拥有与其他科任教师相差无几的外出培训机会,但总量上并不多。同时也会有专家入校为教师提供白板辅助教学的技能培训,大多数教师尤其是年轻教师对信息技术的接受能力及学习能力较强。学校也会组织教师参与信息技术类比赛,例如曾有几位教师组成一个团队参加了某县级比赛,主要内容是设计并展示课件,获得了三等奖。

概言之,两所学校的教师对多媒体的使用频率较高且都能获得相应的信息技术培训机会。两所学校中,除三江 TL 乡中学的少数年长教师对多媒体设施辅助教学的情况难以适应外,大部分教师都会使用多媒体设施来提高教学质量,"互联网+教学"已成为教学常态。

3.信息技术教师队伍建设:城乡学校信息技术教师队伍建设均有待加强

三江 MZ 初级中学共有两名信息技术教师,都是专门负责信息技术的教学工作,但除日常的课堂教学外,还需要负责整个学校的网络维护与设备维修。从信息技术教师 L 老师那里得知,有时候他和另一位信息技术教师一整天都在进行网络设备维修工作,根本忙不过来,又因两名信息技术教师所学专业并非信息技术类,因专业知识匮乏而导致网络维护效率低下的现象时有发生。考虑到信息技术教师队伍的专业化问题,三江MZ初级中学将于下学期招收一名专业对口的信息技术教师,以提升学校信息技术教师队伍的专业化程度。

三江TL乡中学也有两名信息技术教师,其中一位教师专门负责信息技术教学工作,但另一位教师除负责信息技术课的教学外,还负责生物学科的教学。同时学校的信息技术教师更换较为频繁,岗位稳定性较差。不仅是信息技术教师,学校不少其他科任教师同样也是身兼多职,这是教师资源匮乏的体现,显然也不利于教师专业化的发展。

总的来说,两所学校的信息技术教师除要负责日常的信息技术教学外,还承担起维护学校网络的重任。同时,两所学校都存在信息技术教师专业化程度不高,信息技术教师匮乏的现象。

4.学生信息化素养:县城学校学生信息化能力明显高于乡村学校

在运用信息技术的能力上,据三江MZ初级中学信息技术教师L老师反映,有的学生刚进校时连鼠标都不会使用,通过在信息技术课上的学习,该情况有所改善,但学生信息素养提升的情况存在差异。因为大多数学生家里没有电脑,平常接触电脑的机会较少,而正常情况下一个星期只有一次信息技术课,加之存在其他教师占课的情况,学生2—3周才能上一次信息技术课,所以这些学生的信息素养很难提高。而一些家里有电脑、本身就很熟悉电脑、喜欢玩电脑游戏的学生,因为有使用电脑的基础,所以他们的信息技术接受能力、领悟能力相对较强,在教师布置任务后,这些学生能很快完成。在信息技术课上,教学内容多为信息技术工具在实际生活中的使用,如电子表格的制作、电子板报等简单的平面设计,以及图片的处理、动画的制作等内容。

在对待信息技术的态度上,三江MZ初级中学信息技术教师L老师表示,学生对于教师在课堂上使用多媒体设备的态度是非常积极的。与此同时,信息化设备的使用对学生学习起着积极作用,最直接的表现就是使学生的学习成绩提高了。特别是平板班和纸笔互动班的同学,成绩提升较快。学生对于使用平板学习的兴趣很大,甚至一些非平板班学生的家长已经意识到了平板等信息化设备对孩子学习的积极影响,愿意自费为孩子买平板,让孩子能够享受平板班的教学资源,与平板班学生同步学习。这也侧面反映了不仅是学生,学生家长对信息化设备的使用也开始持有积极的态度。通过与三江TL乡中学学生的访谈得知,学生都很喜欢教师使用多媒体设备。他们认为信息技术设备的投入与使用给师生带来了极大的便利,教师通过白板可以直接展示要传授的内容,不用再花大量时间在黑板上板书,并且课程内容通过视频、图片等方式展现，易引起学生的兴趣，调动学生学习的积极性。

在应用信息技术的能力上，从与三江 TL 乡中学 L 副校长的谈话中得知，学校大多数学生都不会使用希沃白板，平时上课教师也很少为学生提供上台使用多媒体的机会，仅有少数几个学生会使用。在与学生的交谈中得知，在信息技术课上也是少数的比较熟悉电脑软件的同学帮助多数操作不熟练的同学。

两所学校学生应用信息技术的能力都存在参差不齐的现象，但总的来说，由于硬件设施投入的加大、学校对信息化建设的重视、先进设备（平板、纸笔互动板）的引入以及"智慧校园""智慧课堂"的创建，使得三江 MZ 初级中学学生的信息化素养总体水平要高于三江 TL 乡中学学生。无论是三江 MZ 初级中学，还是三江 TL 乡中学，学生对于信息技术引入的态度都是比较积极且乐于接受的。

5.信息化建设特色：县城学校信息化建设特色更加鲜明

在信息化建设上，三江 MZ 初级中学实行"智慧校园""智慧课堂"建设，让学生能享受到一、二线城市的教育资源。"智慧校园"即每个班级门前都放置有一块智能面板，通过点击面板可以了解关于这个班级的任课教师、学生以及班级活动等信息。智能面板还有签到功能，会记录当天对应班级学生的到校情况。同时，智能面板还是实现家校共育的桥梁。通过智能面板，家长能实时关注孩子的在校情况，学生如果有什么事需要和家长说明也可以在智能面板上找到自己的账号，给家长发送消息，这样学生即使不用手机也可以随时与家长保持联系。除此之外，学校还开设有平板班、纸笔互动班，这给师生带来了极大便利。教师可直接在网上批改学生作业，更易掌握学生的学习情况，从而布置恰当的作业，以便学生得到精准的训练。详言之，平板等设备的使用能将教师从繁杂的纸质作业批改中解放出来，自动统计学生作业的正确率，精准定位学生的知识盲点，从而有针对性地布置作业。"智慧课堂"即教师使用平板电脑进行信息化教学，将传统课堂变成了智慧云课堂。学生在课堂上用平板电脑和教师进行云连线交流，不断提高学生的信息技术水平。

与三江 MZ 初级中学独具特色的"智慧校园""智慧课堂"相比，受信息化设备投入不足的影响，三江 TL 乡中学的信息化建设特色不明显，只能满足有无线网、每个教室都能使用多媒体设备、有信息技术教师、开设信息技术课程等基本需求。

总的来看，"智慧校园""智慧课堂"的建设使得三江 MZ 初级中学在教育信息化建设特色上与三江 TL 乡中学相比优势尤为凸显。

三、资料分析:三江侗族自治县城乡义务教育一体化发展的经验与问题

基于在三江侗族自治县的田野考察发现,城乡两所中学的硬件资源、学生情况、课程情况及教育信息化情况均存在着差别。调研小组对田野描述和田野考察所收集到的资料进行深度分析、加工,提炼出三江侗族自治县城乡义务教育一体化发展的经验与问题。

(一)三江侗族自治县城乡义务教育一体化发展的经验

通过深度分析已有资料发现,在城乡义务教育一体化方面,三江侗族自治县有一些值得借鉴的经验。

1.大力发展乡村特色经济,提供教育经费保障

党的十九大报告明确指出,"三农"问题是关系国计民生的根本性问题,是全党工作重中之重。农村集体经济在实现乡村振兴中发挥着重要作用,对于农村经济的增长十分关键。不断加大对乡村地区的财政投入,不仅能够完善乡村的交通、住房设施,还能为乡村学校的基础教学设施建设提供经济支持,为乡村学校提供基本的保障。同时,推动农村公共产品供给是满足乡村教师基本公共需求的手段之一,能够让乡村教师获得与城市教师一样的服务,享有平等的权利。三江侗族自治县为提升农村经济,大力发展旅游产业,发展地方特色农业。例如,2020 年全县干茶产量 1.55 万吨,产值 16.8 亿元,极大地提升了地方经济。① 此外,在三江侗族自治县政府的领导下,茶叶、油茶、罗汉果、毛竹等农产品畅销,供不应求,已经成为三江侗族自治县的特色招牌。农村经济提升后,教育经费也有了一定的保障,学校教学资源、教学设施也得到了一定改善,教学实力也有所增强。

2.整合城乡教师资源,完善教师轮岗制度

整合城乡教师资源的方式有很多,如城乡校结对帮扶、集团化办学、城乡合作办学等,这些方式均可以整合城乡教师资源,均衡城乡教育资源。目前,三江侗族自治县比较成功的经验是教师轮岗制度,在县域内已经推行数年。每年都会有一定数量的教师参加乡村支教,还有一些教师会参与教师轮岗,参与支教和轮岗的教师在回到原单位后,在职称晋升上会有一定的优势,而且还会有一定的福利补贴。三江侗族自治县坚持将"教师轮岗"与"送教下乡"工作落实,不断鼓励城乡教育融

---

① 广西壮族自治区农业农村厅.霜降时节 赶采秋茶[EB/OL].(2021-10-25)[2022-07-22].http://nynct.gxzf.gov.cn/xwdt/gxlb/lz/t10578338.shtml.

合发展,努力推动城市教师带动乡村教师发展,真正做到了"帮"与"扶",让乡村教师受益,让乡村学生受益,让乡村教育受益,切实提升乡村教育质量。同时,城市骨干教师到乡村任教,也有助于专业发展,打破城市教师的舒适区,提升自身教学技能,获得不一样的教学经验。

3.提高乡村教师待遇,激发教师任教动力

在一些偏远地区,部分乡村教师的工资由于区域经济发展水平低下而得不到保障,进而导致教师辞职的现象频有发生。教师的基本生活需求需要得到保障,所以良好的薪资待遇是教师安心执教的根本。三江侗族自治县政府已经认识到提高乡村教师待遇的重要性,近年来逐渐增加乡村教师的工资,并且发放各种福利补贴,努力让乡村教师工资和城市教师工资持平甚至更多。三江侗族自治县政府还从住房补贴、医疗保险、养老保险等方面为乡村教师提供外部保障。此外,三江侗族自治县政府也正努力完善乡村教师编制保障制度,适当增加乡村教师编制名额,完善了相关教师岗位的结构比例。三江侗族自治县政府也按照城乡义务教育的要求,在教育资金到位后,努力平衡县城学校和乡村学校的资金,并根据实际情况进行有针对性的倾斜。

4.建立教师培训交流体系,缩小城乡教学质量差距

城乡义务教育一体化关注教育公平,旨在打破城乡义务教育二元结构,构建城乡义务教育共同体。对此,三江侗族自治县在彰显城乡教育特色的基础上,不断推进城乡义务教育互动联结、相互帮扶,以消解城乡义务教育发展之间的差距,逐步实现城乡义务教育公平。推动城乡教师交流互动,并提供适宜的培训机会与平台,是城乡教师一体化发展的重要方式。对此,三江侗族自治县的教师培训中心历年寒暑假均会组织城乡教师进行培训、参加各类教研会议,并为城乡教师之间的交流提供平台。此外,三江侗族自治县还努力实现教学资源共享,加强学校信息化建设,使教师能够有效利用网络共享教学资源,实现城乡优质资源共享,促进城乡义务教育一体化的稳步发展。

5.通过政府牵头领导,实施覆盖城乡的线上直播课堂项目

根据《三江侗族自治县教育发展情况汇报》文件,三江侗族自治县自2018年以来在柳州市教育局的大力支持下建设了"柳州市县域在线同步课堂"项目。项目覆盖了全县域各学校,第一期项目就覆盖了古宜、林溪和良口3个乡镇。该项目的实施解决了三江侗族自治县农村学校长期存在的师资不足问题。在市政府的领导下,历经3年,三江侗族自治县于2020年全面完成了"柳州市县域在线同步课堂"

项目。调研发现,三江 MZ 初级中学的 2 间录播室、3 间信息化同步互动课堂主播室、15 间直播互动教室,三江 TL 乡中学的 4 间直播互动教室,这些硬件资源都与"柳州市县域在线同步课堂"项目有密切关联,也是项目成功实施的体现。同时这样的线上直播课堂项目也以三江 MZ 初级中学和三江 TL 乡中学实施的"双师课堂"为载体进行推进。

6.挖掘民族优秀传统文化,形成地方特色的校本课程

三江 MZ 初级中学和三江 TL 乡中学结合本县侗族文化底蕴深厚的特点,利用本校优势与本地资源,积极开展"民族文化进课堂"的活动。例如,三江 MZ 初级中学将侗族多耶舞蹈队、侗族芦笙音乐队、侗族大歌活动、侗语故事演讲比赛等与学校的德育、音乐课程有机结合。三江 TL 乡中学将侗族刺绣、侗族剪纸、侗族农民画、侗族手工艺等侗族非物质文化与学校的美术课程相结合。这样的校本课程开发,也取得了良好的育人效果。2013 年以来,三江侗族自治县每年举办"民族文化体育艺术节"、学生优秀作品巡展等交流活动。古宜镇中心校、独峒镇中心校在广西民族博物馆、广西书画院举办专题农民画展,100 多幅学生作品在日本、挪威、美国、加拿大等国的国际活动中参展,得到很高的评价,学生侗族农民画作品获国家级一等奖 2 项,二等奖 10 项。

7.深入推进"高效课堂"教学改革,加速城乡义务教育一体化进程

三江 MZ 初级中学自 2018 年办学以来,就开始积极探索教学改革的措施,"高效课堂"越来越普及。实施"高效课堂"的班级,由教师将班上的学生分为几个大组,每个大组的学生各自承担相应的学习内容,按照课程顺序由学生上台进行课堂教学,教师在一旁观察和辅助。"高效课堂"关注学生的学习需求与特征,强调以学生为中心、以学生为主体,有助于增强学生学习的主动性、创造性和教师教学的高效性。三江 TL 乡中学由于生源质量较差等问题,暂时无法进行相关的教学改革。而三江 MZ 初级中学的教学改革举措,是县域中学中"高效课堂"教学改革的学习典范,有利于促进县域中学不断完善课程与教学机制,进而促进三江侗族自治县城乡义务教育一体化的高质量发展。

8.加强教育信息化正向宣传,促进教育信息化建设

以三江 MZ 初级中学为例,学校在引入平板、纸笔互动板等先进设备时,需要学生家长提供网络维护等费用。因此,如何获得家长的认可与支持是目前学校信息化建设面临的难题之一。面对这一难题,学校通过加强正向宣传的方式,让更多人了解到教育信息化的重要性。学校通过召开家长会加强与家长的沟通与交流,用

学生成绩向家长证明信息化建设的积极影响;学校会用数据向家长展示学生使用平板、纸笔互动板前后的成绩对比,以及与非平板、纸笔互动板班级学生成绩的对比。还会让家长切身体会到使用信息技术设备后给学生带来的便利以及对教学产生的正向影响。小至学校简介,大至各级领导参观,学校都在把握一切机会积极地向外界宣传其教育信息化建设的现状及成果,如实行的"智慧校园"与"智慧课堂"。目前,已有不少家长开始对信息技术设备的引入改观,甚至一些非平板班学生的家长已经意识到了平板等信息化设备对孩子学习的积极影响,愿意自费为孩子购买平板,让孩子能够享受平板班的教学资源,与平板班学生同步学习。

其他学校也可借鉴三江 MZ 初级中学的宣传手段及方式,积极宣传教育信息化建设的意义,引起更多人的重视,因为教育信息化建设不仅需要政府、学校的努力,还需家长等众多社会力量的参与与支持。

9.丰富教师信息化培训机会,提升教师信息化能力

无论是三江 MZ 初级中学,还是三江 TL 乡中学,都重视教师信息技术能力的提升。学校都为各科任教师提供了"互联网+教学"的培训机会,通过培训,不仅加速了各科任教师教育观念的更新,提升各科任教师的信息化素养,还能有效地提高教师对信息化教学工具的使用率,使教师更好地利用信息化教学工具进行教学,实现教育信息化从战略部署到有效实施的转变。

除培训外,两所学校都有组织教师参与信息技术类比赛的经历与经验,这也反映了学校对教师信息化能力素养提升的重视。比赛成了检验各科任教师基本信息技术应用能力、互联网与学科深度融合创新能力的重要手段,同时比赛获奖所带来的喜悦也能提高各科任教师应用信息技术的自信心,尤其是年龄偏大的教师,可以减少他们对教育信息化的抵触情绪。

目前两所学校教师尤其是年长教师的信息化素养能力欠缺仍是城乡义务教育一体化面临的重要难题,但不可否认学校之前为此所作出的努力,未来学校也将寻找更多可能提升教师信息化素养能力的方式与手段。

(二)三江侗族自治县城乡义务教育一体化发展的问题

虽然三江侗族自治县在城乡教育一体化方面已经总结出了一些值得借鉴的经验,但总体来看,仍然存在许多亟待解决的问题。

1.城乡硬件资源差距依旧明显

当前,三江侗族自治县城乡义务教育学校在硬件资源上的差距依然明显。以三江 MZ 初级中学为代表的县城学校拥有相对完善的教学设备与基础服务设施,无

论是日常教学的多媒体设备还是宿舍楼、食堂等,都比位于乡镇的三江 TL 乡中学更为丰富齐全。

目前三江 MZ 初级中学在校园环境的安全保障上还存在一定的资金缺口,而安全是维持学生正常学习的重要保障,因此校方希望能有一笔资金投入校园安全环境建设。在多媒体设备上,三江 MZ 初级中学表示目前只有少数班级作为平板班和纸笔互动班试点,校方希望能有更多的班级用上平板,以实现全体学生共同学习共同进步。

三江 TL 乡中学的网络建设情况与三江 MZ 初级中学基本一致,但三江 TL 乡中学在多媒体设备上条件略有欠缺,除每个教室各有一台希沃白板外无其他教学辅助设备。三江 TL 乡中学的宿舍楼等基础设施也相对较差,宿舍面积狭小、宿舍环境较差。由此可见,三江侗族自治县城乡义务教育一体化在教育硬件资源均衡上仍然有较长一段路要走。2010 年发布的《国家中长期教育改革和发展规划纲要(2010—2020 年)》中指出要进一步缩小义务教育发展中的校际差距,加快缩小城乡教育差距和区域差距。虽然当前义务教育资源配置标准的政策已经向乡村欠发达地区倾斜,更加关注城乡教育资源的均等,但在三江侗族自治县城乡义务教育一体化发展过程中,教育资源的实际建设尚未实现一体化发展,义务教育阶段乡镇学校在教育设备资源及资金投入上都有明显的欠缺。

2.乡村教师基本保障待完善

乡村教师基本保障不完善主要表现在编制和工资待遇两方面。在编制方面,乡村学校的教师编制数量主要是依据地方教育管理部门的规定设置,但规定数量远低于乡村学校的实际需求,这就导致许多乡村教师仍未有编制,工资较低且不稳定,在生活方面更得不到应有的保障。自乡村振兴战略实施后,虽然乡村经济在不断提升,但乡村教师的基本工资并未有明显的提高,造成部分教师的基本工资难以维持家庭基本开支。乡村教师工资偏低的一个重要因素是城乡教育经费分配不一致,乡村分配到的教育经费往往较少,教师真实工资仍处于较低水平。

3.乡村教师职后教育缺乏

教师培训是提高义务教育阶段教师专业素养的有效途径。一般而言,城市学校教师的学历整体较高,教学能力较强,也容易获得一些比较优质的教学资源,所以城市学校的教师有一些"先天的优势"。但反观乡村学校教师,学历及教学能力整体不高,所以亟须通过培训来提升自身的综合素质。但目前偏远地区的乡村学校缺乏教育经费或者教师培训经费,教师鲜有机会外出学习。三江 TL 乡中学一些比较年长的教师并不会使用多媒体设备,还是采用手写板书的形式进行教学,学校也没有组织专门的信息化培训,仍是让这些年长教师采取这种传统的方式进行教学。虽然在赞助商的资助下,三江 TL 乡中学配有希沃白板,但是由于缺乏相关培训,使用频率不高,造成了教学资源的浪费。综上,乡村教师职后教育培训处于缺乏的状态。

4.乡村学校的整体教育质量有待提高

三江侗族自治县城乡的经济发展处于非均衡状态,乡与乡之间也有着较大的差距。因各个学校的地理位置不同,教师的待遇福利以及其他人为因素存在差异,使当地的教师资源配置不合理,教师的流动呈现"洼地效应"。[①] 因此,一些处在教育落后地区的优秀教师为满足更高的生活需求,会向优质的学校流动,而这些学校往往处在城市之中。这种现象十分常见,导致城乡学校出现了"马太效应",即越好的学校发展越好,越差的学校发展越差,学校之间的发展差距日益增大,严重影响了城乡义务教育一体化的发展。在乡镇地区,虽然义务教育已经基本完善,所有适龄儿童都可以进入学校学习,但有条件的家长希望孩子在更高水平的学校学习。为了能够上更好的学校,许多家长愿意接受高额的择校费,以此将孩子送往更优质的学校,这便造成了"城挤村空"的现象。一些学习比较好的学生都在尽量转到城市学校上学,所以农村留下来的往往是一些学习成绩不佳的孩子,造成了农村生源质量差的现象。

5.教育信息化设备设施未实现全覆盖

以三江 MZ 初级中学等城区中学为例,其在教育信息化建设上已保障了多媒体基础设施的健全,平板、纸笔互动板的额外投入与使用更是提高了学生的学习效率与成绩。但受资金限制,平板、纸笔互动板仅在个别班级使用,尚未普及,这在一定程度上是不利于教育公平的。与此同时,包括三江 TL 乡中学在内的乡镇中学大多处于偏远的乡村地区,城乡经济的差距带来了城乡教育差距,加之交通不便、升学率较低,也使其无法如三江 MZ 初级中学一样获得较多的社会资助,吸引资金的渠道较少,这对教育信息化建设有一定影响,例如,包括这些乡镇中学无法引入平板、纸笔互动板等先进的信息化设备,结果往往是继续扩大了其与城区中学的差距,不利于城乡义务教育一体化的推进。

[①] 范先佐,战湛.我国县域城乡义务教育发展存在的问题、原因及对策[J].贵州师范大学学报(社会科学版),2016(06):59-67.

6.信息技术教师匮乏且专业化程度偏低

城乡学校都存在信息技术教师匮乏的现象，以三江 MZ 初级中学为例，校内只有两名信息技术教师，但网络安全的维护、信息技术基础设施的维修、课程的教学都由两名信息技术教师承担，导致其负担较重。三江 TL 乡中学也只有两名信息技术教师。除此之外，信息技术教师还存在身兼多门学科教学的情况，每位教师被迫成为"万能教师"，其结果是加重了教师负担，导致教师力不从心，也不利于教师专业化水平的提高。这在一定程度上反映了县域内信息技术教师结构不稳定的问题。

城乡学校都拥有信息技术设备，但缺少掌握信息技术的专门性人才，无论是城区学校，还是乡镇学校，大部分教师并非毕业于信息技术相关专业，其专业化水平亟须提高。教师的不专业表现在信息技术的理论性知识较为欠缺，信息技术应用能力较弱，网络、信息技术设备出现小问题时尚可解决，但遇到较为专业的问题时则无能为力。总的来说，如何解决信息技术教师专业化水平低的问题，组建一支专业的、稳定的、有责任心且能适应网络信息技术管理的教学团队，是城乡学校信息技术教师队伍建设中需要攻克的难点。城区学校与乡镇学校都存在信息技术教师匮乏、专业化程度低的现象，但在信息技术教师的结构上，乡镇学校信息技术教师结构的稳定性要低于城区学校。

7.教师"互联网+学科"深度融合创新能力不足

信息技术是当今时代不可或缺的资源，而信息技术教师则是推动教育信息化的主力军，也是实现城乡教育信息化建设一体化的关键角色。但在以三江 MZ 初级中学为代表的一些学校，信息技术教师的外出培训机会要少于其他学科的教师，这使得信息技术教师的信息化素养难以持续提高。除此之外，各科任教师目前掌握的也仅仅是单纯地使用信息化设备展示教学内容，机械地操作信息化设备，而在利用信息技术实现对教育资源的开发、整合与二次开发方面尚有不足。因此，无论是城区学校还是乡镇学校，都需进一步激发师生在"互联网+学科"上的融合创新潜能，发挥互联网的最大效用，实现互联网与学科的创新性融合。

8.学生信息化能力参差不齐且难以提高

以三江 MZ 初级中学和三江 TL 乡中学为例，学生的信息化能力都存在参差不齐且难以提高的问题。在三江 MZ 初级中学，部分同学对于信息化技术的应用能力能达到本学段的教学要求，但还有一部分学生的信息化素养低，对信息技术设备不了解，难以对网络上的信息进行有效的辨别与分析，持有信息技术无用论的错误认识,这些都会制约其全面发展。与三江 MZ 初级中学相似,三江 TL 乡中学也存在部分学生不会使用多媒体设施的情况,没能达到"人人会使用"的理想状态,学生之间的信息化素养差距明显。由于三江 MZ 初级中学有更为先进的信息技术设备,且"智慧课堂"也给学生提供了更多使用多媒体设备的机会,因此从整体上看,三江 MZ 初级中学学生的信息化素养要高于三江 TL 乡中学学生的信息化素养。

由于信息技术课成绩没有列入中考的考核成绩里,因此大多数学校在对学生信息化素养的培养与提高上不够重视,信息技术课程被占用的现象时有发生。学生应用信息技术能力的机会少,难以享受完整的信息技术课程,又因学校的信息技术教师队伍结构不太稳定、教师流动性较大,信息技术教师存在身兼多职的情况,使得学生的信息化素养难以提高。与此同时,通过调查发现,无论是三江 MZ 初级中学,还是三江 TL 乡中学,都没有举办或组织学生参与信息技术比赛的经历与经验,也侧面反映了学校对学生信息化素养培养不够重视,学生信息化素养难以提高的结果可想而知。学生信息化素养参差不齐且难以提高的问题若无法得到有效解决,将会进一步扩大学生之间信息化素养的差距,在一定程度上不利于学生的均衡发展。

9.教育与人工智能的融合创新能力较弱

与本县其他学校相比,三江 MZ 初级中学更注重信息化建设,走在教育信息化建设的前列,平板班、纸笔互动班、"智慧校园"、"智慧课堂"的创建都是学校在信息化建设中领先于其他学校的优势。人工智能是未来发展的趋势,目前对信息技术教师的培训也多偏向人工智能方向,但深入推进人工智能与教育的深度融合,充分发挥人工智能优势的做法尚未在学校的信息化建设中得以体现。不仅是三江 MZ 初级中学,教育与人工智能的融合创新能力较弱是当前众多学校在信息化建设中面临的重要问题。不少乡镇学校由于资金投入的不足,仅能保障信息化基础设施的基本健全,难以做到教学与人工智能相融合。

10.教育信息化与民族文化融合传承有待加强

以三江 MZ 初级中学和三江 TL 乡中学为例,两所学校虽地处三江侗族自治县,侗族文化是该地区独特的标识与印记,也是该地区得天独厚的教育资源,但无论是城区学校还是乡镇学校,其信息化建设中并没有展示出应有的独特民族风情与地域特色。各民族优秀文化是中华民族的宝贵财富,信息技术的投入与使用无疑可拓宽民族文化的保护与传承渠道,有着重大且深远的影响。但通过访谈了解到,学校利用信息技术设备传承民族文化的现象少之又少,民族文化与信息技术难以实现深度融合,无法在校园营造民族文化氛围。由此可见,信息技术脱离民族文化是民族地区学校教育信息化特色建设所面临的难题之一。

11.乡村教师身兼数科现象依旧存在

乡村学校由于地处偏僻、交通不便、薪酬待遇低等因素难以对优秀教师产生就业吸引力,使得城乡教师资源分配不均,乡村教师"结构性短缺",阻碍城乡义务教育一体化的发展。以三江 TL 乡中学为例,该校存在一个教师任教 2—3 门文化课的情况,还存在生物类专业的教师却任教体育学科的现象,可见乡村学校面临师资缺乏的窘境。

12.双师课堂开展效果不尽如人意

在双师课堂实施过程中,由于乡村缺少具备"线上名师资质"的教师,往往要从县城邀请,但是由于交通不便、时间难以协调等问题,开展一次双师课堂对于乡村学校是一次较大的人力、物力、财力消耗,故双师课堂在乡村学校开展率较低。

调研组通过与三江 TL 乡中学的校长访谈发现,较年长的教师基本很少使用希沃白板交互多媒体,认为"只要可以把知识传授出来,用不用关系不大"。同时也因为操作这样的现代化信息设备具有一定的难度,需要学习和熟练,年长教师在教育教学理念上未能及时更新,没有认识到多媒体设备对于课堂效果的重要性,学习动力不足。访谈三江 TL 乡中学的学生时发现,大部分学生都希望借助希沃白板呈现丰富的图片、文字、声音等进行学习,故存在"学生想用多媒体设备丰富课堂体验,但教师不用"的困境,影响了学生利用电子资源提高自身学习效率和学习积极性。同时,在与校长的访谈中了解到,三江 TL 乡中学"双师课堂"难以推行的原因之一,在于线下课堂教师与线上教师缺乏沟通,线下课堂教师不重视、不认可线上教师的直播内容,出现"线上你上你的,线下我上我的"的"不同频"教学困境,反映了乡镇学校部分教师对于"双师课堂"的否定,教育教学理念存在固化与陈旧的局限。故针对在职乡村教师的职业理念与技能的培训亟待有效规划与落实。

13."技能+教学"型教师严重缺乏

在三江侗族自治县"民族文化进校园"校本课程的摸索与开发中,央视频道对三江 TL 乡中学的刺绣课程进行了报道,可见社会各界对于"侗族刺绣课程"的肯定,此课程不仅有利于传承优秀的少数民族文化,还有利于形成具有地方特色的校本课程,与德育、美术等国家课程结合,发挥积极的育人作用。但在访谈中,三江 TL 乡中学校长说道,侗族刺绣技艺精通者往往是老一辈的长者,他们具有扎实的刺绣技能,但是缺乏教育教学能力;而具有教育教学能力的年轻一辈教师,又对侗族刺绣技艺掌握不够精深、扎实,操作能力并不能够胜任长期性、系统性的侗族刺绣课程教学。

14.乡村学校生源质量逐年下降

以三江 TL 乡中学 2020 年初一生源为例,TL 乡小学中心校成绩排名前 500 名的学生因名额分配与规划全部被县城中学录取,而在以往的年份,通常是录取 200 名左右学生到县城中学,故 2020 年同乐乡的初一生源质量大大降低。在与校长的访谈中调研组了解到,本校未能进行教学改革的主要原因之一就是学生质量较低,学生不适应"分组—自学教材—上台授课"的教学流程,相当比例的学生存在学习基础薄弱,难以克服厌学情绪的情况。

四、"文旅促教":县域城乡义务教育一体化发展的三江模式

针对三江侗族自治县浓郁的民族文化气息及旅游特色,并结合该县在城乡义务教育一体化发展中的经验和问题,本书提出了城乡义务教育一体化发展的"文旅促教"模式。下文主要从本质内涵、主要特征、构成要素、内在结构、表现形式几个方面对三江"文旅促教"模式进行解释说明。

(一)城乡义务教育一体化发展"文旅促教"模式的本质内涵

露丝·本尼迪克特认为,文化就像是一个人,是思想和行为的一个或多或少贯一的模式①,并将文化的发展视为一个整合的过程。关于民族文化模式,白友涛指出,人文民族文化模式关系到民众的信仰、思想意识、经济、政治制度、生活方式和器物等各个方面。② 在三江侗族自治县,三江模式就是以本地区的民族文化为基础,涵括该地区民众思想意识而建构的具有三江特色的"文旅促教"文化模式。

三江侗族自治县历史悠久,独特的民族风情习俗和灿烂的民族文化使其被誉为"百节之乡""中国民间文化艺术之乡",侗族村落、侗族建筑、侗族服饰、侗族饮食、侗族歌舞均体现了其独特的文化特色。此外,三江民俗节庆丰富多彩,全年月月过大节,村村有节庆,二月二侗族大歌节、三月三花炮节、四月八坡会节、多耶节、侗年等民俗节庆百花齐放,行歌坐夜、侗族集体婚礼等民俗文化源远流长。三江

---

① 本尼迪克特.文化模式[M].王炜,等译.北京:社会科学文献出版社,2009:32.
② 白友涛.回族文化模式转型论:基于对大城市回族社区文化模式变迁的思考[J].贵州民族研究,2007(01):86-92.

"千年侗寨·梦萦三江"的美称享誉中外,①先后获得"亚洲金旅奖最具民俗特色旅游县""美丽中国十佳旅游县""中国文化先进县""全国旅游标准化示范县""广西特色旅游名县"等荣誉称号。

三江侗族自治县积极开发挖掘极具特色的侗族文化,如侗族大歌、侗族芦笙等,聚集当地多彩的侗族文化从而形成文化产业,再将文化产业与旅游业结合,催生出更高的经济效益,拉动地区经济的整体增长,进而提升了县域民众的生活和教育水平。多种多样的民族节庆活动提升了三江侗族自治县的知名度,让更多的人看见三江。得益于三江模式,三江侗族自治县城乡义务教育一体化的进程明显加快,地区教育与地区文化共同发展。

(二)城乡义务教育一体化发展"文旅促教"模式的主要特征

整体来说,三江侗族自治县城乡义务教育一体化发展的"文旅促教"文化模式具有趋向性、共生性、整合性、动态性的特征。

1.趋向性:特色民族文化旅游促进经济发展

某一种文化模式的趋向性是指全体成员的意识和行为都趋向于本民族共同认可的中心理念或文化主旨,从而形成共同的民族性格以及拥有共同的目标等。人们只有按照文化模式所确定的价值标准进行选择,才是合理的、规范的,才为该阶层多数成员接受和承认。否则,个人选择本身便被相同阶层视为无价值的,甚至会遭到反对与排斥,这就是文化模式的排他性质。三江侗族自治县当前已形成以特色民族文化旅游促进经济发展这一共同的发展目标,为多数民众认可与接受。在城乡义务教育一体化发展中,"文旅促教"的三江模式为教育的城乡均衡发展奠定了坚实的经济基础。

2.共生性:文化、旅游与教育的和谐共生

共生性是一种依赖性与关联性,三江"文旅促教"模式的共生性不单单指该地区文化间的共生性,更包含了文化、旅游与教育三者的共生性。三江侗族自治县的文化是基础性的旅游资源,旅游资源的开发促进地区经济的发展,经济的发展为教育的进一步发展奠定基础。反之,教育为文化的挖掘与传播创造了条件,教育为旅游的发展培养了专业化人才。共生性包含良性的共生和非良性的共生,整体来说,

---

① 韦晓康.抢花炮仪式文化的生命力及功能解析:广西柳州三江县抢花炮活动实证调研[J].中央民族大学学报(哲学社会科学版),2011(06):102-108.

三江"文旅促教"模式的共生是一种要素间良性循环的共生。

3.整合性：各类文化要素有机整合

文化模式的整合性是指一种文化各部分经过整合之后才能成为有机整体和相对稳定的文化状态。一种文化在选择了自身的行为方式、社会价值、目标取向后整合成为一种模式。三江文化模式是一个整体，文化模式揭示了文化特质的本质关联，揭示出当前特定民族由各类文化整合形成的占主导地位的文化模式。因此，三江模式不是单要素的文化聚集体，而是具有整合性的多要素整合体。

4.动态性：文化随时间变迁而持续发展

文化模式是呈现动态发展变化的，地区文化模式因社会文化群体的不同而不同，并且会随时间的推移、社会的变迁和人类认知经验的变化而变化。文化模式的各种特征与功能的共同作用会使拥有该模式的群体内各文化要素处于整合状态，这种状态长期影响着群体内成员的思维习惯、行为方式和价值观念等。三江模式作为一种文化模式，它呈现的要素、特征与形式只是当前状态下的一种为地区群体广泛认同的要素、特征及形式，随着时间的变迁，该模式会呈现动态性发展，三江模式并非一成不变。

（三）城乡义务教育一体化发展"文旅促教"模式的构成要素

整合性是文化模式这一抽象概念的重要特征之一。在城乡义务教育一体化发展三江模式的本质内涵中，三江模式的整合性定义为：以三江地区的民族文化为基础，涵括该地区民众思想意识而建构的具有三江特色的"文旅促教"模式。因此，深入挖掘城乡义务教育一体化发展的三江模式包含的构成要素，将探究视野由宏观转入微观，有利于更加全面地展现和把握三江模式的内在生成逻辑。三江文化模式的构成要素以显性的物质文化和隐性的信仰、习俗文化、制度文化、科学文化、生产生活方式为载体展现出来。

三江城乡教育一体化发展需面对的核心问题是探究三江文化模式的作用机理，城乡义务教育一体化发展三江模式的内在逻辑建构离不开对三江文化模式的探究。基于上文的分析可以得出，城乡义务教育一体化发展三江模式的构成要素包括硬件资源、教师与学生、课程与教学和教育信息化以及这些构成要素间的有机结合形式。

1.承载侗族文化特色的硬件资源是城乡义务教育一体化的基本保障

硬件资源是城乡义务教育一体化中的物质文化。城乡义务教育一体化进程的硬件资源主要体现在学校的教学设备、校园管理设备、基础服务设施、馆藏图书等，这些物质性投入搭建起了城乡义务教育一体化进程中各个构成要素互动作用的场所。一些学校里的房舍融入了侗族建筑的元素，例如学校内的休息亭用木材制作，亭子顶棚的四周为吊脚形状。学校图书馆藏有《侗族简史》《侗族大歌》《中国侗族鼓楼》等书籍，供学生阅读。功能室内，侗族芦笙、侗族琵琶、侗笛等乐器琳琅满目。总体来看，三江侗族自治县的硬件设施城乡差距不大，都有融合了侗族文化的场所，都具备有关侗族文化的书籍、器具等，都配有希沃白板教室和一定数量的"双师课堂"主播室、录播室。虽然县城中学在硬件设施上配有平板和纸笔互动板，但乡村学校接受的社会资助比县城中学多，硬件设施也正在逐步完善。硬件设施对三江侗族自治县城乡义务教育一体化起到了基本的保障作用。

2.饱含侗族文化情怀的教师与学生是城乡义务教育一体化的发展主体

充足的教师数量、平衡的补充机制、协调的学历结构、教师流动的方向和频率、教师的职前和在职培训、学生的整体素质和成才效果对城乡义务教育一体化进程产生了较大的影响。教师和学生作为城乡义务教育一体化的微观主体，虽然主要在学校场所中交流、互动，但是也会受到学校场所之外的社会、家庭环境中思维方式和价值理念的影响，由此形成了城乡义务教育一体化的校园图景。三江侗族自治县会组织学校开展侗族大歌、侗族舞蹈、侗族画作等比赛，增强教师、学生之间的文化交流，也拉近了两者的心理距离。此外，受三江民俗节庆丰富多彩，全年月月过大节、村村有节庆等习俗影响，教师与学生通常会在学校内以节日为载体，开展有关侗族文化的交流、对话。三江侗族自治县的乡村教师以年轻教师居多，同时流动频率较大，但值得关注的是流出和流入乡村学校的教师数量是平衡的。三江侗族自治县重视乡村教育，加大对乡村学校教师招聘的力度，这与三江侗族自治县"文旅促教"带动了经济发展有关。同时乡村学校对于残疾学生的特殊教学帮扶与关心照顾，与侗族民族文化中注重感恩等向善向美的优秀传统文化具有紧密的联系。

3.渗透侗族文化元素的课程与教学是城乡义务教育一体化的主要载体

城乡教育一体化是在打破城乡二元经济结构的进程中逐步缩小城乡之间教育差距，以此推动校本特色课程、线上优质课堂的录播制作和教学改革的实施等，有利于挖掘优质民族教育资源，促进城乡优质教育资源的共享。如三江侗族自治县大部分学校的艺术课程均融合了侗族文化元素，有以侗笛、侗族芦笙为主的音乐课,有以侗族故事为绘画主题的绘画课,有侗族多耶舞蹈队。此外,学校还会组织学生进行侗族文化宣讲等活动。教师也会对侗族文化进行筛选,将符合学科主题的侗族文化融进课堂,潜移默化地增进学生对民族文化的认同。三江侗族自治县通过覆盖多个县城与乡镇学校的"柳州市县域在线同步课堂"项目,积极推动本县学校利用线上课程学习提升教学质量;三江侗族自治县中学学校以侗族多耶舞蹈队、侗族芦笙音乐队、侗族大歌活动、侗语故事演讲、侗族刺绣等形式积极探索系统性校本课程开发,发现城乡教育文化共性,缩小城乡义务教育差距。

4.盘活侗族文化资源的教育信息化是城乡义务教育一体化的实践路径

现代化多媒体设备的普及促进了教育信息化的发展,帮助师生提高教育信息素养,并推动教育文化的传承与创新,促进乡村传统文化吸收借鉴城市优秀文化,促进乡村文化转型适应现代化发展。教育信息化一方面使优秀文化厚植乡村,利用教育信息化积极推进侗族文化资源建设,构建富含侗族文化特色的数字化教学环境,进一步推进城乡数字资源共享共通;另一方面使乡村落后文化被消解摒弃,教育信息化是随着时代发展应运而生的教育新形式,是对以往教育形式的创新与超越,在教育信息化发展过程中,不符合时代要求的乡村落后文化终将被摒弃。三江侗族自治县学校配备"智慧校园"校园管理设备、希沃白板等多媒体教学设备,信息化技术教师队伍每年定期接受培训,学生参与学校举办的信息化活动与比赛,这些教学实践从硬件设备投入与普及、课程与教学数字化等多维度渠道提升了县城与乡村的教育信息化水平。

(四)城乡义务教育一体化发展"文旅促教"模式的内在结构

文化模式调节控制着文化模式的基本要素,文化模式的基本要素包括物质文化、信仰、生产生活方式、习俗文化、制度文化和科学文化;文化模式的基本要素以及要素间的有机结合集中体现在人们的价值观念上,从而构成了文化模式的内在结构。

三江侗族自治县城乡义务教育一体化田野调查从硬件资源、教师与学生、课程与教学、教育信息化四个方面开展研究,在资料分析中得到了宝贵的经验,从学校、教师、政府等多个维度提出建议。文化模式的构成要素以及要素间的有机结合构成文化模式的内在结构,同时也集中体现在人们的价值观念上,所以可从公共价值、民族文化、公共政策三个方面搭建三江侗族自治县城乡义务教育一体化发展文化模式的内在结构。(图2-1)

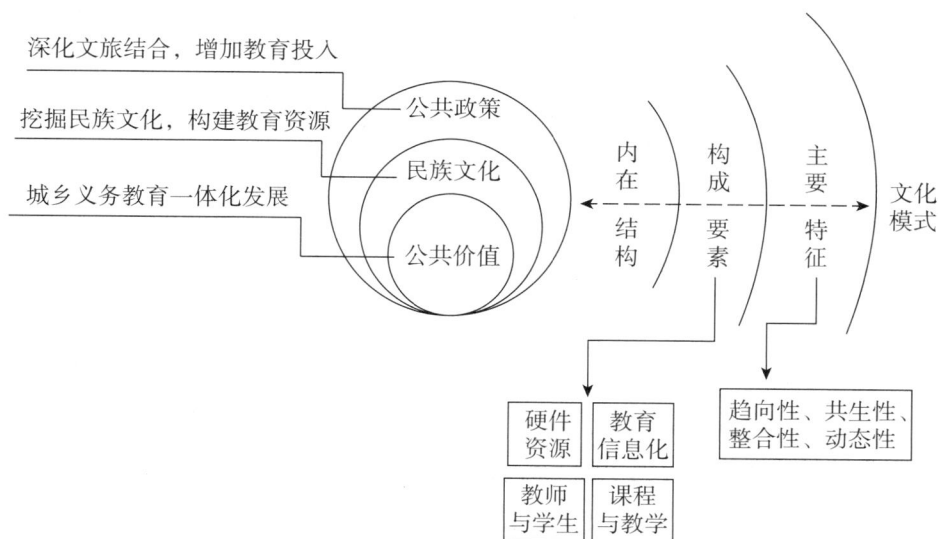

深化文旅结合，增加教育投入

挖掘民族文化，构建教育资源 —— 公共政策

城乡义务教育一体化发展 —— 民族文化

公共价值

内在结构 | 构成要素 | 主要特征 | 文化模式

硬件资源 | 教育信息化
教师与学生 | 课程与教学

趋向性、共生性、整合性、动态性

图 2-1　"文旅促教"城乡义务教育一体化发展文化模式的"三圈理论"

1.公共价值是城乡义务教育一体化推进的核心要素

公共价值是公共政策实施的根本意义。三江侗族自治县城乡义务教育一体化的实现必须先考虑政策的价值问题。随着城镇化进程加速发展,城市义务教育的办学水平和办学条件占据优势,而三江侗族自治县也处在这一发展进程中,这就出现了乡村生源向县城流动的现象,乡村教育发展滞后不仅体现在办学条件上,更体现在生源的数量和质量。教育是促进社会稳定发展的重要基础,其在乡村振兴中的作用不可忽视,由此要努力振兴乡村教育。在乡村振兴背景下,三江侗族自治县政府出台了多项政策措施,以推进城乡义务教育一体化,以保障公众最基本的公共权利。公共价值是城乡义务教育一体化政策制定和执行的灵魂,城乡义务教育一体化的实现必须充分考虑三圈理论中的价值要素,以公众的利益为根本诉求,在实施过程中注重价值的传达,用正确的公共价值方向保障城乡义务教育一体化政策的制定与实施。①

2.民族文化是实现城乡义务教育一体化的重要条件

三江侗族自治县独有的民族文化是民族地区县域城乡义务教育一体化发展文化模式研究中的重要条件。城乡义务教育一体化在具有充分公共价值的前提下,必须通过深度挖掘三江侗族自治县独有的民族文化特色,保护和传承优秀文化,才

---

① 吴文俊,祝贺.从罗尔斯的正义原则看教育公平问题[J].辽宁教育研究,2005(06):1-4.

能将理论转化为现实,达成其政策制定的目标。民族文化具有珍贵的物质价值和精神价值,而城乡义务教育一体化的发展需要足够的财力、人力、物力保障,当缺少文化支撑时,就难以达到预设的目标。保护和传承民族文化是城乡义务教育一体化发展的重要方法,由此看出,民族文化在城乡义务教育一体化发展文化模式的研究中具有重要的地位。①

3.公共政策是城乡义务教育一体化发展的现实基础

公共政策与社会具有重要的互动关系,公共政策的实施是将其内含的重要意义发挥在社会中,同时社会的反映同样对公共政策的制定和调整具有反作用。城乡义务教育一体化的受众范围广,参与主体多,这一战略的顺利推进需要多方的支持,若失去各主体的参与,城乡义务教育一体化推进过程中就会面临多样的挑战,甚至还会产生新的社会问题。因此,可以实施"文旅促教"等的公共政策,获得充分的公众支持,以此推进城乡义务教育一体化发展。

(五)城乡义务教育一体化发展"文旅促教"模式的应然诉求

文化可理解为人类在生活延续过程中对物质世界改造所形成的一切"人为"成果,而这些成果与人类生活相关,构成人类生活的各方面。因此,三江城乡义务教育一体化发展文化模式的表现形式可以概括为三江人民依托本地资源、利用本地优势,对物质世界进行改造的过程及结果,旨在从思想上、行为上实现城乡义务教育的一体化发展。

1.挖掘民族文化,构建教育资源

三江侗族自治县作为全国 5 个侗族自治县中侗族人口最多的县份,其蕴含的侗族文化丰富多彩,文化底蕴深远而厚重,这无疑为当地教育的发展提供了天然资源。挖掘、选择并利用当地优秀民族文化,建设教育资源,实现民族文化进校园成为城乡教育一体化不可忽略的重要任务。一方面,有利于推动当地教育的民族化、特色化发展,实现教育的长远性发展;另一方面,民族文化是侗族先祖于实践中创造的产物,是当地民众共同的物质、制度及精神财富,民族文化的融入有利于唤起师生共同的历史记忆,共同的民族文化有利于打破城乡间的文化壁垒,是维系城乡义务教育一体化发展的生命纽带。

以三江 MZ 初级中学、三江 TL 乡中学为例,两所学校在发展教育的同时都有注意到民族文化的融入问题,尽管目前两所学校在一些做法上存在不足,没能达到较

---

① 冯文全,薛梦琦.城乡义务教育师资均衡配置:问题及对策探析[J].当代教育论坛,2013(05):57-62.

为有效的效果,但都在努力尝试如何更好地利用民族文化资源。例如,调研组在参观这两所学校时了解到,两所学校均建立了一定规模的侗族芦笙音乐队及侗族多耶舞蹈队,以大课间或是晚会等形式开展侗族大歌活动。在民族文化的融入上,两所学校有一致但又各有特色。以三江 TL 乡中学为例,其刺绣技艺是当地一道独具特色的民族风景线,学校曾尝试过依托此技艺进行校本课程的开发,将乡镇中熟悉侗绣的年长者邀请到学校授课,但最终因资金短缺、师资匮乏而不了了之,但这也是一次民族文化融入学校教学的探索与实践。

无论是侗族芦笙音乐队的组建,还是侗族刺绣课程开发的尝试,其目的都是增强城乡学校承担起保护、传承并创新民族文化重任的自觉性,城乡义务教育一体化的本质是文化问题,其衡量标准并不是城乡教育制度一体化,而是统筹城乡教育发展的内在文化机理的一体化,城乡之间为守护共同的民族文化而进行的实践尝试、交往互动,有利于师生在民族文化熏陶中增强文化自信,坚定民族共识,为推动城乡义务教育一体化发展奠定思想基础。

2.深化文旅结合,增加教育投入

当前,三江侗族自治县坚持"生态立县,旅游富民"的发展方略,依靠其优越的生态环境及文化资源发展旅游产业,积极开展"旅游+"行动。其中"旅游+文化"的产业发展模式以侗族文化为核心,将三江侗族独具特色的饮食文化、服饰文化、建筑文化、农耕文化尤其是非物质文化遗产所体现的侗族要素打包展示。以程阳八寨景区为例,鼓楼、风雨桥等历史名迹令人叹为观止,侗族大歌、百家宴的盛况更是吸引了五湖四海的游客,民族文化与旅游业相结合,成了该地区脱贫攻坚的制胜法宝。2020 年,全县旅游总人数达697.85 万人次。随着文旅产业的深度开发,三江侗族自治县的民族文化旅游呈现井喷式发展,短短几年时间内,该县便成了全国著名的旅游自治县。

一方面,"旅游+文化"模式的推进利于推动经济的增长。2020 年三江侗族自治县全年旅游收入高达79.5 亿元。经济增长是助推乡村振兴的重要手段,乡村振兴的实现有助于缩小城乡差距,消除城乡二元结构壁垒。例如,在与三江 MZ 初级中学和三江 TL 乡中学校长的谈话中了解到,两所学校的政府资金投入按时到位,生均经费基本相同,信息化基础设施建设完善,这些都间接得益于旅游产业发展带来的经济增长,从而推动了教育的一体化发展。

另一方面,"旅游+文化"模式的发展在一定程度上也带动了传统工艺等非物质文化遗产的发展,进一步带动当地困难群众就业,培养更多民族文化继承者,为城乡学校输送更多精通民族文化的传承人,积极发挥文化在"扶贫""扶智"中的作用。位于侗族刺绣之乡的三江 TL 乡中学就曾将民间手工艺人引进校园传授刺绣技艺,也尝试过以侗绣为核心开设校本课程,这些行动在一定程度上利于缩小城乡差距,推进城乡义务教育一体化。

总之,三江侗族自治县城乡义务教育一体化文化模式体现在挖掘民族文化、建设教育资源、深化文旅结合、增加教育投入的行动上,以文促旅、文旅结合、"文旅促教",助力三江扶贫、扶智,在思想上、行动上推动城乡义务教育的一体化发展。

第三章

民族地区县域城乡义务教育一体化发展的恭城"耕读并进"模式

恭城瑶族自治县是桂林市唯一的瑶族自治县,文化底蕴深厚,独具瑶族特色。调研组经过田野考察和综合考量后认为,恭城瑶族自治县是较为典型的农耕与教育并进的区域,其城乡发展依赖农业生产,是桂北地区重要的农业发展县,也是岭南地区最具有教育影响力的县城,该县有中国四大孔庙之一的恭城文庙,足以证明该县对文化教育方面的重视程度。鉴于此,本书选择恭城瑶族自治县作为民族地区县域城乡义务教育一体化发展的案例之一,基于对恭城瑶族自治县的调研,从古代文人既"耕"且"读"的生活模式中进一步阐释恭城"耕读并进"模式。"耕读并进"模式是一种建立在我国农业文明基础之上的以儒家"仁爱"哲学作为内核的亦耕亦读的文化模式。首先,通过前期对恭城瑶族自治县城乡义务教育一体化发展作初步了解,对此进行田野描述。其次,调研组成员进入恭城瑶族自治县实地考察,获得关于该县城乡义务教育一体化发展的一手资料。再次,将收集到的一手资料进行分析,总结出恭城瑶族自治县城乡义务教育一体化发展的问题,并提出相应的对策。最后,构建出民族地区城乡义务教育一体化发展的恭城"耕读并进"模式,以供后期使用与推广。

一、田野描述:恭城瑶族自治县城乡义务教育一体化发展概述

恭城瑶族自治县是濡染古建文化的民族地区县域,在历史长河中逐渐成为独具魅力的瑶乡圣地。此外,富有民族特色文化的恭城瑶族自治县,其教育随着瑶族文化的滋润而日臻至善。

（一）古建文化场域浸润下的魅力瑶乡文化汇聚圣地

恭城瑶族自治县建于隋大业十四年（618 年），至今已有 1 400 多年的历史，仍处于不断发展之中。恭城瑶族文化魅力四射，在庙宇文化浸润下呈现多种样态，独具瑶乡神秘色彩。

1.恭城瑶族自治县基本现状描述

（1）地理环境：三面环山的毓秀古县

恭城瑶族自治县位于广西壮族自治区东北部，桂林市东南部，东与贺州市富川瑶族自治县及湖南省江永县交界，南与贺州市钟山县、桂林市平乐县毗邻，西接阳朔县、灵川县，北临灌阳县。全县总面积 2 149.02 平方千米，以山地、丘陵地形为主。河流两岸孕育着古老而智慧的瑶族文明，沿岸有坡度低缓的小冲积平地，东、西、北三面被中低山环绕着，重山复岭，中间有一条由南向北的河谷走廊，其间河谷、平地、台地、丘陵错落有致，在大地上绘出瑶乡古卷。各山脉纵向排列，奇山异洞，遍布各乡，自然风景格外秀丽。县内最高处为银殿山顶，海拔 1 885 米；最低处为恭城镇古城村岭尾屯，海拔 130 米。① 众山高低交错，横峰侧岭，极为气派，在这样的山水绝景中瑶族的灿烂文明蓬勃发展。

（2）人口发展趋势：瑶族人数占比与受教育程度稳步提升

瑶族广泛分布在亚、欧、美、澳等各大洲，中国瑶族共有 3 309 341 人（2021 年），② 分布在广西、湖南、广东、云南、贵州和江西六省（区）的 130 多个县里，其中以广西为最多。恭城瑶族自治县是桂林市唯一的瑶族自治县，辖 6 镇 3 乡，包括恭城镇、栗木镇、莲花镇、嘉会镇、西岭镇、平安镇、三江乡、观音乡、龙虎乡。③ 县内瑶族人口占比逐年上升，1937 年恭城瑶族自治县人口为 131 088 人，其中瑶族 14 078 人，占总人口的 10.74%；1986 年恭城瑶族自治县人口为 254 900 人，其中瑶族 116 200 人，占总人口的 45.59%；④截至 2020 年底，恭城瑶族自治县人口为 245 432 人，其中瑶族 147 970 人，比例上升至 60.29%。⑤ 随着政治导向和民族政策的变化，恭城瑶族自治县涌现出"汉改瑶"的现象，民风特色延续保留。随着国家不断深化

---

① 恭城瑶族自治县地方志编纂委员会.恭城县志[M].南宁：广西人民出版社,1992:33,42.
② 国家统计局.中国统计年鉴 2021[M].北京：中国统计出版社,2021:57.
③ 广西桂林市恭城瑶族自治县人民政府门户网站.人文地理[EB/OL].（2022-06-30）[2022-07-12]. http://www.gongcheng.gov.cn/zjgc/rwdl/201610/t20161013_1209463.html.
④ 彭兆荣.无边界记忆：广西恭城平地瑶"盘王婆"祭仪变形[J].广西民族研究,2005(04):46-56.
⑤ 广西桂林市人民政府门户网站.桂林市第七次全国人口普查主要数据公报[EB/OL].（2021-05-29）[2022-07-12].https://www.guilin.gov.cn/glsj/sjfb/tjgb/202105/t20210529_2065948.shtml.

义务教育改革,恭城瑶族自治县的人口受教育水平得以持续提升,桂林市第七次全国人口普查主要数据显示,当前县内拥有大学(大专及以上)文化程度的人口有6 662 人,拥有高中(含中专)文化程度的人口有 10 553 人,拥有初中文化程度的人口达 36 770 人,①人才质量提升为瑶族发展带来了机遇。

2.文武庙文化浸润下的恭城瑶族文化场域

(1)语言文字:多语支与汉语共存

语言文字是民族文明的符号,也是民族文化传播的载体,是民族根基之所在。中国瑶族语言存在支系的区分,大体上分属汉藏语系苗瑶语族瑶语支、汉藏语系苗瑶语族苗语支、汉藏语系壮侗语族侗水语支。瑶族全族有 60%以上的人所使用的语言属汉藏语系苗瑶语族瑶语支;有 33%左右的人所使用的语言属汉藏语系苗瑶语族苗语支;少数人所使用的语言属壮侗语族侗水语支;还有一些人只讲汉语。②由于长期与汉、壮等民族频繁进行交往交流,呈现互嵌型居住格局,所以各地瑶族一般都兼通汉语,部分瑶族人民还兼通相邻民族和瑶族其他支系的语言。当地人沟通方式呈现以汉语为主、多系并存的多元语系相融样态。

在中国瑶族语言支系划分的基础上,恭城瑶族自治县的瑶语大致可分盘瑶语、平地瑶语、过山瑶语和四大民谣语。盘瑶语支分布在观音、三江乡及莲花、栗木镇等乡镇,与富川瑶族自治县的油沐村、湖南江永县桃川镇等盘瑶村寨的瑶语基本相通或相近;平地瑶语支分布在恭城、栗木、嘉会、莲花、平安镇以及龙虎、观音乡的少部分地区,有逐步向汉语方言演化的趋势,形成一种介于瑶、汉语间的地域方言;过山瑶语支分布在西岭、莲花、平安、栗木镇和三江乡等乡镇,土语较多;四大民谣语支分布在平安镇的大江、嘉会镇的西南及西岭镇的东面、椅子、营盘、岛坪等村寨。③

文字是语言的载体,语言先现,文字后而产之。关于瑶族文字,学术界各学者观点各异。大多数学者认为,尽管历史上瑶语支系众多,但瑶族却没有本民族的文字,往往采用汉字。④ 然而,学术界也有部分学者认为,瑶族有自己的文字。在很早以前,瑶族就已经用汉字来刻碑文、记载歌词以及誊录经书,广西金秀瑶族自治县

① 广西桂林市人民政府门户网站.桂林市第七次全国人口普查主要数据公报[EB/OL].(2021-05-29)[2022-07-12].https://www.guilin.gov.cn/glsj/sjfb/tjgb/202105/t20210529_2065948.shtml.
② 江西省民族宗教事务局.瑶族[EB/OL].(2020-07-24)[2022-07-23].http://mzj.jiangxi.gov.cn/art/2020/7/24/art_37747_2648817.html.
③ 恭城瑶族自治县地方志编纂委员会.恭城县志[M].南宁:广西人民出版社,1992:446.
④ 罗宗志.瑶族的宗教文书:以桂北一位盘瑶师公所收藏之宗教经书为例[J].宗教学研究,2015(03):176-186.

于今尚还留存有明代的手誊歌本和经书。瑶族的师公、道公和一些民间歌手在誊录民族经籍的过程中,由于能够熟练地运用汉字,因此会仿造一些"新"字与汉字一起使用,通过增加、删减、重新组合等方式对汉字进行二次加工,创造了独属于瑶族的文字,并用其记载属于本民族的语言。这种文字被称为古瑶文,主要是道公、师公、民间歌手在用汉字抄录经书和歌书等民族典籍时掺杂使用,以弥补不足。① 实际上,无论是何种说法都显示出瑶族文字与汉字的亲缘关系,更凸显出瑶族人民在语言文字上独具创造性。

（2）生活习俗:历久弥新的鲜明风俗

瑶族男女服装主要用青、蓝土布制作,具有鲜明的瑶族特征。不同支系的服饰不尽相同,因而过去瑶族曾因服饰的颜色、裤子的式样、头饰的装扮不同而得各种族称。恭城瑶族自治县境内过山瑶好五色（红、黄、绿、青、白）,尚刺绣。但随着现代化工艺服饰盛行,瑶族刺绣这一手艺逐渐失传,比如莲花镇势江村的瑶族现在仅留存有一些服饰,但未传承刺绣这一技艺,只有西岭镇新合瑶现在仍然绣瑶服。瑶族服饰也随着时代变迁而有所改动,如恭城瑶族自治县瑶族人民的服饰在清代时是长摆、窄袖、右衽、圆领,到民国时期修改为对襟交领长衣。其实瑶汉服装并无大异,唯一不同的可能是瑶族喜爱刺绣,而在服饰上绣各种图案。瑶族人民善于在衣领、衣袖及裤脚处刺绣,通常绣成五色。他们还会在头巾上绣八卦,头巾两头绣挑花。无论男女,他们的腰上及脚上的绑带皆有图案。如今,西岭镇新合瑶的妇女,在出嫁前都会绣一两套服装,以备结婚的时候穿戴。在日常生活中或走亲访友时,他们都会穿着瑶装并在每次穿完后晾干封存,很少进行洗涤。当妇女去世时,也要身穿瑶服,寓意让祖宗"认亲",让逝者有归宿。②

恭城瑶族自治县特产包括油茶、月柿、娃娃鱼、椪柑、粑粑、柚子叶粑、沙田柚、酸炒干鱼仔、红瓜子、黄笋干、芋头粑、槟榔芋、油茶鱼、桂北油茶,还有茶江鱼等美食。恭城地方小吃十分丰富,尤以恭城油茶著名——"恭城油茶喷喷香,又有茶叶又有姜,当年乾隆喝两碗,给它取名爽神汤"。由于油茶独特的制作方式、诱人的浓酽清香、舒心怡神的饮后感,早已名播广西,誉满八桂,③在 2019 年还创造"最多人

① 江西省民族宗教事务局.瑶族［EB/OL］.（2020-07-24）［2022-07-23］.http://mzj.jiangxi.gov.cn/art/2020/7/24/art_37747_2648817.html.
② 恭城瑶族自治县地方志编纂委员会.恭城县志［M］.南宁:广西人民出版社,1992:438.
③ 广西桂林市恭城瑶族自治县人民政府门户网站.恭城特色［EB/OL］.（2021-12-23）［2022-07-13］.http://www.gongcheng.gov.cn/gcly/gcts/201711/t20171123_1240129.html.

同时一起打油茶"的吉尼斯世界纪录。① 与油茶佐餐的瑶乡风味小吃琳琅满目,以特色糕点最为出名,有排散、柚叶粑、萝卜粑、船上粑、芋头糕等三十多种瑶乡糕点小吃,慕名前来的游客纷纷称赞,彰显了瑶族独有的美食魅力。

恭城瑶族自治县节日文化多样,极具民族特色和地域风情。在瑶族人民的传统节日中,几乎每月都有小节,但不同的地方节日习俗差异较大。瑶族节日包括有盘王节、达努节、尝新节、新年、瑶年、清明节、六月六等。② 瑶族人民在春节期间会举办较多具有民族特色的活动,比如唱堂歌、赛陀螺、射弩、抛绣球、打铜鼓等民俗娱乐项目,热闹非凡。恭城瑶族人民的盘王节是瑶族祭祀祖先盘王的节日,为农历十月十六。节庆之日杀牛宰猪,隆重祭祀盘王,并抬盘王塑像出游,请道师做法事,同时开展演戏、挞鼓、唱山歌、抢花炮、舞龙舞狮等文体活动。③ 嘉会镇唐黄瑶在农历六月二十三日至二十六日的"九板会期"庆祝婆王节,自清道光年间兴起,历时近200年,至今不衰。唐黄瑶属恭城瑶族自治县六大瑶族区域之一,源自湖南千家峒,进入恭城至今已有700多年历史,其中唐黄村的盘王庙和婆王庙从兴建至今已600多年,从族源到信仰载体都具有历史价值。另外,还有关公文化节、桃花节、月柿节、花炮节、牛王节,都深受人们的喜爱,彰显瑶族人民对美好生活的热切希望。

(3)建筑文化:庙宇峥嵘笼古气,馆阁恢宏纳新风

恭城瑶族自治县有文庙、武庙、周王庙、湖南会馆四大古建筑群,分别形成了"文""武""官""商"四种历史韵味浓郁的恭城瑶族建筑文化。

恭城文庙位于广西壮族自治区恭城瑶族自治县西山南麓,始建于明朝永乐八年(1410年),总面积3600多平方米。恭城文庙是为祭祀我国古代著名的政治家、思想家和教育家孔子而建的圣庙,作为全国四大孔庙之一,它也是广西规模最大、历史最悠久、气势最恢宏、保存最完整的庙宇,被誉为"岭南第一庙",有"华南小曲阜"之称。④ 整座建筑黄瓦溢金泛彩,殿阁高耸飞檐挽天,严格按照我国古代堪舆学的理论设计建造,有中国传统易学的哲理,亦保持岭南古建筑的地方特色。⑤

① 广西桂林市恭城瑶族自治县人民政府门户网站.恭城概况[EB/OL].(2022-05-17)[2022-07-12]. http://www.gongcheng.gov.cn/zjgc/gcgk/201610/t20161013_1209456.html.
② 姚舜安.瑶族民俗[M].长春:吉林教育出版社,1991:156.
③ 广西桂林市恭城瑶族自治县人民政府门户网站.恭城盘王节[EB/OL].(2020-12-21)[2022-07-14].http://www.gongcheng.gov.cn/gcly/gcts/201710/t20171019_1240128.html.
④ 王咏.恭城文庙、武庙[M].北京:中央文献出版社,2006:12.
⑤ 广西桂林市恭城瑶族自治县人民政府门户网站.恭城文庙[EB/OL].(2017-12-21)[2022-07-13]. http://www.gongcheng.gov.cn/gcly/cnjd/201712/t20171221_1240141.html.

恭城武庙是祭祀三国名将关羽的庙宇。始建于明朝万历三十一年（1603年），后毁于兵火，清代同治元年（1862年）重建，①现为国家级重点文物保护单位。庙宇面积2 130多平方米，建筑面积1 033平方米。坐落在西山南麓文庙的西侧，是广西现存规模最大、气势最宏伟、保存最完整的武庙。在关公生日这天，即每年的农历五月十二，当地还要举办民间传统的祭祀活动——关公文化节，每年一小庆，三年一大庆，数万名群众集聚到此以传统的民俗活动祭祀关公，远近游客亦匆匆赶来，朝圣人，观民俗，融乐其中。②

周王庙位于恭城瑶族自治县城东，建于明成化十四年（1478年），清雍正元年（1723年）重修，是祭祀宋御史周渭的祠庙。③ 周渭，恭城路口村人，生于残唐五代，故于北宋咸平二年（999年），出身进士，官至侍御史。他关心家乡，奏请减免赋税、重定田税、开发民智，提倡兴办学校、教育儿童，是一位刚正不阿、廉洁奉公的清官，因而其家乡人民建庙以祀奉。④ 每逢农历六月十五周渭的诞辰日，县城及附近农村群众会举行盛大的纪念活动，在庙前演戏酬神，沿街家家户户摆设供品祭祀，仪仗队抬着周渭的塑像游行，吹吹打打，锣鼓喧天，气氛极为热烈。⑤

湖南会馆坐落于恭城瑶族自治县城的一条历史人文街道——太和街，建于清朝同治十一年（1872年）。⑥ 湖南会馆总体布局结构严谨有序，红墙黄瓦，泛翠流金，飞檐挽天，奇伟壮阔，丰富多彩。整个大殿装潢富丽堂皇，壁画花饰名目繁多，前后有风檐设计，雕刻细妙，檐墙彩绘图案构思巧新。进入馆内，有一戏台呈凸字形状屹立中央，总面积达至105平方米，青石垒砌台基，台底浅埋水缸36口，具有增强音响的效果。看台能容纳1 000余人，是国家级重点文物保护单位。⑦

（4）宗教信仰：兼收并蓄的瑶民愿景

瑶族社会历史发展去古不远，社会发展相对后进，原始宗教信仰一直得以大量保存，并与后来传入的道教相融合，形成自己的特色。瑶族宗教信仰最大的特点是

① 王咏.恭城文庙、武庙[M].北京：中央文献出版社，2006：62.
② 广西桂林市恭城瑶族自治县人民政府门户网站.恭城武庙[EB/OL].（2022-04-19）[2022-07-13].http://www.gongcheng.gov.cn/gcly/cnjd/201712/t20171221_1240142.html.
③ 王咏.恭城文庙、武庙[M].北京：中央文献出版社，2006：2.
④ 广西新闻网.周渭：百代相传周御史[EB/OL].（2007-06-14）[2022-07-13].http://news.gxnews.com.cn/staticpages/20070614/newgx4670726f-1115224.shtml.
⑤ 中国共产党新闻网.桂林有座"崇廉"祠[EB/OL].（2014-01-13）[2022-07-13].http://fanfu.people.com.cn/n/2014/0113/c64371-24104409-2.html.
⑥ 王咏.恭城文庙、武庙[M].北京：中央文献出版社，2006：6.
⑦ 王咏.恭城文庙、武庙[M].北京：中央文献出版社，2006：7.

保留了原始多神崇拜。在生产力低下的古时,瑶族先民极度依赖自然,由此产生了自然崇拜,相信万物有灵,将自然现象神化,从日月星辰到花鸟鱼虫等都被神化。比如,许多瑶族妇女的头巾和小孩帽顶上绣有象征太阳的八角星图案,八角星周围绣圈小星,象征群星,群星外面绣四道线围成方形,象征大地,再绣上花、木之类图案纹样,象征万物。① 除自然崇拜外还有图腾崇拜。根据盘瓠传说,瑶族崇拜犬图腾。瑶族服饰"好五色衣服,制裁皆有尾形"、头帕扎成两只狗耳朵状、故意将一节腰带垂于臀部之下,或在裤脚绣上红色条纹,都是纪念盘瓠的表现。此外还有动植物崇拜、鬼神祖先崇拜等。②

恭城瑶族自治县的瑶、壮、汉族没有形成统一的宗教,除自然崇拜和祖先崇拜等多神崇拜外,受佛教和道教的影响较深。各村各户多设有神庙、神龛,供奉神像。瑶族受道教的影响最大,与原始宗教信仰相混合,形成一种"瑶化"了的道教。祖先崇拜中,以还"盘王愿""婆王愿"为最隆重。仪式举办频率有一年一届,亦有三五年一届,每届都由"师公""道士"诵经作法、杀牲祭神,祈祷人寿年丰、民康国泰。民国期间,恭城还传入了天主教和基督教。③ 恭城瑶族自治县的宗教信仰文化也体现在地名中,如宗教类地名共有 21 个,其中因庙命名的有 18 个,因寺命名的有 3 个。就信仰来讲,寺庙是外来宗教的宣讲所,僧侣供奉的地方。庙是古代帝王祭祀的地方,秦汉以后在此祭祀神灵和功臣烈士,表达了人们对于忠孝仁义美好品质的推崇。如通天庙、古寺、佛寺坪和寺背等地名。④

(二)恭城瑶族自治县城乡义务教育一体化发展概况

自改革开放以来,特别是实行民族区域自治 30 多年以来,恭城瑶族自治县城乡义务教育发生了翻天覆地的变化,全县受教育水平逐渐提升。⑤

1.教育基本情况:各类教育蓬勃发展且质量逐渐提升

随着国家九年义务教育的全面普及,恭城瑶族自治县的教育取得了显著进步。截至 2021 年,全县普通中学有 11 所(含 1 所自治区示范性普通高中,1 所普通高中,9 所初级中学)⑥,中等职业教育学校有 1 所,小学高达 111 所,幼儿园也有 51

① 玉时阶.瑶族文化变迁[M].北京:民族出版社,2005:278.
② 容婷.广西瑶族服饰研究[D].上海:东华大学,2017:26.
③ 恭城瑶族自治县地方志编撰委员会.恭城县志[M].南宁:广西人民出版社,1992:465.
④ 张安欢.全域旅游背景下恭城瑶族自治县地名文化旅游开发研究[D].桂林:桂林理工大学,2020:38.
⑤ 注:本部分数据主要参考《恭城年鉴 2021》第 40 页、第 175 页、第 176 页、第 177 页的内容。
⑥ 广西桂林市恭城瑶族自治县人民政府门户网站.2021 年恭城瑶族自治县国民经济和社会发展统计公报[EB/OL].(2022-06-08)[2022-07-14].http://www.gongcheng.gov.cn/zwgk/fdzdgk/jcxx/tjgb/202206/t20220608_2286875.html.

所。其中,小学教育面向全体适龄儿童,全县在校小学生有 21 112 人,小学适龄儿童入学率达 99.98%。在九年义务教育制度的加持下,全县在校初中生有 11 234 人,九年义务教育巩固率达到 98.1%,县内义务教育发展较为均衡。此外,恭城瑶族自治县普通高中在校生人数共 4 894 人(自治区示范性普通高中在校生 1 945 人,普通高中在校生 2 949 人),高中阶段教育毛入学率提高到 93.7%,全县区域教育发展差距明显缩小。

随着恭城瑶族自治县教育的蓬勃发展,全县教师队伍也逐渐壮大。县内专任教师共 2 772 人,其中普通高中专任教师有 350 人,初级中学专任教师人数有 609 人,中等职业教育学校专任教师人数有 43 人,小学专任教师人数有 1 420 人,除中等职业教育学校师生比为 1∶28.23 及幼儿园师生比 1∶23.63(不达标)外,其余各学段师生比均达标,由此可看出恭城瑶族自治县全县教师队伍配备相对合理。

恭城瑶族自治县的教育发展与其办学条件密不可分。就占地面积及生均情况来看,全县小学占地 778 476.62 平方米(生均 36.87 平方米),普通初中占地 532 972.02 平方米(生均 47.44 平方米),普通高中占地 162 975 平方米(生均 33.30 平方米),中等职业教育学校占地 18 009 平方米(生均 14.83 平方米)。由此可看出,全县普通初中生均占地面积最大,办学条件较为充足。中等职业教育学校占地面积最小,生均占地面积紧张,办学条件欠佳。

恭城瑶族自治县中考与高考的情况是全县教育教学质量的重要衡量指标。2020 年,全县中考参考人数 2 731 人,一等生有 583 人,比 2019 年多 10 人,其中取得 6A 成绩的有 32 人,5A 有 58 人,中考成绩再创历史新高。同样,2020 年全县参加全国普通高考的考生有 1 583 人,在全区 600 分以上人数大减的情况下,全县仍有 56 人上 600 分,一本上线 314 人,比 2019 年增加 16 人。其中,恭城中学本科上线率 98.65%,一本上线率 52.54%,刷新其 2019 年创造的全市县级中学一本率 50.34% 的最高纪录。由此可看出,恭城瑶族自治县的教育教学质量逐年提升,全县教育也朝更好的方向发展。

2.教育管理情况：经费收支逐年上涨且学生资助到位

恭城瑶族自治县教育经费的收入与支出是支撑全县教育发展的重要保障。2020 年,恭城瑶族自治县全年教育经费总收入为 5.15 亿元,同比增加 1 180.4 万元,增长 2.3%。其中,国家财政性教育经费收入 4.75 亿元,同比增加 1 528.1 万元,增长 3.3%;预算外资金收入 3 996.3 万元,同比减少 347.7 万元,下降 8%。此外,恭城瑶族自治县全年教育经费总支出为 5.16 亿元(人员经费支出 3.93 亿元,公用经费支出 4 764 万元,基建支出 7 518.3 万元),同比增加 583 万元,增长 1.1%。其中,国家财政性教育经费支出 4.68 亿元,同比增加 46.6 万元,增长 0.1%;预算外资金支出 4 766.4 万元,同比增加 536.4 万元,增长 12.6%。按照新增长理论,推进民族地区的教育水平,确保教育运行所需的经费,不仅对我国教育事业的整体发展起到促进作用,更会使与发达地区经济发展差距由扩大转为缩小的时间缩短。[①] 因而,伴随着国家对恭城瑶族自治县的教育经费投入增加,全县教育事业获得持续发展。

除了从宏观层面了解恭城瑶族自治县教育经费全年收入与支出整体情况外,还要聚焦到微观层面的学生个体。学生资助管理是维持全县教育公平的重要因素。全县学生资助工作的总体目标是"不允许任何一个学生因家庭经济困难而失学",以"实现家庭经济困难学生资助全覆盖"为基本要求,以"精准资助"和"资助育人"为重点有序开展工作。2020 年,全县印制发放《学生资助政策宣传册》《致全县学生、家长的一封信》各 40 000 多份,资助政策宣传海报 200 多份。享受学前教育免保教费 1 277 人次,补助金额 77.24 万元;发放义务教育阶段家庭经济困难学生生活补助 27 582 人次,发放金额 1 505.33 万元;中等职业教育免学费 992 人次,免除金额 74.4 万元;发放中等职业教育国家助学金 206 人次,发放金额 27.3 万元;发放普通高中国家助学金 2 116 人次,发放金额 252.8 万元;普通高中免学费 1 463 人次,免除金额 103.39 万元;发放大学新生入学补助 375 人次,发放金额 25.14 万元;库区移民子女免学费 66 人次,免除金额 3.19 万元;发放生源地信用助学贷款 3 294 人次,贷款金额 2 483.47 万元。由此可看出,全县尽力确保学生的受教育机会,为促进教育公平作出重要努力。

3.义务教育资源:教学建筑更新与控辍保学专项行动

义务教育资源是促进义务教育发展的关键要素之一。2020 年,恭城瑶族自治县在更新义务教育资源上也作出了努力。全县新建了 2 栋教学综合楼,分别为栗木镇 TT 小学教学综合楼、莲花镇 JT 小学教学综合楼,建筑面积 2 200 平方米,总投资 472 万元。同时,全县投资 375 万元建设高铁新区小学大门、围墙、硬化道路、给排水及供电等附属设施。此外,全县还投资 300 万元完成了 GTXQ 小学运动场建设。

除了在义务教育资源上作出努力,恭城瑶族自治县为巩固提升"义务教育有保障"成果,在控辍保学方面也投入了较多精力。全县组织开展控辍保学专项行动,截至 2020 年,共派出教师 1 075 人次,走访学生家庭 2 575 户,及时劝返学生 6 人。

---

① 刘璐,王世忠.民族地区义务教育经费保障机制实施状况研究[J].贵州民族研究,2014(01):161-164.

恭城瑶族自治县有适龄残疾儿童少年 294 人,已安置 273 人(其中特校 13 人,送教上门 47 人,学前教育和康复机构共 4 人,随班就读和特教班共 209 人),要求切实做好每月 2 次、每次不少于 3 课时的送教上门工作。恭城瑶族自治县还开展了寒假期间"大家访"行动,稳定学生情绪,做好政策和法治宣传,共派出家访教师 1 804 人次,走访学生家庭 2 931 户,电话家访学生 10 610 人次(其中建档立卡户学生 1 132 人次),网络家访 15 657 人(其中建档立卡户学生 1 240 人)。此外,还将家访效果不理想的学生列为重点监测对象,按照"一对一、人盯人"的要求,与政府、村委会、驻村工作队、帮扶联系人等落实监控及劝返责任,防止学生流失。

4.调研学校基本情况:生态示范与仁德办学

(1)恭城 MZ 中学

恭城 MZ 中学创办于 2002 年,以招收全县少数民族学生为主,是一所寄宿制中学。现学校占地面积 68 000 平方米,建筑面积 32 680 平方米,教学班 39 个,在校学生 2 207 人,其中少数民族学生占学生总数 75%,教职工 159 人。学校各功能室设备完善,通过了桂林市"标准化实验室"验收,建有电子阅览室、录播室、电脑室;各教室安装了多媒体班班通教学设备;修建了达到国家二级标准的 400 米塑胶田径场;安装了地源热泵热水系统、校园监控系统;宿舍和教室均安装了空调。校园里民族文化氛围浓郁,围墙上的"励志墙""生态墙""民俗墙"系列墙绘是学生的手绘作品,"传承中华优秀传统文化"及"追梦"浮雕体现了办学愿景。以"民族大团结"为主题的民族文化风雨长廊,是中华民族大家庭的"合影";校训石、升旗台和"诚礼"广场凸显中国传统文化和瑶族文化特色,学校后操场有专供学生休憩、观赏的"仁曜亭"和"凌云峰"。教学区、运动区、生活区布局科学合理,相对独立又以连廊相通。

学校以科研为引领,以课程为载体,以社团为依托,把瑶族长鼓操、抛绣球、多人板鞋等民族体育活动引入课堂,积极开展"优秀传统文化进校园"活动,打造"书香校园""墨香校园"。同时,注重校本教材的编辑,已出版有《国学古韵》《国学养正》《国学智慧》;成立书法社、舞蹈社、文学社、篮球社、瑶语社等 11 个社团,并有每日一读(国学经典)、每日一练(毛笔书法)、每日一思(写行思录)等活动。近年来,有 68 位教师在现场教学竞赛中获市级以上奖励,辅导学生参加各类学科竞赛取得了令人瞩目的成绩,学校被授予"国际生态学校绿旗"荣誉,被评为教育部教育管理信息化标准应用示范学校、全国青少年文明礼仪教育示范基地、国家青少年健康教育基地、全国民族团结进步示范学校、区绿色学校、区文明单位、区民族团结进步教育示范基地、区中小学德育工作先进集体、区法治宣传教育工作先进集体、区文明校园、区卫生先进单位、区民族团结进步模范集体、市先进党组织、市中小学和谐校园、市中小学安全先进单位等。①

（2）JH 初级中学

JH 初级中学建于 1969 年，位于桂林市恭城瑶族自治县嘉会镇，校园风景优美，充满书香气息，文化底蕴深厚，是一所现代化、花园式学校。学校建有 300 米环形跑道、教学楼、学生公寓楼、教师宿舍楼、标准化食堂、综合楼，占地面积为 45 462.12 平方米，校舍总面积 9 614.86 平方米，教学设施完善齐全，教学、运动和生活区规划科学合理。学校现有 16 个教学班，776 名学生。学校以"严教、勤学、求实、奋进"为校训，坚持走"质量立校、特色强校、仁德理校"的办学道路，把"以人为本，重在教育"作为办学特色，形成了"文明、友爱、俭朴、健康"的校风，为祖国培养了大批合格人才。学校有一支师德高尚、业务精湛的高素质教师队伍，有教职工 61 人，其中专任教师 56 名，县级学科带头人 1 名；具高级职称的教师 7 名，占全校教师的 11.48%，本科以上学历教师达 100%。学校十分重视学生德智体美劳全面发展，注重学生综合素质和能力的提高，办学成绩连创新高。先后获"桂林市中小学安全工作先进单位""恭城县德育工作达标学校""恭城县职业教育工作先进单位""工会先进单位"等市、县级荣誉称号。②

二、田野考察：恭城瑶族自治县城乡义务教育一体化发展的案例描述

此部分是调研组基于实地考察对恭城瑶族自治县两所典型城乡学校（恭城 MZ 中学、JH 初级中学）真实情况的描述。课题组成员通过对两所学校的校长、教师、学生进行访谈，收集并对比两所学校在硬件资源、教师与学生、课程与教学、教育信息化四个方面的相关数据，明晰两校的同一性与特殊性，方便后续的资料分析。

（一）恭城瑶族自治县两所中学硬件资源情况比较

本次调研的两所学校分别为恭城 MZ 中学和 JH 初级中学，以下是恭城瑶族自治县总体的硬件资源概况和两个田野考察地点的硬件资源情况案例对比。

1.全县硬件资源概况

恭城瑶族自治县较为重视全县各学校硬件资源的经费投入。目前③，恭城瑶族

---

① 恭城民族中学军训结营｜向迷彩告别，青春扬帆起航！［EB/OL］.（2019-08-29）［2022-07-24］. https://www.sohu.com/a/337186779_99959929.

② 广西柳州市三江侗族自治县人民政府门户网站.三江县同乐苗族乡中学简介［EB/OL］.（2017-12-08）［2022-07-23］.http://www.sjx.gov.cn/wsbs/ggfw/jypx/zxjy/202102/t20210207_2533012.shtml.

③ 数据截至调研时间 2020 年。

自治县共建设义务教育均衡发展项目10个,总建筑面积约13 800平方米,计划总投资约2 973.5万元,其中,上级资金2 083.5万元,县级配套890万元。在为初中、小学、教学点配置多媒体设备方面,全县投入资金692万元;在为学校配齐教学仪器方面,全县投入资金252.5万元;在为学校配备计算机网络教室方面,全县投入资金224万元;在为中小学按初中40册/人、小学30册/人、教学点15册/人的标准配齐图书方面,全县投入资金135万元。

总体来说,恭城瑶族自治县的教育技术装备水平和信息化建设水平跃上一个新台阶。近五年,县政府为中小学教育技术装备累计投资1 900万元,建成了桂林市示范性图书室学校2所,桂林市标准化实验室学校9所;为3所初中、58所小学添置了教学仪器,为6所初中、34所小学添置了图书和图书架,全县中小学教学仪器和图书的配备基本达到最新标准;为16所中小学的253个班级添置了多媒体教学系统,完成32所寄宿制中小学视频监控系统的安装,中小学基本实现校校通、电视和无线网络的全覆盖。

2.两校硬件资源情况

在访谈恭城MZ中学的负责人后,调研组了解到恭城MZ中学的办公场所和教室均是无线网络全覆盖,截至目前设备已经更新了3次。全校共240台机房电脑供学生使用,39个教室均各有一台电脑,154名教师均配备一台电脑。从这里可以看出,恭城MZ中学在硬件设备上基本符合学校师生使用的标准,但是通过实地考察发现,该校存在一些硬件设备陈而不用的现象。此外,硬件设备的更新不够及时,需要学校自己出经费维护,给学校教育经费支出带来了负担。(表3-1)

表3-1　恭城瑶族自治县两所学校硬件资源对比情况

学校名称	信息技术情况	教学器材情况	图书室情况	办公室情况
恭城MZ中学	1.无线网络全覆盖 2.每个教室均配备一台电脑(全校共240台机房电脑) 3.每位教师均配备一台电脑 4.设备已更新3次	符合师生使用标准	符合师生使用标准	符合师生使用标准
JH初级中学	1.校园网更新为光纤网络 2.每个教室均配备一台电脑(全校共28台机房电脑) 3.设备老旧且更新速度慢	配备齐全但教室不够用	仅有一间且基本不用	不够用

通过访谈 JH 初级中学教务处负责人,调研组了解到该校具体硬件资源现状:一是在信息技术硬件资源方面。学校的 22 个班级都有多媒体电脑,学校有一个机房,机房内配备了 28 台电脑,学校共有 50 台电脑,但机房硬件更新速度慢,设备大多老旧,仍在使用 2012 年的电脑。更新设备的资金都来源于财政拨款,但目前政府支持力度不足,甚至有一年的资金延迟下发。二是在生物、化学、体育等硬件资源方面。学校的生物、化学、体育等器材配备齐全,但教室不够用,有些专业教室甚至一室多用,如生物实验室被临时当作考务教室等,此外学科相关器械的维护人员仍旧缺乏。三是在校园网覆盖情况方面。学校原来是无线局域网,现已更换成光纤网络,直接接到教师的办公室。四是图书室硬件资源方面。学校图书室仅有一间,且基本不用,缺乏专门的图书管理员。五是办公室硬件资源方面。学校办公室不够用,有时学校把教室用来当作教师办公室。JH 初级中学位于乡镇,学校的硬件设施明显无法与县城学校相比,存在较为突出的缺教室、缺教师、缺资金等问题,致使学校发展受限。(表 3-1)

(二)恭城瑶族自治县两所中学教师与学生情况比较

此部分主要是对两所学校教师与学生数量分布、教师流动、师生发展需求等情况进行考察对比,明晰恭城瑶族自治县城乡教师队伍素质状况及学生情况,为后文城乡教师与学生现存问题分析打下基础。

1.两校教师与学生数量分布

一是在教师方面。恭城 MZ 中学目前在职教师 114 人,其中高级教师有 64 人,学校教师的平均年龄大概在 45 周岁;JH 初级中学目前在任教师 65 人(包含 3 个支教教师,期限一年),教师平均年龄在 40 周岁。两所学校教师基本上为本地户籍的教师,只有个别是外地教师。而且除少数教教师外,其他在校教师基本拥有本科学历。(表 3-2)

二是在学生方面。恭城 MZ 中学教务主任指出,目前在校学生人数大概是 2 160 人,每个年级均为 13 个班级,3 个年级一共 39 个班级。同时,恭城 MZ 中学教师还表示,该校 70% 的学生都为瑶族学生;JH 初级中学教务主任指出学校现有在校学生大概 1 160 人,3 个年级一共 22 个班级。(表 3-2)JH 初级中学教师指出,虽然学校没有完全统计,但据估计该校绝大部分学生都为瑶族学生。

表 3-2　恭城瑶族自治县两所学校教师与学生对比情况

学校名称	师生数量情况	教师流动情况(流失)	教师培训情况	学校生源情况
恭城 MZ 中学	1.学生数：2 160 人 2.教师数：114 人	13 人	≥10 次/年	升学率为 90%
JH 初级中学	1.学生数：1 160 人 2.教师数：65 人	25 人	<10 次/年	升学率为 50%

2.两校教师流动情况

教师流动指"教师从一种工作状态到另一种工作状态的变化"①,工作状态可以根据工作岗位、工作地点、服务对象及其性质等因素来确定②。以工作状况的确定因素区分,教师流动可以具体分为教师职业内流动、教师职业与其他职业间流动、区域间教师流动等。

根据调研实际发现,恭城瑶族自治县城乡的教师与其他职业间流动频率很小,一般情况下,教师不会主动离职流动,县域内教师对自身职业认可度相对较高,教师队伍稳定性较高。恭城瑶族自治县教师流动一般表现为区域间教师流动。区域间教师流动是促进区域内各校师资均衡发展并提高整体教育质量的有效途径(特别是城乡流动),它促进校际师资的均衡发展,进而推动校际教育的均衡发展,并最终促进区域间及整个县域教育的均衡发展。恭城瑶族自治县县域内教师流动方式主要表现为调任。恭城 MZ 中学负责人表示,近 3 年流失教师人数为 13 人,其中调任的教师有七八个,其他的为退休人员;JH 初级中学流失教师人数为 25 人,调任的20 人左右(表 3-2)。

教师调任方式通常分为两种情况:一是从相对优质学校(交通便利的学校)流动到相对薄弱学校,二是从相对薄弱学校到相对优质学校。从上述数据可以看出,第一种流动形式少于第二种,说明两所学校的教师流动处于不均衡状态,并大体上呈现从乡村流向城区的趋势。据了解,从乡村流向城区的教师大都是乡村教育发展中的骨干力量,这种"逆流向"态势加剧了乡村学校教师年龄结构老化,不利于乡村学校的可持续发展③。

---

① 彭波.困境与突破:农村教师流动问题分析与路径选择[J].教育导刊,2011(11):21-24.
② 楼雯,陈雨晨.是亲缘还是地域?——解读 iSchools 师资流动特性[J].图书情报知识,2019(02):39-50.
③ 张竹林,张美云.城乡教育一体化的区域模型构建:基于上海市奉贤区的实践思考[J].教育发展研究,2017(20):14-22.

3.在校师生的发展需求

首先分析两校教师培训方面。强教必先强师,教师强才有教育强,故教师培训是学校发展建设中不可忽视的环节。据调查了解到,恭城MZ中学基于学校层面自发组织的教师培训每学年会有3次左右,市级以上的教师培训次数不定,一年间该校教师参加培训总共有10多次。每周学校教师均会进行义务学习与教研探讨,促进自身专业发展;JH初级中学负责人表示,学校会积极配合相关部门对教师进行培训工作,以期进一步提高学校在任教师的专业水平。两所学校相较而言,可以体现出乡村学校教师培训力度略显缺乏。教师专业水平提高是促进学生发展的重要因素,增加乡村教师的培训机会、提高乡村教师的培训质量对于促成师生共情、缩小城乡学生成绩差距有着重要的现实意义。

其次比较两校留守儿童教育方面。由于地方经济发展欠佳,很多家长需要外出务工,恭城瑶族自治县留守儿童比例较高。据了解,恭城MZ中学留守儿童比例达到50%;JH初级中学的双亲留守儿童达40人,学校针对双亲留守儿童会进行多次家访,教师在教学中也会给予更多的关注。

最后对比两校生源方面。据了解,2020年以前恭城瑶族自治县会统一举行"小升初"升学考试。其中,恭城MZ中学是通过升学考试来选拔优秀学生(一般来说为全县前500名),JH初级中学生源质量次于恭城MZ中学。随着2020年"就近入学"政策①的实施,初中阶段取消入学考试,学生基本就近入学,故恭城MZ中学生源来自县城,JH初级中学生源来自农村。此外,恭城MZ中学平均每年有70%的学生能够升入示范高中,加上升入非示范高中的人数,升学率高达90%。JH初级中学平均每年有50%的学生能够升入普通高中,部分学生会进入职业高中,少数学生选择辍学。

(三)恭城瑶族自治县两所中学课程与教学情况比较

本次调研的两所学校在课程与教学方面具有一定代表性。其中,恭城MZ中学是恭城瑶族自治县重点中学之一,每年向重点高中输送大量的优秀人才。JH初级中学位于恭城瑶族自治县的乡镇,留守儿童和教育质量问题尤为突出,以下呈现两所学校课程与教学两方面情况的对比。(表3-3)

---

① 广西壮族自治区教育厅.桂教规范〔2020〕2号:自治区教育厅关于印发《关于规范普通中小学招生入学工作的意见》的通知[EB/OL].(2020-01-23)[2022-07-15].http://jyt.gxzf.gov.cn/zfxxgk/zc/gfxwj/t5248529.shtml.

表 3-3　恭城瑶族自治县两所学校课程与教学情况对比

学校名称	课程情况		教学情况	
	课程资源	体育课程	师资与教学质量	家庭教育观念
恭城 MZ 中学	丰富	保证学生能够每周上一节体育课	教师学历达标率高	家长对教育的重视程度高
JH 初级中学	基本满足	难以按时按量地安排体育课	教师任务繁重且学历普遍偏低	家长对教育的重视程度低

1.课程情况

(1)两校课程资源情况

课程资源是指"有利于实现课程目标的各种因素",按照空间分布特点分为校内课程资源与校外课程资源。① 据本次调研了解到,两所学校的校外课程资源基本相同,一般为恭城瑶族自治县所提供的自然与人文环境、各种机构、各种生产和服务行业的专门人才等资源。但据 JH 初级中学的教师所述,校外富有人文情怀的博物馆、图书馆、科技馆等资源大多都处在县城,限于地理位置,乡村学校难以有效利用这些外部资源。对比而言,恭城 MZ 中学教师则称,学校偶尔会与这些校外机构合作,例如举办一些了解恭城文化的活动,带领学生参观博物馆。此外,两所学校的校内课程资源基本充足,但相较而言,恭城 MZ 中学校内课程资源较为丰富。恭城 MZ 中学拥有党团活动室、展览室、体育器材室、音乐教室、功能室等,其中该校功能室设备完善,还通过了桂林市"标准化实验室"验收。

(2)两校体育课程情况

强化学校体育课程对于实施素质教育、促进学生全面发展至关重要。据了解,恭城 MZ 中学的体育课程富有民族特色,设有拔河、踩板鞋、抛绣球、滚铁圈等七八种传统民族体育项目。但当我们走进 JH 初级中学,却了解到该校体育课程中还没有融入传统民族体育项目,且由于学校师资紧张,无法按时按量地安排体育课。体育器材是体育课能够顺利进行的保障。恭城 MZ 中学采购的体育器材可以满足学生的运动需求;JH 初级中学也表示体育器材基本够用,能够满足学生的日常需求。对于体育课程的编排,恭城 MZ 中学教师表示学校保证学生能够每周上一节体育课,以及一节由教师带领多个班级的集体活动课。JH 初级中学教师表示,学校体育

---

① 吴刚平.课程资源的理论构想[J].教育研究,2001(09):59-63,71.

课基本是学生自由活动,由教师提供活动器材。但是,据本次调查发现,恭城MZ中学和JH初级中学两个学校均出现文化课教师占用体育课的情况。由此,我们可以看出学校对于体育教学的重视程度明显不足。

2.教学情况

(1)师资与教学质量

两个学校由于受经济、地理和历史遗留等因素影响,在教师数量和质量(尤其是教学水平上)都存在着不少问题。JH初级中学位于乡村,教师数量短缺是最棘手的问题,学校存在一位教师同时教授多门课程的现象。例如Z老师,是一位毕业班的物理教师,需要上两个班级的物理课,还需要兼顾学校体育课程的教学工作,并承担着教务处主任的职务。在调查过程中,我们了解到该校的应在编人数是113名,但是实际教师数量是84名(包括1名门卫)。

除师资紧缺外,教师素质也是影响学校教学质量的重要因素。本次调研的两所学校教师学历与能力之间存在落差,教师素质也参差不齐。JH初级中学教师学历偏低,第一学历为本科及以上的专任教师占比不到恭城MZ中学的20%,初中及以上学历的专任教师占比也只有恭城MZ中学的一半。JH初级中学的大部分教师是恭城瑶族自治县高中毕业生,有一些还是初中毕业生,甚至存在小学学历教师。在学校长期进行学历补偿教育和职业培训计划的努力下,乡村教师学历达标率得到了极大提升,但乡村教师的素质仍然不足以支撑义务教育快速发展的需求。

(2)家庭教育观念

由于两所学校所处的地理位置不同,家长对孩子学习的重视程度存在着差异,这也间接地影响了学校教学实施效果。据调查了解到,JH初级中学出现了学生初中毕业后就辍学的现象,主要原因是家长认为学习是次要的,挣钱才最重要,若是发现孩子在学习方面没有造诣便会劝其退学(尤其是留守儿童的家庭)。家长对孩子的学习极其不重视,该校教务主任Z老师在访谈中提及,"在家访过程中,留守儿童家长多次提到学习不行就出去打工赚钱……这些家长的此类观念根深蒂固,未能改变。九年义务教育结束以后我们也无法再强制学生继续学习,所以遇到这种情况学校也没办法"。此外,JH初级中学的部分学生也会受到家长"读书无用论"的观念影响,出现排斥学校教育的情况。这是由于一些经济落后地区交通极其不便利,与外界社会存在思想鸿沟,世代相传的生活方式和风俗习惯对他们影响至深。在其中,很多家长思想落后、观念陈旧,认为孩子在家务农是必要之事,送孩子去上学是浪费时间。受到经济下行的影响,大学生整体就业情况不景气,如果继续读书但毕业找不到一份适宜的工作,对那些身上负债的家庭而言有较高的教育风险存在。这些因素都会影响学生在校学习的积极性,进而导致学校教学过程受阻,教学效果难以提升。

(四)恭城瑶族自治县两所中学教育信息化情况比较

教育信息化是在教育的各个领域全面运用现代信息技术的过程。[①] 本次调查主要通过对比恭城 MZ 中学及 JH 初级中学的教育信息化整体环境、教师信息化教学、教师信息化教学培训等方面的情况,深入了解两校教育信息化发展程度。

1.恭城瑶族自治县城乡两校教育信息化的整体环境差异情况

（1）教育信息化硬件设施配备存在差异

恭城 MZ 中学是恭城瑶族自治县信息化标准基地。其标准化指标主要涉及:课程开设齐全、生均电脑台数符合要求、办公场所和网络符合要求等。目前恭城 MZ 中学的信息化设施设备主要有:3 个电脑室、1 个录播室、240 台机房电脑、39 个多媒体教室,以及能供 154 名教师用电脑办公的场所。目前设备已经更新了 3 次。

JH 初级中学现有 1 个电脑室,配备了 28 台机房电脑,22 个教室有多媒体设备,每位教师都会配备 1 台电脑。但多台电脑陈旧,未得以及时更新。（表3-4）

表 3-4　恭城瑶族自治县两所学校教育信息化对比情况

学校名称	教育信息化的整体环境情况	教师信息化教学情况	教师信息化教学培训情况
恭城 MZ 中学	1.信息化设施设备:3 个电脑室、1 个录播室、240 台机房电脑、39 个多媒体教室、154 台教师用电脑 2.信息化师资:每个年级 1 名信息技术教师	1.信息化教学意识强 2.信息化教学能力较强	培训机会多（校内与校外都有）
JH 初级中学	1.信息化设施设备:1 个电脑室、28 台机房电脑、22 个多媒体教室 2.信息化师资:无专职信息技术教师	1.信息化教学意识较弱 2.信息化教学能力一般	培训机会偏少（一年一次）

---

① 杨晓宏,梁丽.全面解读教育信息化[J].电化教育研究,2005(01):27-33.

（2）教育信息化师资力量存在差距

恭城 MZ 中学的教育信息化负责人主要是学校内的信息技术教师。恭城 MZ 中学的信息技术教师是专职，一个年级共有 13 个班，每个年级都配有 1 名信息技术教师。

JH 初级中学没有专职的信息技术教师，由其他科目教师兼任，并且没有学科规划处，教育信息化发展比较困难，教师水平也存在差异，缺乏学科背景。

2.恭城瑶族自治县城乡两校教师信息化教学差异情况

（1）两校教师信息化教学意识情况

在恭城 MZ 中学的访谈过程中，三位教师（语文教师、信息教师、历史教师）认为信息技术对教学是有一定辅助作用的，而且表示基本每节新课讲授都会使用多媒体，备电子课件也是日常教学工作的常态。三位教师都表示非常乐意应用信息技术，一是为了更好地完成教学目标，如该校语文教师说在教学过程中主要是运用信息技术搜集资料，帮助学生更好地了解教学内容；二是自身比较喜欢运用多媒体信息技术；三是随着信息技术的发展，多媒体教学是每位教师必备的教学技能。

在对 JH 初级中学物理教师、英语教师访谈的过程中，物理教师表示自己的科目特殊所以不经常使用多媒体电子课件，并且觉得物理科目用电子课件的作用并不大，运用多媒体信息技术的教学次数也比较少，更多的是向同学们展示实验以更好地完成课程目标。英语教师则表示经常使用多媒体进行教学，以方便发音、语法等教学目标的完成，尤其是多媒体发音比教师自己的发音要准确一些，有助于学生学习。此外，两所学校的教师均表示，自己运用多媒体信息技术进行教学是没有问题的。

（2）两校教师信息化教学能力情况

第一，在信息化教学设计方面。当问及教学设计过程中获得信息资源的途径时，恭城 MZ 中学教师表示学校内部没有共享的教育资源库，都是教师自己做课件，县内教育平台共享的资源比较少。虽然教研组内的教育资源是共享的，教师之间共享备课资源，但是没有网络平台。因此学校有的教师买"百度账号"，通过在网上搜集资源进行授课。平时学校也会在每学期进行主题研讨课、优质视频观摩课等活动。JH 初级中学教师主要通过百度搜集资料，在课件制作过程中遇到困难会寻求其他教师的帮助。但学校内部没有教师信息化类的研讨课。

第二，在信息化教学实施方面。恭城 MZ 中学教师表示会使用搜索引擎，如百度、谷歌；文字处理软件，如 Word；数据处理软件，如 Excel；课件制作工具，如 PPT。

同时,信息技术教师还会在图形编程方面帮助任课教师。基本上教师都会进行简单的操作。JH 初级中学的教师大多通过自学、教师之间的互相帮助来掌握信息化教学技能,个别教师的信息化教学实施能力突出。

第三,在信息化教学评价与反思方面。通过访谈调查,恭城 MZ 中学教师认为他们所掌握的信息化教学技能基本上可以应对日常教学。目前,学校还没有关于教师信息化教学的评价细则,但教师会在教学过程中反复检验自己所采用的信息化教学方式能否达到既定的教学目标,例如在课堂上通过学生的课堂反应、学生知识的掌握情况进行检验。JH 初级中学的部分教师认为自己的信息化教学水平一般,主要是因为部分学科的教师很少采用信息化手段进行教学,信息化教学技能不足。此外,也有部分教师选择采用信息化教学方式,且认为自己所具备的信息化教学技能足以完成基本的教学任务。据调查了解到,JH 初级中学内部没有开展过教师信息化教学技能比赛,关于教师信息化教学的评价细则缺失。

第四,在信息化教学研究方面。恭城 MZ 中学每周会组织教研活动,按主题进行沙龙式研讨。平时,教师组内也会相互学习,如同步课件、分享资料等。针对不断发展的信息化教学相关新技术,教师们表示想学习,但有时会迫于教学任务繁多而耽误学习进度,且学习的渠道十分有限。JH 初级中学没有学校规定的沙龙式主题研讨活动,但教师们会进行组内和组间的交流与探讨。JH 初级中学的年轻教师表示愿意去学习信息化教学相关新技术,但是渠道有限;而年长的教师则表示他们心有余而力不足,学起来会有困难。

3.恭城瑶族自治县城乡两校教师信息化教学培训情况

(1)教师培训机会

恭城 MZ 中学的教师外出参加教育信息化相关培训的机会有限。对于校内培训,目前培训了两三期。对于教学课件,恭城 MZ 中学的教师表示学校内部没有免费的官方课件可以使用,学科组内的课件、备课资源等都是可以共享的,但却没有用于校内教育资源共享的平台。若外出(如海南)培训,当地的网络资源平台是可以共享的,且资源较为丰富。同时,学校每学期会进行教学沙龙研讨会,针对教师在教学过程中遇到的问题以及学年的收获进行探讨。每周二晚上教师们都会进行业务学习,掌握最新理论,在网上寻找全国优秀教师的视频进行学习。JH 初级中学会组织教师去桂林市区进行培训,平均一年一次。目前学校组织教师参加的培训是"全国中小学教师信息技术应用能力提升工程 2.0 培训"。

（2）教师培训内容

在采访恭城 MZ 中学信息教师时,他们表示学校会对校内教师进行培训,主要培训内容有微课、教学资源的获取、课件的设计。两所学校的教师都渴望提升自己关于信息化工具软件的使用技术、信息化教学设计能力、信息化教学方法与策略的掌握能力等,以更好地突破教学过程中的重难点,加强师生交流,完成教学目标。

三、资料分析:恭城瑶族自治县城乡义务教育一体化发展的问题与对策

此部分承接上述案例描述的内容,对恭城瑶族自治县义务教育发展的现状进行进一步的分析,从城乡学校硬件资源、教师队伍建设与学生发展、课程与教学以及教育信息化等方面获取该县城乡义务教育一体化发展的经验与问题,辨识恭城瑶族自治县城乡学校的生存状态及发展特性,从而为下文深入研究恭城瑶族自治县城乡教育发展的文化模式提供材料支撑。

（一）恭城瑶族自治县城乡义务教育硬件资源建设的问题与对策

恭城瑶族自治县较为重视教育硬件资源建设。然而,目前城乡教育硬件资源仍存在缺乏相应的硬件配套服务人员、教学设备新旧不一且更新速度较慢、财政资金到位不及时等问题。针对这些问题,本书提出国家加大资金投入、区县教育局优化资金分配的对策。

1.恭城瑶族自治县城乡义务教育硬件资源的现存问题

（1）缺乏相应的硬件配套服务人员

首先,根据调查发现,两所中学均缺乏课程所需硬件资源使用与维修的配套服务。如前所述,JH 初级中学没有信息技术教师,无法保障多媒体设备的正常运营与维修。目前当地中学依靠县里的短期教师培训来培养教师的设备应用和维修能力,这样的效果并不理想,难以精准有效地解决教师现实中遇到的多媒体设备问题。此外,学校还存在硬件设备闲置的现状,没有做到物尽其用。据学校教师反映,由于学校缺乏配套硬件资源的维护人员,教师无法正常使用配套的教学设备。

（2）教学设备新旧不一且更新速度较慢

教学设备作为学校硬件资源的主要部分保障着教师的日常教学工作。然而,目前恭城城乡义务教育的教学设备存在新旧不一、更新时间较为滞后且维修保障跟进困难等问题。其中,有的乡村学校教学设备已到达最高使用年限,教学设备陈

旧。如 JH 初级中学的教学一体机还是 2012 年的版本,已经被淘汰了,但由于资金有限不能全部更换,导致学校的教学质量受影响。因此,到达年限的教学设备的更新问题是恭城瑶族自治县城乡义务教育一体化建设亟须解决的问题。此外,学校还存在设备使用单一的情况,近几年虽配备了新的多媒体教学设备,但由于教师信息化操作水平有限,加之信息化观念落后,对于新设备的使用仅停留在简单的 PPT 播放等"原始"操作上,未能进行更深入的教育信息化教学,进而导致教学质量提升成难。据 JH 初级中学部分教师反映,学校的办公室与教室数量不足,教师日常办公的地方缺乏保障。

2.恭城瑶族自治县城乡义务教育硬件资源的改善对策

（1）加大资金投入以提高办学水平

国家需进一步加大对民族地区义务教育的财政支持。针对上述学校资金不足限制教育发展的问题,最为紧要的就是从经费入手,提高办学水平。国家和自治区应进一步加大对乡村学校的经费投入,配足教学设备,及时配备相应设备维护人员对部分陈旧或故障设备进行维修,推进学校标准化建设。此外,还可通过融资解决学校建设资金不足的问题,促使县域内所有义务教育学校办学条件得到高水平提升。

（2）优化资金分配以保障乡村学校

区县教育局应在现有资金支持的基础上优化教育财政的分配形式,提前做好下一学年全县城乡义务教育学校的需求分析,并根据学校所面临的实际问题与真实需求开展有针对性的资金支持。同时,区县教育局应为学校和教师提供更多的硬件资源,并加大对优秀信息技术教师的引进。区县教育局应持续推进城乡义务教育一体化,借助市区高校专家、研究人员的力量建设一支庞大且专业的帮扶队伍,以提升城乡义务教育质量。区县教育局应基于国家资金政策统筹硬件资源的分配,为乡村学校提供足量的教学设备。

（二）恭城瑶族自治县城乡义务教育教师与学生发展的问题与对策

在新的历史发展时期,教师队伍建设是恭城瑶族自治县教育发展的重中之重,教师队伍的整体素质会对学生的发展产生潜移默化的影响。然而,目前全县城乡教师队伍建设与学生发展方面仍存在着义务教育阶段教师队伍结构性短缺、城乡教师队伍非均衡发展、城乡教师缺乏长效评价监督机制、义务教育阶段学生学习功利化等现实问题。针对这些问题,本书提出加强乡村教师资源建设、重塑城乡教师教育理念与认识、积极开发校本课程的对策。

1.恭城瑶族自治县城乡义务教育教师队伍建设与学生发展的现存问题

（1）义务教育阶段教师队伍结构性短缺

我国自 2010 年起就开始实施农村义务教育薄弱学校改造计划，以保证教育教学的公平性。但此次调研发现，城乡两所学校的教师都出现结构性短缺，甚至部分学校教师整体数量紧缺。如 JH 初级中学就面临着教师紧缺的困境，虽然学校教务系统有明确安排课程，但实际却缺乏专任教师，主要是由兼任教师上课，教师精力有限但教学任务又过于繁重，使得教学质量失去保障。虽然恭城 MZ 中学作为自治区示范学校，其教师条件比 JH 初级中学好许多，但是仍旧存在着音、体、美等学科教师不足的问题。

（2）城乡教师队伍呈欠均衡发展状态

目前，恭城瑶族自治县城乡义务教育教师队伍处于非均衡发展状态。恭城瑶族自治县城乡义务教育高级职称教师总体数量不多，且城乡分布不均。从本次调研的两所学校的教师职称结构来看，两所学校均没有正高级教师。恭城 MZ 中学有高级教师 64 人，JH 初级中学有高级教师 20 人；从教师数量上看，恭城 MZ 中学共有教师 114 人，JH 初级中学共有教师 65 人（包含 3 个支教教师，期限一年）。两所学校教师人数相差 49 人。由此可看出，作为乡村学校的 JH 初级中学，一名教师教多门学科的现象更为普遍，而作为城区学校的恭城 MZ 中学，其师资队伍发展明显优于 JH 初级中学。

（3）城乡教师缺乏长效评价监督机制

恭城瑶族自治县城乡义务教育教师职称评定后期缺乏督导评价，部分教师安于现状，难以实现新发展。此外，新任教师缺乏职后内在学习动机，信息化教学设备利用率低，学校长效评价监督机制不完善。本次调研发现，恭城 MZ 中学在艺体类课程活动安排上相对丰富，但却没有系统地实施，究其原因，一方面学校教师教学观念落后，教学方法单一，难以激发学生的学习热情；另一方面两所学校均出现文化类课程教师占课的现象。由此看出，两所学校对于音乐、体育、美术等"非主流课程"持以轻视态度。然而，在中小学教学体系中，音乐、体育、美术等"非主流课程"却占据着非常重要的地位。开展此类课程可以培养学生的业余爱好，进而能够丰富学生生活，促进学生全面发展。总而言之，学校应给予艺体类课程足够的重视，并做好全校教师教育教学工作的评价监督管理工作。

（4）义务教育阶段的学生学习功利化

尽管恭城瑶族自治县在把控义务教育阶段的学生学习质量方面取得了一定的

成就,但是由于应试教育影响根深蒂固,学生学习呈现功利化趋向。此次调研发现,两所学校均在积累优质生源、提高升学率方面作出较大努力。这些措施在一定程度上改变了部分学生的命运,但是对于成绩一般的学生而言,这种教育方式是不公平的。不管如何,义务教育阶段的学习对于学生的基础知识、心理健康等素质培养十分重要,因为无论他们后期是选择职业类学校,还是升入普通高中,都需要一定的知识积累和心理素质。因此,必须为全体义务教育阶段学生的知识积累和心理建设打下基础。

2.恭城瑶族自治县城乡义务教育教师队伍建设与学生发展的对策构建

(1)加强乡村教师队伍建设

民族地区义务教育乡村学校整体面临着师资力量不足的困境,故而加强乡村教师队伍建设是当前民族地区义务教育发展的关键所在。一是民族地区义务教育乡村学校应积极吸收本土型全科教师,以改善师资不足的难题。本土型教师相比外来教师更愿意留在本地。此外,本土型教师对本土文化也有深入了解,他们能更快地融入学生群体。二是政府应提高民族地区乡村教师的工资待遇、优化城乡高级岗位结构比例、落实乡村教师生活补助政策,进而激励优秀人才到乡村学校任教。三是鼓励省级政府建立统筹规划、统一选拔的乡村教师补充机制,为乡村学校输送优秀高校毕业生教师。

(2)重塑城乡教师"融合发展"教育理念

长期存在的"重城轻乡、城强乡弱"城乡二元经济体制,一定程度上阻滞了我国经济社会高质量发展的步伐,也导致乡村教育和城市教育相互割裂的状态出现。因此,谈城乡教师的发展,不能单独谈乡村教师的发展,这样只会将乡村与城市割裂开来,从而形成新的割裂生态。故而,陈旧的理念必须得到更新,应坚持城乡教师队伍"融合发展"的全新理念。城乡学校通过相互输送优秀教师的举措,将乡村学校潜力无限的青年教师派至城区学校进行培训和学习,将城区学校的杰出教师派驻乡村学校交流,通过城乡教师互动学习的方式达到促进乡村教师专业发展、改善城乡教师配置结构、共同建设城乡教师队伍的目的,最终实现城乡教育均衡发展。

(3)积极开发基于乡土文化的校本课程

乡土文化具有重要的课程价值,对学生的发展有重要意义,能够从多个方面促进学生的发展,有助于学生的社会化。① 乡村学校于乡土之中孕育和生长,因此校

---

① 卢兆旭,刘颖.回归乡土:校本课程建设的重要路径选择[J].教育理论与实践,2021(05):40-43.

本课程的发展与乡土文化密不可分。学校应积极开发基于乡土文化的校本课程，通过整合乡村本土文化资源，寻找乡土文化与校本课程开发的契合点。基于乡土文化的校本课程应始终坚持目标导向原则，打造耕读课等实践课程，让理论课堂与户外实践灵活结合，在充分发挥学生主观能动性的同时，提升学生体验和悦纳程度，满足学生个性发展需要，充实学生的课余生活。

（三）恭城瑶族自治县城乡义务教育课程与教学发展的问题与对策

课程与教学是教育发展的基础。然而，恭城瑶族自治县城乡义务教育课程与教学方面仍存在着城乡课程资源利用的同质化、乡村教学质量滞后的向城化两大现实问题。针对这些问题，本书提出深入挖掘恭城瑶族自治县域特色课程资源、搭建城乡教育交流平台的对策。

1.恭城瑶族自治县城乡义务教育课程与教学的现存问题

（1）城乡课程资源利用的同质化

恭城瑶族自治县义务教育课程资源相对充足，但城乡课程资源利用同质化现象较严重，且乡村课程资源匮乏。本次调查了解到，无论是恭城瑶族自治县的县城学校，还是乡村学校，课程资源载体形式普遍以文本资料为主，甚至把教科书、教具等实体资源当作仅有的课程资源，而忽视了县城提供的非文字性资源如生态资源、博物馆资源、网络资源等多样化的课程资源载体形式。恭城瑶族自治县城乡各校普遍偏重知识资源，特别是单一学科知识资源的利用，而忽视了各学科间知识的渗透与融合，与学生个体经验脱节。此外，恭城瑶族自治县所提供的各类课程资源通常与县城学校的学情相适应，全县各乡村学校往往直接搬用而不进行再次加工，导致课程资源利用同质化现象加深。乡村教师普遍反映本校所拥有的课程资源缺乏适切性，难以有效利用。

（2）乡村教学质量的"向城化"滞后

恭城瑶族自治县义务教育的教学质量较为薄弱，向城化趋势明显，且发展存在严重的滞后性。据此次调研数据可知：在教育模式上，城乡各校均以桂林市区中小学为参照，套用其某一时期的教育模式，忽略了和学校自身的师资与学情、人力与物力及所在地民族风情文化融合。这易导致恭城瑶族自治县各乡村学校的办学模式流于形式，未能落到实处，缺乏特色与亮点。在教学管理上，恭城瑶族自治县各乡村学校常满足于现状，往往对内忽略了教学管理在实施过程中的完善、改进，对外忽略了与时俱进地学习、革新。久未变革的教育管理方针，使教育管理手段与教育管理过程脱节，易导致学校教学发展停滞不前。

此外,在教学方法上,相对于桂林市区中小学教师,恭城瑶族自治县县城与乡村各教师的教学理念陈旧、手段单一,使得许多现代化教学资源被闲置,无法物尽其用,这进一步导致乡村教学质量滞后。

2.恭城瑶族自治县城乡义务教育课程与教学的对策构建

(1)深入挖掘恭城瑶族自治县县域特色课程资源

现恭城瑶族自治县各校的课程资源同质化严重,随着乡村学校教学质量的逐渐提升,校际差异缩小,自身办学特色开始日渐消散。其一,可立足恭城瑶族自治县本土少数民族文化特色,深挖当地瑶族的历史文明与民俗风情,因地制宜地在各中小学设立户外研学基地,将教学抽离固有课本,融入现实生活,符合当下综合素质教育的潮流。其二,可强化恭城瑶族自治县各中小学的校园文化特色,结合各校教师特长与校风建设,"因校制宜"地推出综合各学科的校本课程,增添学生学习趣味的同时促进各科知识的融合。其三,需改进恭城瑶族自治县各校教师的教学理念,提高教师教材处理能力,依据当地教学情况对课程资源进行有针对性的取舍增添,这有利于提高学生课堂参与率和课堂目标达成度。

(2)搭建恭城瑶族自治县城乡教育交流有效平台

恭城瑶族自治县各校的教学方针向城市趋近,却又存在明显的滞后特点,因此建立一个完善的城乡教育交流平台十分必要。首先,可试点开展城乡校际帮扶策略,让桂林市区优秀的中小学与恭城瑶族自治县各中小学"结对子",开展一对一的帮扶,以为各校及时有针对性地更新、优化教学管理方针。其次,可定期定点为恭城瑶族自治县各乡村学校教师开展技能培训及交流论坛,促进城乡教育经验互通,利于提高基层教师队伍整体的教学素质和业务水平,也可适当缓解各乡村学校的人才流失现状,改善学校课堂教育质量。另外,还可利用现代科技设备,在恭城瑶族自治县大力发展远程教育,如通过"云课堂"让桂林市区优秀教师代表直接服务于恭城瑶族自治县各校学子,开阔学生视野的同时,可进一步缩短当地城乡教学质量差距。

(四)恭城瑶族自治县城乡义务教育信息化发展的问题与对策

教育信息化时代的到来意味着课堂结构、师生角色、学习方式等方面将发生多种变化。目前恭城瑶族自治县城乡教育信息化还存在着教育信息化资源差距大且更新困难、教师信息化教学能力不足且提升困难、教师培训渠道有限且资金投入欠缺等现实问题。针对这些问题,本书提出加大教师培训力度并设置多样化培训模式、形成多方合力共促教师信息化素养提升的对策。

1.恭城瑶族自治县城乡义务教育信息化建设的现存问题

(1)城乡教育信息化资源差距大且更新缓慢

首先,城乡教育信息化资源差距大。本次调查了解到,恭城瑶族自治县城乡两个学校的硬件设施差距较大。例如恭城 MZ 中学的多媒体设备有 500 台左右,有专门的教师办公室、党建办公室、多媒体优质阶梯教室等,而 JH 初级中学的多媒体设备仅 100 多台。根据 JH 初级中学教师反映,学校教室数量极为不足。JH 初级中学没有教师办公室,学校把教室改为教师办公室后,供学生使用的教室更为紧缺。同时,城乡专任信息技术教师资源也存在明显差距。例如恭城 MZ 中学每个年级配备一名信息技术教师,而 JH 初级中学没有专职的信息技术教师,通常是一个教师上好几门学科,教学质量难以得到保障。

其次,城乡教育信息化设备资源更新缓慢。目前恭城瑶族自治县城乡各学校都存在着故障设备不能及时维修,学校没有制定教育信息化应用制度等问题。本次调研发现,目前恭城 MZ 中学多媒体信息设备更新了 3 次,JH 初级中学信息设备还没有更新过。恭城 MZ 中学教室多媒体使用率高,设备维护费用较高,政府不负责设备后期的维护和更换,学校负担重。此外,JH 初级中学教师也提到,学校自身经费很少,加上政府的资金支持不够,学校很难进行教学设备后期更新和维护。

(2)城乡教师信息化教学能力不足且提升困难

第一,城乡教师信息技术能力存在差异。县城中学的教师在上岗之前就已通过相应计算机类资格考试,能够掌握部分基础教学软件的使用。而绝大多数乡村中学的教师在多媒体教学软件的使用上都存在困难,且由于学校缺乏专业的信息技术教师的指导,乡村教师的信息技术能力提升成为难题。此外,部分学校不重视、不推进教育信息化教研或竞赛活动,导致校内教育信息化的应用氛围欠缺。

第二,城乡教师数字教育资源加工能力普遍欠缺。从国家教育资源公共服务平台到省级平台,均有丰富的数字教育资源供教师学习和应用。但由于教师的检索能力有限,且平台上大多是文字、图片、音频及视频的基础应用,教师们难以找到符合自身需求且适用于实际的教学资源。此外,由于缺乏数字资源与学科教学整合的针对性培训和专业指导,如何发挥公共服务平台优势改变课堂教学结构,如何甄别和筛选优质资源开展自主合作、探究教学等问题困扰着教师。教师们对各种资源的应用仍然表现为"拿来主义",缺乏对资源的二次加工。

(3)城乡教师培训渠道有待拓宽且资金投入有待加强

其一,城乡教师培训渠道有限。对于恭城瑶族自治县县城的中学来说,全县组织的培训也很少,一年仅有一次,靠县级部门组织教师进行培训来提升教师能力的机会很少。乡村中学的教师培训平均一年一到两次,由学校抽取教师去校外培训,培训回来再向其他教师传达培训内容。

其二,城乡教师培训资金投入欠缺。经费是学校开展教育教学工作的有力保障,同样也是教师得到专业发展的有效推力。然而,恭城瑶族自治县城乡教师培训整体都面临经费问题,尤其是乡村学校,教师很难"走出去"。

其三,教师培训缺乏信息化教研员、骨干的持续指导。在关于教师信息技术应用能力的"国培""省培"方面,学校通常选派负责信息技术教学的教师或后勤人员参培,但由于缺乏教育教学理论支撑,他们很难做到信息技术与教育教学融合应用。这导致了受训者接受完培训后,仍然仅将信息化教学设备作为展示幻灯片的工具。近年来,虽然受训者以一线优秀教师为主,但是频繁更换受训者人选,使得多数受训者的学习缺乏系统性和深入性,其教育信息化教学能力很难提升。

2.恭城瑶族自治县城乡义务教育信息化建设的对策构建

(1)加大教师培训力度并设置多样化培训模式

首先,坚持"省级骨干培训+名师(骨干)区域教研"的混合培训模式。这种形式的混合培训能使培训形成从上到下、一以贯之的长效局面,有效解决信息化教研员缺位的问题。其中,校长和学科教学骨干都具有双重身份,既是省级骨干培训的培训对象,跟踪参加省级教师信息化应用能力培训,同时也是区域组织开展教研活动的名师(骨干)。校长和学科教学骨干不断参加省级培训,持续更新理念,创新实践应用,成为教育信息化教研员,保障区域、学校教育信息化研究的开展。具体而言,学校校长的教育信息化领导力能加速助推学校教育信息化高质量发展,而名师(骨干)区域教研就像一座桥梁,可以联通省级地区和县级学校,将信息技术知识逐层传递。

其次,大力开展"五步课程"培训。课程设置上主要包括两部分:一是信息化技术与教学的整合。通过示范观摩课和专家指导讲座,结合新课程改革理念,解决不同信息化环境中教学设计与授课等问题。二是优质数字教育资源的应用和检索能力。通过数字资源检索、学科软件应用、网络学习空间应用示范等,指导教育信息化环境中教师的专业成长路径和方法。

最后,完善政策要求,加大教师培训力度。省级教育行政部门制定教育信息化优先发展配套政策措施,把学校教育信息化列入学校年度目标考核和教育督导检查之内,以行政手段督促教师"常常用""堂堂用"信息化教学设备。同时在国培基础上,落实信息化项目教学应用专项培训,指导教师在常态化应用的基础上逐步融合创新应用。

(2)形成多方合力共促教师信息化素养提升

第一,加强校企合作,多路径促进优质资源应用。学校应积极与工信、发改、网信等部门进行沟通与交流,同时,与中国电信、中国移动、中国联通等企业和社会机构形成合力,为乡村学校提供网络建设及技术支持服务。此外,随着"互联网+教育"的发展及教育市场的开放,政府应鼓励各企业按照学校的教育教学需求提供优质的教育资源,切实扩大教育资源的供给。同时,学校也应鼓励教师自主开发资源,且校方购买适合本校教育信息化发展、应用的相关资源,供教师应用。教师们再通过教研等方式交流应用经验,发展融合创新路径,提高自身信息素养。

第二,组建信息化教研团队,促进教师信息化素养全面提升。省级专家到各学校确定校长、优秀一线教师或教研员成立信息化教研团队,通过持续培训、外出观摩等方式,学习信息技术先进理念,开辟信息化技术在教学中融合创新应用的路径,形成"骨干引领、学科联动、团队互助、整体提升"的信息化教育教学共同体。信息化教育教学共同体开展符合学校特色的相关设备和学科软件应用、教学案例研讨、课堂实录分析等信息化校本研修课程,逐步指导全体教师创新课堂教学模式,提升全体教师的信息素养,达到全员培训的效果。

四、"耕读并进":县域城乡义务教育一体化发展的恭城模式

基于前期对恭城瑶族自治县城乡义务教育一体化发展现状的了解,我们试图构建恭城城乡义务教育一体化发展文化模式,即恭城"耕读并进"模式。下面将从该模式的本质内涵、主要特征、构成要素、内在结构、表现形式五方面进行具体阐述。

(一)城乡义务教育一体化发展"耕读并进"模式的本质内涵

奥格本(W.F.Ogburn)和尼姆科夫(M.F.Nimkoff)将"文化"定义为:"一个文化包括各种发明或文化特性,这些发明和特性彼此之间含有不同程度的相互关系,它们结合在一起构成了一个完整的体系"[①]。恭城文化模式是以恭城民族文化为基

---

① 薛可,余明阳.人际传播学[M].上海:人民出版社,2012:280.

础,恭城古建文化、恭城民间信仰文化、恭城生活习俗文化三者相互融汇、相互结合形成的特有的、完整的体系——"耕读并进"模式。恭城"耕读并进"模式反映了恭城瑶族自治县特定的人文历史境遇,也构成了当地基本的人文特色。其中,恭城古建文化潜移默化地影响着人们的思想观念以及行为方式;恭城民间信仰文化在恭城传统文化中起到举足轻重的作用,无形中渗透于当地民众的生活中,丰富了民众文化生活的内涵;恭城生活习俗文化贯穿于当地人民生活的全过程,与其密切融合为一体,独具恭城特色。将三种文化融汇相通,帮助恭城瑶族自治县人民寻得精神生活的寄托,建立了一定的民众沟通渠道。

(二)城乡义务教育一体化发展"耕读并进"模式的主要特征

恭城城乡义务教育一体化发展"耕读并进"模式是一种恭城瑶族自治县特有的文化模式,它具备文化模式的趋向性、整合性、动态性三大主要特征,具体如下。

1.趋向性:以耕读文化为核心的恭城文化趋民间信仰倍显团结

趋向性是指"全体成员的意识和行为都趋向于本民族共同认可的中心理念或文化主旨,从而形成共同的民族性格,拥有共同的目标等"[①]。恭城瑶族自治县人民的生活习俗具有浓厚的民间信仰色彩。比如,盘王节人们欢聚一堂共度佳节,正是由于瑶族人民有共同的祖先崇拜和共同的信仰文化,当地的百姓出于感恩而将盘王节定为特有的民族节日。还有全民关注的关公节,体现了当地居民对忠义精神的崇敬。当地一系列的公共文化活动都与此地深厚的民间信仰文化相关,民间信仰文化的盛行使恭城瑶族自治县内的文化生活变得更为丰富。

2.整合性:以农耕文化为核心的恭城文化汇聚多元节日

所谓的整合性是指"任何一种文化,各部分经过整合之后才能成为有机整体和相对稳定的文化状态"[②]。恭城文化源远流长,其节日文化更是丰富多彩。既有反映历史上当地人民对先祖深切怀念的除夕节、盘王节等原生传统节日,又有表现当地人民以传扬农耕文化而表达自己对诸多神灵虔诚崇拜和英雄感恩戴德之情的农耕祭祀活动,还有一些展示当地人民庆祝丰收并祈求来年风调雨顺、五谷丰登的现代节日,如农耕文化节、桃花节、月柿节等。不同的节日对恭城瑶族自治县的文化、经济等方面均产生着深远的影响。农耕文化节是在当前经济发展过程中应运而生的一种文化现象。其借助了节日的形式,将农耕文化融入各色活动当中,通过在水

---

①　吴远庆,王晓东.美国的种族歧视文化模式探析[J].东岳论丛,2010(07):170-173.

②　吴远庆,王晓东.美国的种族歧视文化模式探析[J].东岳论丛,2010(07):170-173.

稻体验区设置收割点、打稻点等供游客在地化体验,让游客在了解、传承农耕文化的过程中明白"粒粒皆辛苦"的艰辛,充分感受中华传统农耕文化的魅力,加大对旅游群体的文化吸引力,从而有效带动区域旅游业经济发展。关公文化节是"观文物古迹,品瑶乡风情,赏田园风光"的旅游品牌,在区内外旅游市场已成为亮点,使恭城瑶族自治县文化生态旅游效益逐年提高。盘王节是民间自发遵循和继承的一种仪式和活动,亦是民众生活的重要精神寄托,人们希望通过这种仪式释放自我,填补心灵的空虚。因此,节日文化的发展就需要兼顾不同类型的节日,节日文化指向的不是哪一个具体的节日,而是所有节日的集合。

3.动态性:以耕读文化为根基的恭城文化随时代持续发展

文化模式尤其是恭城"耕读并进"模式是动态发展的,因社会文化群体的不同而不同,随时间的推移、社会的变迁和人类认知经验的变化而变化。恭城人民自先秦时期就存在自发的半耕半读、耕读相兼的生活方式,到了宋代,这种生活方式被人当作人生乐事,逐渐形成一方风俗和民间常态化的"耕读传家"观念,这也渐渐成为恭城社会的内核与形塑恭城社会的文化力量。随着社会的飞速发展,作为饱富民族特色的恭城瑶族自治县在乡村振兴战略的加持下,其常态化的"耕读传家"观念又发展为以耕读文化为根基,处于高质量动态发展的恭城文化。耕读文化与乡村振兴存在一种价值耦合关系,耕读文化本身也是乡村振兴的题中之义,通过二者的持续互动,能有效推进恭城文化发展,助力恭城瑶族自治县人才、教育等多方面振兴。

(三)城乡义务教育一体化发展"耕读并进"模式的构成要素

教育城乡一体化是我国教育发展的大势所趋,也是未来很长一段时间内教育的重大决策行动。因此,本书旨在建构恭城瑶族自治县这一典型民族地区县域城乡义务教育一体化发展模式,供民族地区城乡义务教育一体化发展作参考。本部分将介绍恭城城乡义务教育一体化发展"耕读并进"模式的构成要素,分别为硬件资源、教师与学生、课程与教学、教育信息化。

1.硬件资源:"耕读并进"模式运行下城乡融合发展的物质依托

硬件资源是恭城城乡义务教育一体化发展"耕读并进"模式的物质基础,是对恭城瑶族自治县整体办学质量水平的充分展现,包括实验室、图书资料、设备仪器、教师办公室等。恭城瑶族自治县的教育硬件资源投入较为充足,"十三五"期间能统筹利用"全面改薄"等各级各类义务教育发展项目建设资金,按照标准化建设要求改扩建中小学,为全县学校新建教学楼、综合楼、学生宿舍楼等,补齐学校厕所、运动场、活动场地、围墙、大门等硬件短板,为全县中小学配齐配足教育信息化设备、实验仪器、音体美器材等各类教育设备,新增各类图书资料。随着以耕读文化为根基的恭城文化影响日益加深,全县各中小学更是购入了大量农耕器具,供教师讲学与学生体验。村史馆、田间场域、各类农作物等农耕文化的显性象征也成为恭城瑶族自治县独具特色的教育硬件资源,旨在促使学生更好地学习与传承农耕文化。从整体上看,全县的教育硬件资源既满足现实需求又充分融合当地特色。但城乡对比而言,尽管乡村学校多数设备设施都能满足教学的基本需求,但其师生活动场所的建设远不如县城学校,主要体现为全县各乡村学校的教室、办公室等数量短缺。因此,协调配置城乡各类教育硬件资源应成为恭城瑶族自治县城乡义务教育一体化发展的基本保障,充分融合农耕文化的教育硬件资源更应成为恭城瑶族自治县城乡义务教育一体化发展的特色体现。

2.教师与学生:"耕读并进"模式运行下城乡融合发展的践行主体

教师与学生是恭城城乡义务教育一体化发展"耕读并进"模式的践行主体。其中,教师队伍素质会直接影响恭城瑶族自治县办学质量的高低与办学效益的好坏,学生发展更是恭城瑶族自治县教育价值得以实现的关键表征。教师与学生作为"耕读并进"模式的基本要素是被重点关注的对象,县政府在教师层面聚焦于通过城乡结合、城乡帮扶等形式缩小城乡学校之间的差距,通过县城优秀教师下乡送教、乡村优秀教师进县培养等形式促进城乡双方教师的互动交流,以此提升城乡教师队伍整体素质;在学生层面关注于为城乡学生建立个性化学生档案,全面关注城乡学生的身心发展状况,尤其是做好家庭困难学生和留守儿童等特殊学生群体的成长档案,并及时给予其学习和生活上的帮助与支持,以此助力每位学生健康成长。此外,在充斥着耕读文化的恭城瑶族自治县,县政府还致力于开展各式各类的教师培训与学生比赛,包括以乡土知识、农耕文化等为主题的教师培训,以油茶制作、水稻收割、抱稻穗等为内容的学生趣味比赛。通过此类教师培训与学生比赛,能够让教师在专业发展中探寻恭城特色,让学生在耕读交替与融合中获得身心发展,从而有效推进恭城瑶族自治县城乡义务教育一体化发展。

3.课程与教学:"耕读并进"模式运行下城乡融合发展的实践手段

课程与教学是恭城城乡义务教育一体化发展"耕读并进"模式的重要载体。恭城瑶族自治县城乡义务教育一体化发展离不开优质的课程资源与教学资源,开发独具恭城"耕读并进"特色文化的地方课程与校本课程,建立城乡课程资源开发与共享机制,创新教学方法与特色教材,整合教学资源等都是恭城瑶族自治县城乡各校在课程与教学建设方面为推进一体化发展应作出的必要选择。恭城瑶族自治县致力于传扬恭城特色文化,鼓励全县城乡各中小学开展农耕研学实践、恭城油茶制作等特色校本课程,举办旱地龙舟、滚铁圈、抛绣球、竹竿舞等特色体育项目比赛。此外,恭城瑶族自治县还充分整合各类教学资源,建设9所乡村学校少年宫并积极探索建设乡村"复兴少年宫",不仅邀请志愿服务团队走进少年宫为学生讲学,还邀请县内非遗文化传承人进入乡村各校开展木偶戏、剪纸、彩扎等非遗文化特色课程,让乡村的学生也能均等化享受到县城教育,从而提升恭城瑶族自治县乡村义务教育整体水平,对恭城瑶族自治县城乡义务教育一体化发展产生重要影响。

4.教育信息化:"耕读并进"模式运行下城乡融合发展的实现路径

教育信息化是解决当前义务教育阶段城乡优质教育资源发展不平衡不充分问题的重要途径,也是恭城城乡义务教育一体化发展"耕读并进"模式的实现路径。恭城瑶族自治县高度重视以提升教师信息技术应用能力为核心的教育信息化建设,利用财政专项资金采购多媒体设备、计算机并建设"同步课堂"试点学校。同时,全县还聚焦于乡村中小学,依托"国家中小学智慧教育平台",发挥"三个课堂"作用,充分利用信息化技术,推动优质教育资源辐射共享,为多学科多学段提供优质课程资源,通过不断提高全县教育信息化程度以推进恭城瑶族自治县城乡义务教育一体化发展。此外,教育信息化对以耕读文化为核心的恭城文化的发扬起着不可或缺的重要作用。县政府大力提倡城乡各中小学应充分利用信息技术向学生宣扬恭城文化,让学生在校内也能体会到本土的文化特色,真正做到耕与读的深度融合。因此,恭城瑶族自治县的城乡义务教育一体化发展离不开教育信息化,教育信息化更是让"耕读并进"模式能持续深化的关键要素。

（四）城乡义务教育一体化发展"耕读并进"模式的内在结构

恭城瑶族自治县城乡义务教育一体化发展的内在结构是指恭城耕读文化同硬件资源、教师与学生、课程与教学以及教育信息化各要素之间的有机结合,能集中体现当地人民的价值观念,为恭城瑶族自治县的各学校和师生打上了具有古建特色底蕴的文化烙印。耕读并进的文化模式影响人们的思维习惯和行为方式,最终促进恭城瑶族自治县城乡义务教育一体化的发展,其内在结构如图3-1。

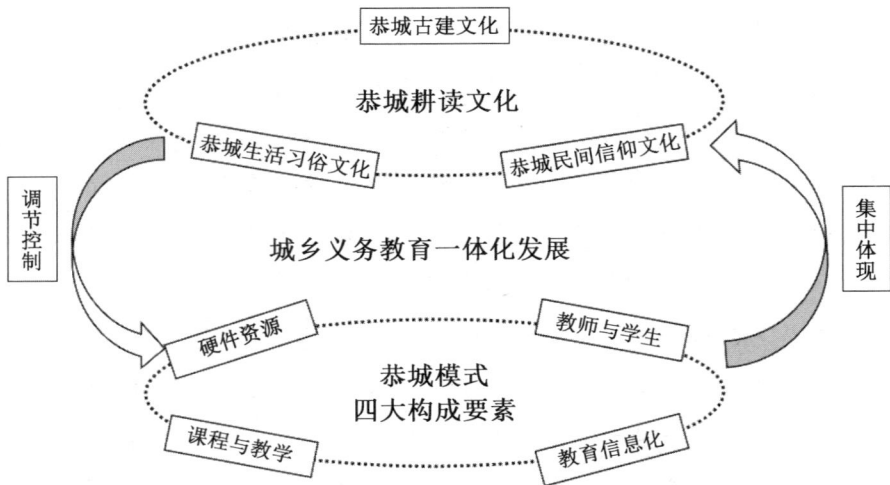

图 3-1 城乡义务教育一体化发展恭城"耕读并进"模式的内在结构

1.恭城"耕读文化"是调节控制城乡义务教育一体化发展的现实基础

恭城耕读文化是由恭城古建文化、恭城民间信仰文化及恭城生活习俗文化三者构成,是恭城瑶族自治县城乡义务教育一体化发展的现实基础。

其一,恭城古建文化。恭城古建以恭城文武庙为代表,其中所蕴含的文化凸显出恭城瑶族自治县独特的生命力。恭城文武庙内部建筑构件惹人侧目,尤其是其中的传统木雕。恭城瑶族的木雕创作源自生活,传统的民族活动、科举文化、经典史籍都为木雕图案提供了繁多的素材。因此,木雕图案内涵十分深厚,具有丰富的历史意蕴与当代价值。恭城文武庙木雕折射出尚学重义的传统。恭城文庙浸透崇文尚学思想文化,武庙展现关公文化,这些皆为恭城瑶族本土文化与中原儒家思想关于忠义、礼节、信仰的二次融合,是恭城古建文化的体现,在潜移默化中影响着恭城瑶族自治县人民的情感价值观。

其二,恭城民间信仰文化。恭城民间信仰文化主要体现为当地民众对自然、宗教的信仰融合而成的文化。在恭城瑶族自治县人民群众的日常生活之中,无论是当地的瑶族人民,还是他族人民,都会自觉主动地参加恭城庙会、祭祀等活动。因此,民间信仰活动越来越繁多,有三年一次的婆王节,一年一次的盘王节、"花炮节"等。庙会通过举办歌舞活动、盛大的游行表演等彰显民族特色,热闹非凡,吸引来许多其他县市的人自发参与其中,覆盖范围达至县内多个村镇,规模宏大,凸显了恭城瑶族民间信仰的号召力和影响力。

其三，恭城生活习俗文化。生活习俗文化是人们在社会生活中逐渐形成的,已同民族情绪和社会心理密切结合,成为人们自觉或潜意识里遵守的生活行为准则。其显著特征是公共性、广泛性和群众性。民众不论年龄、性别、阶层,都参与同一活动,参与度高且范围广。例如,瑶族油茶是瑶族人民在佳节同庆、交友聚会、祭祀活动、添丁加薪、乔迁新居等活动中必不可少的茶饮,广泛存在于瑶族人民的社会生活之中,发挥着象征性的社会功能,因此它不仅仅具有日常的饮食实用性。瑶族人民通过仪式化的油茶制作和饮用,将群体或个体的愿望、情感以及相应的价值观念,以油茶为媒介进行表达。

此外,打油茶通过人与茶的亲密互动而具备一定的象征意义,是恭城瑶族自治县人民紧系情感的饮食文化符号。茶文化是我国饮食文化中极重要的一部分,恭城油茶不仅承继了茶文化的精粹,还融入了恭城瑶族人的特色饮食文化。恭城瑶族自治县居民几乎每天早餐都离不开油茶,甚至于有的家庭一日三餐都喝油茶,喝油茶不仅是这里人们饮食休闲的一件趣事,更是一种属于当地人民特有的生活习俗文化。

2.四大基本要素是实现城乡义务教育一体化发展的重要条件

恭城城乡义务教育一体化发展"耕读并进"模式的四大基本要素包括硬件资源、教师与学生、课程与教学及教育信息化,是实现该县城乡义务教育一体化发展的重要条件。

第一,硬件资源。硬件资源包括生均教学及辅助用房面积、生均体育运动场馆面积、生均教学仪器设备值、每百名学生拥有计算机台数、生均图书册数、师生比、生均高于规定学历教师数、生均中级及以上专业技术职务教师数等。硬件资源的数量和质量影响着城乡义务教育一体化的发展。该县县城的学校能基本达到较好的硬件资源匹配度,访谈的学校强调了对于教学环境的需求,诸如教学楼、教室的配备。在学校中,有较为有特色的建筑,比如恭城 MZ 中学的风雨长廊,展现的就是瑶族的建筑文化特色,体现出了独特的民族风格。

第二,教师与学生。恭城瑶族自治县城的教师大多来自本土,教师培训多为县城负责,在当地特有的乡土文化浸润式传承下,乡村教师的乡土性特质得到了很好的保留。新时代教师队伍建设引领着城乡义务教育一体化的发展,如何协调好恭城城乡的教师差异,如何进行教师多元发展,如何培养出本土教师或者是具有跨文化素养的教师成为重要话题。恭城瑶族自治县教师受到恭城文化模式的熏陶,已被打上了恭城文化的烙印。因此,恭城文化在教师的培养上为教师提供了先天的优势,以此影响学生,使学生在城乡差距中找到自身发展的特色,并能够在城乡义务教育一体化进程中奋发学习,不断成长。

第三,课程与教学。恭城瑶族自治县课程是基于恭城文化模式进行开发与建设的,教学是关注学生独特性的教学,尤其是关注学生瑶族文化背景的独特性。因而,课程与教学是恭城文化模式的基本要素,通过校本课程的实施影响师生,促进城乡义务教育一体化发展。目前,恭城瑶族自治县各学校虽还未能成功进行校本课程的开发,但是一些瑶族特色,如长鼓操,已经融入学生的课间操,更是以比赛的形式来发展。此外,在教学方面,小班教学是当地提升教学质量的一大举措,有利于监督教师教学质量,教学质量是教学活动最直接的成果显现,这些都体现了恭城文化模式精细化的要求。

第四,教育信息化。恭城瑶族自治县的教育信息化建设主要依托对教师的信息技术指导。教师教育信息化相关培训是沟通城市和乡村文化的桥梁,它既承载着县城的古建文化又接收着城市文化,促进城乡之间文化双向耦合。县城中小学所推广运用的"互联网+教育"模式、同步互动课堂、双师课堂等,为乡村小规模学校提供丰富优质的在线教育资源,将县城的文化资源与城市的优质教育资源更好地融合发展,推动着优质教育资源在恭城瑶族自治县流通共享。

总之,城乡义务教育一体化发展的恭城模式通过耕读文化与四大基本要素的有机结合形成了较为稳固的结构。其中,恭城古建文化、恭城民间信仰文化及恭城生活习俗文化所形成的恭城耕读文化调节并控制着城乡义务教育一体化发展进程,而城乡义务教育一体化发展恭城模式的四大基本构成要素则是恭城耕读文化的集中体现。二者相互作用与影响,共同促进恭城瑶族自治县城乡义务教育一体化发展。

(五)城乡义务教育一体化发展"耕读并进"模式的表现形式

恭城城乡义务教育一体化发展"耕读并进"模式的表现形式包括城乡经济文化交互式发展模式、"三心三治一守"社会治理的"恭城模式"、义务教育均衡发展模式,具体如下。

1.城乡经济文化交互式发展模式

恭城瑶族自治县辖6镇3乡117个行政村,距桂林市区108千米,交通十分便利,乘坐动车到桂林市区仅需半个多小时,到广州仅需2个多小时,到南宁、深圳3个多小时,还可以直达贵阳、重庆、成都等城市。在建的高速公路连接厦蓉高速和包茂高速,将设3个匝口,从县城开车上高速公路仅需几分钟。便捷的交通为恭城的旅游业、工业和农业发展提供了条件,经济的发展也必将为乡村地区带来更多就业机会,推动乡村经济发展,缩小城乡经济发展差距。

由于恭城瑶族自治县境内多以山地、丘陵为主,河流沿岸有较为平坦的小冲积平地,一年降水量和光照充足,县内因此多种植油茶、马尾松等经济作物。在丘陵地带则是甘蔗、柑橘、沙田柚、月柿、桃等水果经济作物主产区。

随着月柿种植农业的不断发展,恭城月柿栽培系统被农业农村部认定为第四批中国重要农业文化遗产,2项恭城月柿处理技术规程成为广西标准,成功创建恭城月柿中国特色农产品优势区。恭城瑶族自治县引进中国建材、中国国电、大唐集团,大力发展水泥、风电等工业产业,实现单个企业年度纳税超亿元。此外,恭城瑶族自治县还大力发展生态文化旅游,入选广西特色旅游名县,被列为国家全域旅游示范区创建县。恭城油茶蜚声遐迩,是恭城瑶族最具特色的传统饮食,2019年创造"最多人同时一起打油茶"吉尼斯世界纪录。瑶族文化传统保留完好,盘王节、婆王节、"花炮节"等瑶族节庆活动极具特色。

恭城瑶族自治县文化底蕴深厚,隋大业十四年(618年)置县,至今已有1400多年历史,县城是中国历史文化名镇,文庙、武庙、周渭祠、湖南会馆是国家级重点文物保护单位,18个古村落已经被录入中国传统村落名录之中,还有10项技艺列入广西非物质文化遗产名录之中。这里曾经走出北宋侍御史周渭、广西大学创始人马君武等杰出人物。县城内中学学子的中考、高考成绩连续多年位居桂林市各县前列,被新华社和中央人民广播电台赞誉"创造了中华民族教育史上的奇迹"。在每年的中高考前都会有大量的学生家长前往恭城文庙、武庙为孩子祈福,祈求孩子金榜题名。恭城文武庙已成为恭城人民的族群符号。

2. "三心三治一守"社会治理的"恭城模式"

2019年6月14日,自治县委、自治县人民政府印发《恭城瑶族自治县创建"三心三治一守"社会治理"恭城模式"工作实施方案》,围绕新时期社会治理新形势、新目标、新要求,将社会治理与乡村振兴相结合,与群众安全感、满意度和扫黑除恶成效"三提升"相结合,与中华优秀传统文化相结合,不断提高群众获得感、幸福感和安全感,为实现全县乡村振兴提供安全稳定、和谐向上的良好社会环境。深入贯彻落实自治区、市党委政法委领导指示精神,以"内容有新意、宣传有亮点、治理有章法、乡村有变化、群众有收获"为目标,按照"一约三会"("一约"即村规民约,"三会"即村民理事会、中华优秀传统文化联合会和法规监督委员会)活动组织架构,为法治植入道德理念,将德治融入法治建设,深入开展"三心三治一守"("三心"即忠孝心、敬畏心、互助心，"三治"即自治、德治、法治，"一守"即守规矩）活动，认真梳理和总结活动成效，形成经验、树立典型，打造新时代社会治理"恭城模式"，努力实现"千亩鱼塘无须看，万亩果园不用守；街上门面无人盗，农村住房不上锁"的美好愿景。

3.义务教育均衡发展模式

（1）划片招生以就近入学

恭城瑶族自治县义务教育公办学校招生工作要按照"学校划片招生、生源就近入学"的总体目标，根据辖区人口数量和分布状况、学校布局、学校规模、交通状况等因素，为公办学校合理划定招生服务片区范围，确保义务教育划片就近入学政策全覆盖。各中小学要加强宣传引导，采取有效措施，积极稳妥推进招生入学工作，消除起始年级大班额，实现免试就近入学、规范有序入学、阳光监督入学的目标。

公办、民办义务教育学校同步报名、同步录取，任何学校不得提前开展招生工作。乡镇公办学校要承担义务教育"兜底"招生任务，确保每一名符合入学条件的适龄儿童少年都能够接受义务教育。各乡镇小学、初中招收本辖区户籍适龄儿童、少年和符合条件的外来经商和务工人员的随迁子女。恭城 MZ 中学招收县城（五社区）户籍学生；恭城 MZSY 初中负责招收恭城镇、平安镇户籍学生及符合条件的外来经商和进城务工人员的随迁子女。为缓解其他乡镇初中大班额压力，确保全县小学毕业生全部进入初中学习，恭城 MZ 中学和恭城 MZSY 初中今年仍接收辖区外乡镇分流的部分新生，其中恭城 MZ 中学招收莲花镇、三江乡户籍分流学生；恭城MZSY 初中招收观音乡、栗木镇（含矿区）、龙虎乡、嘉会镇、西岭镇户籍分流学生。教育行政部门要通过多种形式向社会公开招生方案、招生计划、招生范围、招生程序、报名条件、咨询方式，充分接受社会监督，实行阳光招生。此外，还要确保招生入学工作公平、公正、公开。

（2）强弱搭配以促成城乡统筹

学区设置按照"城乡统筹、强弱搭配"原则，根据县域内城乡学校办学条件、师资配置、管理水平、教育质量、学校分布、距离远近等实际情况，将城乡义务教育学校划分为若干个学区。学区采取学校联盟、集团化办学等多种组合形式进行设置，每个学区设学区长 1 名、副学区长及管理人员若干名，均由学区内各学校工作人员兼任。一般以 1 所优质学校为学区长学校，与若干所同学段学校组成教育融合发展共同体。

学区制管理改革的目标任务是实现学区内统一进行资源配置、师资调配、教学管理、教学研究、学校招生、质量评价的"六统一",构建县域、城乡、校际深度合作,优质学校和薄弱学校融合发展,县域内城乡义务教育一体化改革发展新机制。

学区制促进学校体育场馆、图书馆、实验室等场所和仪器设备在学区内学校开放共享;促进学区教师资源、教学成果、办学特色、校园文化的共建共享;促进学区内学校校外教育基地、社会实践基地、家长资源及其他社会资源的共享。

第四章

民族地区县域城乡义务教育一体化发展的龙胜"山田育人"模式

　　龙胜各族自治县旅游资源丰富,拥有国家一级景点龙脊梯田景观,素有"天下一绝"的美誉;有位于国家级森林公园、省级旅游度假区的龙胜温泉,被誉为"华南第一泉";此外,还有作为国家级自然保护区的花坪原始森林保护区。

　　作为各族人民集聚的区域,龙胜各族自治县的文化模式具有独特的属性,其教育发展深受多民族文化影响。研究从县域城乡义务教育一体化发展视角,对龙胜各族自治县进行了田野调查与分析。首先,前期对龙胜各族自治县城乡教育一体化发展进行总体的田野描述。其次,课题组成员到龙胜各族自治县进行深入的田野考察,获取关于龙胜各族自治县城乡义务教育一体化发展的案例资料。再次,对收集的一手资料进行系统分析,总结龙胜各族自治县城乡义务教育一体化发展的经验与问题。最后,提炼总结龙胜各族自治县城乡义务教育一体化发展的"山田育人"模式。

一、田野描述:龙胜各族自治县城乡义务教育一体化发展概述

　　基于文化模式理论视角,以城乡义务教育一体化发展为切入点,全面分析龙胜各族自治县县域内文化的内涵与特征,旨在探索更适合民族地区县域城乡义务教育一体化发展的文化模式。龙胜各族自治县是一个包括苗、瑶、侗、壮、汉五个主要民族的多民族自治县,以各族杂居为主,具有浓厚的民族特色和地域风情。了解龙胜各族自治县的县域概况、民族概况、义务教育概况等基本情况,有助于深入剖析龙胜各族自治县在深厚的民族文化底蕴之上形成独特的民族地区县域城乡义务教

育一体化发展的"山田育人"文化模式。

（一）各族文化根脉衍生的少数民族旅游胜地

龙胜各族自治县以旖旎的自然风光和多彩的民族文化闻名于世，这是推动龙胜各族自治县从一个贫困县蜕变成旅游风景名胜区的重要资源。

1.历史底蕴深厚

在中华历史发展进程中，龙胜各族自治县一直是我国领土的重要组成部分，具有深厚的历史底蕴。历史记载，在南北朝时期，龙胜境内就有先民居住过的痕迹；秦始皇统一岭南后，属桂林郡辖地；汉武帝元鼎六年（前 111 年），属武陵郡始安县地；唐高祖武德四年（621 年）置灵川县，属灵川县地；五代十国，令龙胜先属楚，后属南汉；后晋天福八年（943 年）置义宁县，属义宁县地，延至明代；清乾隆六年（1741年），设立了"龙胜理苗分府"（又称龙胜厅），隶属于桂林府，从此"龙胜"之名始载入册。民国元年（1912 年），"龙胜厅"更名为"龙胜县"。1949 年 11 月，仍称为龙胜县，归属桂林地区专员公署管理。1951 年 8 月 19 日，实行了区域自治，并更名为"龙胜各族联合自治区"（县级）。1955 年 9 月，名称变为"龙胜各族联合自治县"。最终于 1956 年 12 月，正式更名为龙胜各族自治县，也成为中南地区第一个成立的民族自治县。1998 年 11 月 8 日原桂林地区行署与桂林市合并成立新的桂林市，改属桂林市。

传说古时龙胜为桑江之地，龙虎相斗，虎败归山，因而取名"龙胜"。新建桑江工程石碑中记载："古时桑江之地，万山环峙，五水分流，向隶义宁，为桂林西北藩蔽。"桑江因两岸桑树成林而得名。就在桑江与和平河交汇的地方，即现在的龙胜城所在，有数寨并立，错落有致。其中一寨面对青龙山（又名迎春山或峦山）而立，素名"龙胜寨"。清朝龙胜域爆发农民起义，乾隆皇帝指令置龙胜理苗通判，其官兵驻扎龙胜寨，镇压农民起义，其后置龙胜巡检司。清乾隆六年（1741 年）以寨名、司名置龙胜厅，龙胜之名因龙胜寨而得名。①

现龙胜各族自治县辖 6 镇 4 乡，即：龙胜镇、三门镇、瓢里镇、平等镇、龙脊镇、乐江镇、泗水乡、马堤乡、江底乡和伟江乡，有 119 个村民委员会，9 个社区居民委员会（城南社区、城北社区、城西社区、桂龙社区、北岸社区、平等街、瓢里街、三门街、和

---

① 广西桂林龙胜各族自治县人民政府门户网站.龙胜各族自治县概况［EB/OL］.(2023-03-09)［2023-08-22］.http://www.glls.gov.cn/zjls/lsgk/202212/t20221209_2418783.html.

平街居民委员会)和 1,874 个村民小组。[①]

2.地理环境优越

龙胜各族自治县具有独特的区位优势和地形地貌,这使得该地拥有独特的气候、水系和人口结构等特点。正因如此,龙胜各族自治县成了广西一个备受瞩目的旅游胜地。

(1)湘桂交界要地

龙胜各族自治县位于广西东北部,靠近桂林市的西北部。它坐落在越城岭山脉西南麓的湘桂边界上,位于湖南和广西的交汇处。龙胜各族自治县的东部与兴安县和资源县相邻,南部和东南部与临桂区、灵川县毗邻,西南部与融安县接壤,西部和三江侗族自治县接壤,西北部和东北部分别与湖南省的通道侗族自治县、城步苗族自治县相邻。

国家高速公路网 G76 厦蓉高速公路(厦门至成都)的重要组成部分——桂林至三江高速公路、广州至成都的国道 321 线从龙胜各族自治县境内通过,是湘西南、黔东南与四川进入广西之咽喉与物资集散地。[②]

(2)山地连绵起伏

龙胜各族自治县"万山环峙,五水分流",东、南、北三面山势高耸,而西部地势相对较低。越城岭自东北而来,向西南蜿蜒延伸,山峰重叠,峭壁险峻,河谷幽深,水流湍急,形成壮观的地貌景观。全县共有 21 座海拔 1 500 米以上的高峰,47.26%的山地面积在海拔 700—800 米。最高点是海拔 1 916 米的福平包,最低点则是海拔 163 米的桑江出境处石门塘,两者的垂直高差达到了 1 753 米。全县 87%的土地是陡坡,坡度在 16 度以上;而缓坡仅占 13%,坡度在 15 度以下。山峰和山坡呈阶梯状倾斜,部分地区形成了悬崖峭壁。山地植被茂密,森林覆盖广泛,尤其是花坪、彭祖坪和西江坪保留了原始森林的面貌。[③]

龙胜各族自治县全境皆山,山体高大,连绵不断,巍峨磅礴。诸山属南岭山脉越城岭山系,大体可分为猫儿山脉、大南山脉、全数山(全素山)脉及天平山脉四大山脉。猫儿山脉主峰位于县境东部的兴安县与资源县分界线上,其脉延于县境内,

---

① 广西桂林龙胜各族自治县人民政府门户网站.龙胜各族自治县政区划分[EB/OL].(2022-04-11)[2022-07-12].http://www.glls.gov.cn/zjls/xzqh/201907/t20190701_1287759.html.

② 广西桂林龙胜各族自治县人民政府门户网站.龙胜各族自治县地理位置[EB/OL].(2023-06-02)[2023-08-22].http://www.glls.gov.cn/zjls/dlwz/202211/t20221130_2414105.html.

③ 龙胜各族自治县地方志编纂委员会.龙胜年鉴 2019[M].昆明:云南人民出版社,2019:51.

呈东—东南走向,形成福平包(1 916 米)、竹山、戴云山(1 811 米)、锅底塘(1 722 米)等山峰。大南山脉分布于平等以东,芙蓉以西,其源于湖南城步苗族自治县之牛头坡,主峰亦在该县境内,向西南延伸,长达 70 余千米。其脉延于龙胜各族自治县境内,呈北—南走向,由 7 座 1 500 米以上的山峰组成。全数山脉亦为大南山支脉,分布于县境西部,为与三江侗族自治县及湖南通道侗族自治县、绥宁县之自然分界线,呈北—西南走向,长达 100 余千米,形成 1 000 米以上山峰 6 座,最高峰为南端的广福顶(1 520 米)。天平山脉位于县境南部,呈南—西南走向,主峰蔚青岭海拔 1,778 米,林区面积 1.33 万余公顷。四大山脉植被丰富,山顶多为野生芒草、竹子及灌木,山腰及山脚分布人工营造的针叶林、其他经济林及野生阔叶林。[①]

龙胜各族自治县的地貌类型较为单一,侵蚀构造中山陡地形遍及全县。然而,在同一地貌单元内的不同地段,也出现了多种次一级地貌形态,包括山前梯地、河流谷地、桌面山、长条状分水岭以及 V 形河谷等。

(3)水系四通八达

龙胜各族自治县境内集雨总面积 3 867.65 平方千米,森林面积广,水系发达,溪河遍布,有大小溪河 480 余条,总长 1 535 千米。大、小河流均汇入主流桑江(龙胜河),自东向西流入三江侗族自治县县境。主流桑江古名贝子溪,集境内所有溪河之干流,属珠江流域西江水系。其左源为发于湖南城步苗族自治县汀坪乡之江底河;右源为源于资源县五排东北紫金山麓之五排河。两源于县境江底东北汇合后向南流经江底乡、泗水乡、龙胜镇等乡镇地域,再西折流往瓢里镇域、途经都坪、鱼滩、大云、瓢里、思梅等地,经石门塘流入三江侗族自治县境内,境内流程 88 千米。支流主要有平等河、凉坪河、芙蓉河、三门河、平寨河、和平河、伟江河、李江河、矮岭河等。[②]

(4)气候舒适宜人

龙胜各族自治县地处亚热带气候区,属于季风气候。这里雨量充沛,气候宜人,平均无霜期 314 天,年降雨量在 1 500—2 400 毫米。整个县境的气候温和,年平均气温为 18 ℃,最高年(1979 年)年均气温 18.7 ℃,最低年(1984 年)年均气温 17.3 ℃。极端最高气温达到 39.5 ℃(1962 年 7 月 30 日),而极端最低气温为 4.8 ℃(1977 年 1 月 30 日)。每年 12 月至次年的 2 月是全年气温最低的时期。3 月份气温逐渐上升,但 3、4 月间仍会出现 3—7 天的低于 12 ℃ 的"倒春寒"。7、8 月份为年

---

① 龙胜各族自治县地方志编纂委员会.龙胜年鉴 2019[M].昆明:云南人民出版社,2019:51.
② 龙胜各族自治县地方志编纂委员会.龙胜年鉴 2019[M].昆明:云南人民出版社,2019:51.

气温最高的月份,月平均气温在 26 ℃以上。气温在县境内呈水平分布和垂直变化,整体上自北向南逐渐递增。①

3.语言种类繁多

龙胜各族自治县境内各民族均有本民族语言,苗、瑶语属苗瑶语族苗语支和瑶语支,苗语近似南方汉语方言,瑶语分为盘瑶语群、红瑶语群;侗壮语属壮侗语族侗水语支和壮傣语支,侗语为南部侗族方言,壮语为北壮方言。汉语主要为桂北方言,境内部分地区的汉族操灵川土语,湖南新化、叙浦方言。普通话及桂林话是各民族之间交流的共同语言。②

4.物产资源丰富

龙胜各族自治县的地形地貌使其在社会发展中具有丰富的自然资源,包括土特产品、旅游资源、水资源、矿产资源、风能资源、土地资源、森林资源等。

（1）土特产品

龙胜各族自治县地处亚热带季风气候地带,气候温暖湿润,土地肥沃,利于作物生长。境内土特产品主要有茶油、桐油、茶叶、柑橘、南山梨、竹笋、烟叶、香菇、辣椒、棕皮、罗汉果、凤鸡、翠鸭、地灵花猪、地灵红糯等。③ 其中,出产的茶叶以江底乡、龙脊镇、平等镇的出名。龙脊镇出产的"龙脊茶"久负盛名,清朝乾隆年间曾被列为朝廷贡茶,在 1983 年的全国茶叶鉴定会上被评为全国 28 大名茶之一。"江底茶"为大叶茶,有的古茶树树龄有六七十年,根系发达,所产茶叶肥厚、多汁、营养丰富。龙胜各族自治县还盛产"三木药材"（杜仲、黄柏、厚朴）,为木本药材。茶叶、凤鸡、翠鸭、龙脊辣椒、地灵花猪、地灵红糯 6 个产品获得国家农产品地理标志认证,其中龙胜凤鸡被列入国家畜禽遗传资源品种名录,是广西禽类唯一获此殊荣的品种。④

（2）旅游资源

龙胜各族自治县山清水秀,风景秀丽,民俗古朴,丰富的自然资源和人文资源构成独特的旅游资源。2018 年,龙胜各族自治县有 4 家主要旅游企业:桂林龙胜温泉旅游有限责任公司、桂林龙脊旅游有限责任公司、桂林金坑索道客运有限公司、桂林龙胜骏龙旅游运输有限公司;有 4A 级景区 2 家:龙脊梯田风景名胜区、温泉省

级旅游度假区;3A 级景区 4 家:白面瑶寨、艺江南中国红玉文化园、龙脊旅游小镇、金车生态民族村。未评定等级的特色旅游景区有:县城景区、温泉国家森林公园、彭祖坪原始森林旅游区、西江坪原始森林旅游区、花坪自然保护区、南山高山草场区、泗水源泉生态乡村旅游区。[①]

（3）各类自然资源

龙胜各族自治县境内植被覆盖面积广,其中森林覆盖率达到 79.12%。水资源丰富,大小溪河纵横,共有 480 多条,主要河流总长约 335 千米,其中主要河流桑江长 88 千米。主要支流有平等河、芙蓉河、三门河、平寨河、和平河、李江河、伟江河、矮岭河等。全县水力资源理论蕴藏量为 60.58 万千瓦,可开发量 42.97 万千瓦。[②]龙胜各族自治县因高山多,在高海拔地区的风能资源丰富,尤以伟江乡甘甲村、平等镇小江村、龙脊镇江柳村、龙胜镇上孟村等地为甚。于 2018 年,已在南山建风电场。[③] 2018 年,龙胜各族自治县土地面积 245 048.28 公顷,其中耕地面积 17 754.32公顷,园地面积 14 869.52 公顷,林地面积 178 013.62 公顷,草地面积 20 623.37 公顷;建设用地面积 2 772.97 公顷,其中城镇用地面积 369.91 公顷,农村居民点用地面积2 213.26 公顷,独立工矿用地面积 177.33 公顷,其他建设用地面积 12.47 公顷;交通运输用地面积 1 719.57 公顷;水域及水利设施用地 3 741.79 公顷;其他土地面积 1 780.15 公顷。[④] 龙胜各族自治县是广西主要木材产地之一,森林面积广,森林资源丰富,林地面积为 207 348 公顷,森林蓄积量为 1 582.84 万立方米。[⑤]

5.社会事业繁荣

龙胜各族自治县的社会事业发展近年来呈现良好态势,让全县人民共享社会发展带来的红利,其中包括了经济发展、交通和通信、文化和卫生、人民生活和社会保障四个方面。

（1）经济稳步发展

经初步核算,龙胜各族自治县 2021 年的地区生产总值达到了 661 506 万元。按可比价格计算,相较于去年增长了 6.2%,两年平均增长率为 4.6%。其中,较上年情况,第一产业的增加值为 156 771 万元,增长了 8.8%;第二产业的增加值为144 978 万元,增长了 0.5%;第三产业的增加值为 359 757 万元,增长了 7.5%。第

① 龙胜各族自治县地方志编纂委员会.龙胜年鉴 2019[M].昆明:云南人民出版社,2019:54.
② 龙胜各族自治县地方志编纂委员会.龙胜年鉴 2019[M].昆明:云南人民出版社,2019:53.
③ 龙胜各族自治县地方志编纂委员会.龙胜年鉴 2019[M].昆明:云南人民出版社,2019:53.
④ 龙胜各族自治县地方志编纂委员会.龙胜年鉴 2019[M].昆明:云南人民出版社,2019:52-53.
⑤ 龙胜各族自治县地方志编纂委员会.龙胜年鉴 2019[M].昆明:云南人民出版社,2019:53.

一、二、三产业的增加值占全县生产总值的比重分别为 23.7%、21.9% 和 54.4%,对经济增长的贡献率分别为 32.1%、1.8% 和 66.1%。按常住人口计算,全年人均地区生产总值为 47 335 元,较去年增长了 6.7%。[①]

（2）交通和通信发达

与去年相比,2021 年龙胜各族自治县全年客货运周转量 94 665.02 万吨千米,增长 24.8%,全年客运周转量为 4 970.91 万人千米,下降了 54.4%;货运周转量为 94 167.92 万吨千米,增长了 25.9%。年末全县公路总里程为 1 323.615 千米,按行政等级分布如下:国道 54.853 千米（占 4.2%）、省道 44.001 千米（占 3.3%）、县道 193.624 千米（占 14.6%）、乡道 360.119 千米（占 27.2%）、村道 671.018 千米（占 50.7%）。按技术等级分,一级公路 2.641 千米（占 0.2%）;二级公路 98.781 千米（占 7.5%）;三级公路 73.065 千米（占 5.5%）;四级公路 1 088.964 千米（占 82.3%）;等外公路 60.164 千米（占 4.5%）。县内设有 5 个汽车客运站,其中包括 2 个二级站和 3 个五级站。该县拥有各类营运汽车 528 辆,其中包括营运客车 195 辆（含公共汽车 25 辆,出租车 21 辆）和营运货车 333 辆。全年完成邮政业务总量为 1 627 万元,比去年下降了 3.5%;电信业务总量为 16 646 万元,比去年增长了 37.1%。年末移动电话用户达到 197 452 户,互联网宽带接入用户为 71 079 户。[②]

（3）文化和卫生完善

2021 年,龙胜各族自治县共有 1 个公共图书馆,收藏图书 12 万册,并设有 1 个文化馆。年末广播节目综合人口覆盖率和电视节目综合人口覆盖率均达到 99.2%。全县共有 160 个公立医疗机构和 21 个非公医疗机构,公立医疗机构包括 2 家医院、155 个基层医疗卫生机构和 3 个专业公共卫生机构。此外,纳入基本医保和新农合定点范围的村卫生室共 116 家。全县医疗机构床位 675 张,全科医生 51 人、执业（助理）医师 361 人、注册护士 472 人和公共卫生人员 174 名。[③]

---

① 广西桂林龙胜各族自治县人民政府门户网站.2021 年龙胜各族自治县国民经济和社会发展统计公报[EB/OL].（2022-05-12）[2022-06-12].http://www.glls.gov.cn/zwgk/gdzdgk/jcxxgk/sjfb/tjgb/202205/t20220518_2272642.html.

② 广西桂林龙胜各族自治县人民政府门户网站.2021 年龙胜各族自治县国民经济和社会发展统计公报[EB/OL].（2022-05-12）[2022-05-12].http://www.glls.gov.cn/zwgk/gdzdgk/jcxxgk/sjfb/tjgb/202205/t20220518_2272642.html.

③ 广西桂林龙胜各族自治县人民政府门户网站 2021 年龙胜各族自治县国民经济和社会发展统计公报[EB/OL].（2022-05-12）[2022-07-12].http://www.glls.gov.cn/zwgk/gdzdgk/jcxxgk/sjfb/tjgb/202205/t20220518_2272642.html.

（4）人民生活有保障

2021年，龙胜各族自治县居民人均可支配收入达23 480元，较去年增长了9.7%。根据常住地划分，与上年数据相比，城镇居民人均可支配收入为38 845元，增长了7.0%；而农村居民人均可支配收入为15 408元，增长了10.6%。城乡居民人均可支配收入比值为2.52，较去年缩小了0.08。全年居民人均消费支出为14 216元，增长了11.4%。城镇居民人均消费支出为22 614元，名义增长8.6%；农村居民人均消费支出为9 805元，名义增长12.6%。①

（二）各族分布格局形成的独特民族文化景象

龙胜各族自治县是一个以多个少数民族和汉族共居为特点的县域，各民族的文化在发展进程中具有自身特色，形成了该县各族分布的文化格局。

1.龙胜各族自治县人口概况

龙胜各族自治县有苗、瑶、侗、壮、汉5个主体民族，据第七次全国人口普查公报，全县常住人口13.95万人，其中城镇人口4.87万人，乡村人口9.08万人。全县常住人口中，汉族人口为29 058人，占20.83%；各少数民族人口为110 405人，占79.15%，其中壮族人口为26 009人，占18.65%；苗族人口为21 814人，占15.64%；侗族人口为36 621人，占26.25%；瑶族人口为25 696人，占18.42%。与2010年第六次全国人口普查相比，汉族人口减少5 131人，下降15.00%；各少数民族人口减少10 295人，减少8.53%，其中壮族人口减少2 458人，减少8.63%；苗族减少1 786人，减少7.57%；侗族减少3 773人，减少9.34%；瑶族减少2 169人，减少7.78%。②

2.各族分布情况

龙胜各族自治县以民族群体聚居为主，呈现各民族分散聚居的格局。苗族聚居在芙蓉、坳头、伟江河流域及茶林、岩底一带；侗族聚居在平等河流域和宝赠、地灵、石甲一带；壮族聚居在和平河流域及桑江中下游、三门河下游；瑶族遍布在境内千山万壑之中，形成了大分散小聚居的状况；汉族则大部分分布在沿河两岸和交通较方便的村镇，极小部分在侗寨、壮乡、瑶山、苗岭中杂居。③

---

① 广西桂林龙胜各族自治县人民政府门户网站2021年龙胜各族自治县国民经济和社会发展统计公报[EB/OL].（2022-05-12）[2022-07-02].http://www.glls.gov.cn/zwgk/gdzdgk/jcxxgk/sjfb/tjgb/202205/t20220518_2272642.html.

② 广西桂林龙胜各族自治县人民政府门户网站.龙胜各族自治县第七次全国人口普查公报[EB/OL].（2021-06-28）[2022-07-12].http://www.glls.gov.cn/zjls/rkmz/202106/t20210629_2083121.html.

③ 《龙胜各族自治县概况》编写组.广西龙胜各族自治县概况[M].南宁:广西民族出版社,1985:9.

3.各族显性文化特色

在显性文化方面,龙胜各族自治县不同民族在历史发展中形成了不同的文化特色,融于各族人民的日常生活中,表现为服饰、建筑、饮食、工艺等内容。

(1)民族服饰各异

在服饰方面,由于工业化生产冲击,加之民族传统服饰制作工序的复杂性,大量少数民族传统服饰已经不再"流行"而是作为"盛装"得以传承。因此,当前龙胜各族自治县各民族聚居区域的民族日常服饰多已"大众化",与其他民族衣着无明显差异。这里主要描述的是作为符号、文化象征以及作为"盛装"得到传承的少数民族传统服饰。

在壮族聚居的龙脊镇一带,壮族男士一般穿着由当地土布制作的破胸对襟的唐装,上衣是短领对襟,一排缝六到八颗布结纽扣,下身穿及膝盖以下的宽大短裤。壮族妇女仍然保持穿民族服装的传统,头扎绣花白毛巾,上身穿青底领边、袖边、袖筒镶红、蓝、绿色花边上衣,下身穿宽口裤,裤筒镶三条红、蓝、绿绣花边。夏季上身多穿白色衣。[①] 这种传统服饰展示了壮族人民的独特文化风貌。

侗族衣着面料以自纺自织的侗布为主,有青、紫、白、蓝等颜色。女子头挽发髻、插头簪或银梳,戴耳环、手镯和项链;穿大襟无领滚边衣,穿长裤,束腰带或穿百褶裙,系绑腿,穿勾云鞋。现在青年人着装时代化,只有在乐江镇西腰村有部分老年妇女才穿民族服装。[②] 瑶族服饰丰富多彩,各支系都有独特的款式。从头饰、手镯、项圈等配饰到服装本身,瑶族服饰光彩夺目、美不胜收,尤其是红瑶妇女的服饰更是鲜艳夺目。瑶族服饰传统工艺包括挑花、刺绣、织锦、蜡染等,工艺精湛,彰显了瑶族妇女的聪明才智。盘瑶女子头戴贴蜡的独角或双角帽,系黑白相间的长巾,左右垂肩;衣青色,无领,长至脐下,左右对襟,按布质涂水银排扣,袖口、衣脚和衩口滚细边;腰束花带;窄管裤,稍长过膝,滚花边;胫部系青色三角绑带,脚穿尖头翘花鞋,喜欢佩戴银饰。[③] 红瑶妇女的服装分为饰衫、花衣和便衣三种。饰衫采用棉、丝线和毛线制作,无领对襟,腰束带,长至脐下。花衣质料为青粗布,无领,两襟交叉,长稍过脐,无扣,腰束带。便衣多用青布,也有白布,无领对襟,多作夏衣、劳动服,亦作老年常服。瑶有"三怪":"头发当草帽戴、手镯当耳环戴、衣服全是丝线带"。这"三怪"就是红瑶标志性的特征。红瑶妇女自古以来就有蓄长发的传统习

---

① 《龙胜各族自治县概况》编写组.广西龙胜各族自治县概况[M].南宁:广西民族出版社,1985:13.
② 本书编写组.民族区域自治与广西经济社会发展[M].南宁:广西人民出版社,2008:116.
③ 《龙胜各族自治县概况》编写组.广西龙胜各族自治县概况[M].南宁:广西民族出版社,1985:11.

俗,一生只在18岁成年礼时剪一次头发。长发在红瑶文化中象征着长寿、富贵、吉祥和美丽。从红瑶妇女的头饰就可以区分出少女、未婚妇女和已婚妇女。花瑶女衣分为右衽衣和长衣两种,其中右衽衣较为常见。右衽衣采用青布或蓝布,右襟安布扣,长及脐下,长脚左右开脐。长衣白布为底,长及膝,对襟距两三寸。[①] 苗族服饰具有以下几个特点:图案多取自日常生活中的物品和生物,不同苗族支系的服装图案各不相同;造型采用线描式或近似线描式的单线轮廓造型;制作技艺包括编制、织制、缝制、拼合和剪裁等五种形制;色彩选择多样,追求强烈的对比色彩,常见的颜色有红、黑、白、黄和蓝;构图适应服装整体感的要求,不强调突出主题。苗族男士的便装为对襟式,由左、右前片,左、右后片,左、右袖六大部分组成。苗族女装常用的面料有家织布、灯芯绒、平绒、织贡尼和士林布,颜色一般为青色和蓝色。中青年妇女常穿浅色的右衽上衣,沿托肩、袖口及右大襟边缘精绣花鸟、花草图案花边,腰部系银质围腰链,下身着西装长裤,高髻挽于头顶,着耳柱,中年妇女多包白毛巾头巾。[②]

(2)建筑以吊脚木楼居多

吊脚楼以木为材,依山傍水,龙胜各族自治县的壮、侗、瑶、苗、汉族均有。龙脊镇的壮族吊脚楼以神龛为中心,神龛后面,居中位置为家公卧室,左角为家婆卧室,有小门与家公卧室相通,主妇房在右角,丈夫卧室在厅堂右侧,客房在前庭左角,姑娘闺房在右角楼梯。[③] 龙胜各族自治县的吊脚楼多数分三层,各楼层用处不同,第三层因为防潮性强而用来存放粮食;中层住人,在楼旁有木梯与楼的上下层相接,楼梯处设有约1米宽的走廊通道;下层楼脚用木栏围成圈,用于堆放杂物或饲养牲畜。

(3)饮食以大米为主

壮族饮食以稻米为主,糯稻是壮族人栽种的主粮之一,壮族人培育了许多优良品种。黏煮干饭,即我们常说的糯米饭,是壮族饮食中极具特色的主食之一。这种米饭口感软糯,香气四溢,深受壮族人民的喜爱。在壮族的一些重要节日和庆典活动中,黏煮干饭更是必不可少的食品。它不仅是满足日常饮食需求的主食,还承载着丰富的文化内涵和民族情感。此外,壮族饮食的多样性也体现在他们对稻米的各种加工方式上。壮族人民还善于制作各种以稻米为原料的美食,如粽子、糍粑、

① 《龙胜各族自治县概况》编写组.广西龙胜各族自治县概况[M].南宁:广西民族出版社,1985:11.
② 吴烨,吴丽萍.广西民族民间文化[M].北京:旅游教育出版社,2019:83.
③ 吴烨,吴丽萍.广西民族民间文化[M].北京:旅游教育出版社,2019:38-39.

米粉等。在节庆时,壮族人民喜欢使用糯米制作五色饭或各种糕点来祭祀祖先或庆祝节日。这些美食不仅丰富了壮族的餐桌,也展示了他们独特的饮食文化和烹饪技艺。因为糯米黏腻,故壮族人民普遍钟爱酸味的食物,善于腌制酸菜、酸肉和酸鱼等酸食。生鱼片也是壮族人民非常喜爱的佳肴之一,壮族人民生活在南方水乡,拥有丰富的鱼类资源,他们将新鲜的鱼肉切成薄片,再搭配特制的调料食用。这种生鱼片不仅口感鲜嫩,而且富含营养,在壮族的传统节日和庆典活动中,生鱼片往往作为重要的菜肴出现,用于款待宾客和庆祝丰收。油茶是侗族人民常饮的饮品,他们经常以油茶来款待客人,也将它视为待客的重要礼节。侗族人民还喜爱饮酒,他们酿造出甜酒和低度米酒用来享用,自酿的酒在他们的生活中占据重要地位。这些饮食习惯和食物文化展示了侗族人民丰富多样的饮食传统。瑶族饮食以大米、玉米、红薯和芋头为主要食材。他们喜欢食用腌制食品,其中以鸟肉腌制而成的鸟酢是著名的美食之一。在部分地区,打油茶也很盛行。瑶族人民还有制作糯米粑的习惯,这是一种节日期间常见的美食,也可以作为送礼的上品。此外,瑶族人民在平时时会制备猪腊肉,以备过节或招待客人之用。苗族的主食则以大米或玉米为主,辅以小米、红薯等杂粮。在部分地区,苗族人民早午餐时有喝油茶的习惯。平日里,苗族人民也会制备猪腊肉,留作过节或待客时使用。这些饮食习惯反映了瑶族和苗族人民丰富多样的食物文化和传统习俗。

(4)民族工艺精湛

壮族主要有壮锦、铜鼓等工艺,其中,广西壮族织锦艺术已成为我国传统民间艺术的重要组成部分。壮族铜鼓是壮族先民的杰作,大小不一的各类铜鼓,鼓面有浮雕的花纹图案,每面都是精美的艺术品,其铸造技术已经达到相当高的水准。瑶锦主要以染色棉纱和丝线织造,图案以几何和花草纹为多。根据制作方法,分成织锦和绣锦两种,前者在织布机上完成,经过送经、开口、投梭、打纬等过程,后者在布面上利用针与五色丝线手工绣成,意味深远,充分反映瑶族人民对理想与幸福的追求。瑶族织锦、刺绣工艺已有上千年历史。苗族人重视银饰尤其是银耳饰,银饰在他们的文化中具有重要地位。银饰的各部件通常是由民间工匠亲手制作的。他们注重使用各种图案和花纹进行装饰,以展示苗族独特的审美观和技艺。这些银饰不仅仅是装饰品,它们也承载着苗族人民的身份认同和传统价值观。苗族人民通过佩戴银饰来展示自己的身份地位、家族背景和社会地位,同时也是一种对传统文化的传承和保护。侗族拥有丰富多样的民族工艺品,常见的侗族民族工艺品主要有侗锦、侗帕、侗族花带、侗族银饰、侗族木雕、侗族竹编等。侗锦是一种传统的织品艺术,又被称为侗毯,是按照布纹纱路的走向,通过提挑和穿梭引线来织成的。侗帕是侗族手工艺织品,它是用白线作经纬织成的素色帕子和用白线作经、其他颜色作纬织成的彩色帕子,这些帕子可以用作面巾、浴巾、头巾和枕巾等。而侗族花带则是用线编织而成的,宽度从半寸到二三寸不等,长度有数尺长,在狭长的带子上,织出花鸟虫鱼和各种几何图形,可以用作腰带、帽带、裤带、裙带和绑腿带,也是姑娘们送给心上人的纪念品,展示了侗族姑娘灵巧的手艺、丰富的想象力,寄托其美好的愿望。侗族银饰是侗族人民喜爱的装饰品,常用作头饰、颈饰、手镯、耳环等。侗族银饰制作精美,图案繁复,侗族妇女和儿童尤为喜爱佩戴,特别是在盛大的节日或庆典活动中,侗族妇女喜欢在发髻上佩戴各种银饰,比如银钗、银簪等,代表着侗族人民对美的追求和对传统文化的热爱。

4.各民族隐性文化特色

隐性文化是相对于显性文化而言的,其存在方式具有潜在性与内隐性,是更能影响和改变人们思想与行为的一种“内在力量”。龙胜各族自治县中民族众多,各民族均有展现具本民族特点的隐性文化。

(1)民间信仰:信仰多神及万物有灵

壮族民间信仰多神,各地庙宇所供奉的神有所不同,如龙胜各族自治县的一些地方过去供奉“二圣猴王”。此外,各地还建有“三界庙”“盘古庙”“观音庵”“北帝庙”“关帝庙”“土地庙”“雷公庙”“神农庙”等众多庙宇。但一般来说,在一定地域范围内都会有共同的庙宇,有的是一个村或几个村共有,有的则是一个氏族共有。村寨或氏族成员有权利参加神灵崇拜和祭祀活动,同时也要承担修建庙宇、维持其运作的义务。在共同的神灵崇拜和祭祀活动中,分散的乡民、氏族的力量被整合起来,形成了一个文化共同体。共同的活动地使这个文化共同体内各成员的关系变得更加密切,增进了家庭间、村寨间的团结,维护了社会安定。壮族人普遍崇拜祖先,壮族人家中都有祖先的神主牌位,各氏族都有自己的祠堂。与瑶族的石牌制度、侗族的侗款制度相比而言,壮族全民族通用的社会制度较少,但在各地区、各民族内都有各自的乡规民约,这些社会规范的建立总体上依靠民间宗教信仰的力量。苗族相信万物有灵,这主要体现为:第一,自然崇拜。苗族先人们认为一些巨型或畸形的自然物是一种灵性的体现,因而对其顶礼膜拜、酒肉祭供。其中比较典型的自然崇拜物有巨石、岩洞、大树、山林等。苗族还认为自然界存在许多精怪,比如牛在厩内用粪便盖身或在厩内打转,猪或猪崽躺在食槽里,母鸡发出公鸡的鸣叫等均是因为相应的精怪在作祟。第二,图腾崇拜。许多苗族与瑶族一样,共同崇拜盘瓠,他们世代传说着"神母犬父"的故事,把盘瓠视为自己的始祖。不过有一部分苗族人认为他们的始祖是姜央,其起源于枫木树心,因而把枫树视为图腾。另有一些地区的苗族以水牛、竹子等作为图腾崇拜对象。第三,祖先崇拜。祖先崇拜在苗族社会中占有十分重要的位置。他们认为祖先虽然死去但其灵魂却永远与子孙同在,逢年过节必以酒肉供奉,甚至日常饮食也要随时敬奉祖先。侗族社会没有形成统一的宗教信仰,信奉多种神灵,万物有灵和灵魂不死是其宗教信仰的思想基础,主要有自然崇拜、灵魂与祖先崇拜、萨子(女性神)崇拜等。瑶族相信万物有灵,主要表现为始祖崇拜、道教崇拜、自然神崇拜和祖先崇拜。他们崇拜创造世界万物的女英雄"密洛陀",将其视为始祖。瑶族以信仰道教为主,同时保留本民族固有的原始宗教,将道教和瑶族固有的原始宗教结合在一起。他们也对山、水、天、地等孕育出的神灵进行崇拜,认为这些自然诸神对人们的生活产生直接影响。此外,祖先崇拜在瑶族社会中也占有重要地位,他们认为人死后灵魂依然存在,因此会在节日和日常生活中供奉祖先。

(2)民族习俗:节庆丰富且形式多样

民族习俗主要表现在两个方面。一方面是婚葬习俗及禁忌。壮族婚前男女恋爱自由,恋爱方式有:抛绣球、打木槽、碰鸡蛋等。一般经通媒、提亲、合八字、讲定等环节,双方同意后即定亲结婚,壮族新婚不兴闹洞房,部分地区有招婿上门的习俗。壮族地区实行棺木土葬。① 壮族也有很多禁忌。山林水塘等被认为有"风水"的地方不得乱挖;禁止砍伐房屋周围的古树;忌讳农历初一杀生,妇女生孩子头三天忌讳外人入内。② 侗族严格实行族外婚,婚前适龄男女自由恋爱,但结婚须征求父母意见。农村丧葬实行土葬。瑶族倡导恋爱自由,男女利用节日庆典、集会和农闲走村串寨,通过对歌或爬楼等方式建立感情,互赠信物,自主婚姻男女双方必须经过择偶、提亲、订婚等一系列流程。婚宴须安排"正酒"三餐,"偏酒"(早餐、宵夜)六餐。婚宴后第四天早上亲客告辞,男方家庭向其各送一份"奶头礼",即送岳父母猪腿八九千克,其他亲客送猪肉四五千克。第四或第五天,夫妻回门住宿,同回后才可以圆房。瑶族丧葬以土葬为主。瑶族有很多禁忌:妇女生产满月前不喜欢外人来访;婚嫁日期不能选在父母的忌日;男女对歌时不能坐同一条凳子;在妇

---

① 《龙胜各族自治县概况》编写组,《龙胜各族自治县概况》修订本编写组.广西龙胜各族自治县概况[M].北京:民族出版社,2009:13.

② 《龙胜各族自治县概况》编写组,《龙胜各族自治县概况》修订本编写组.广西龙胜各族自治县概况[M].北京:民族出版社,2009:10.

女面前不能说粗话;堂屋内不能吐痰;男人忌讳坐在碗橱前面;不能用脚踩着火塘;火塘的柴火不能倒着烧。苗族以自由婚姻为主,婚事朴实隆重,兴唱"拦路歌",不兴闹新房,却于新婚之夜,有"吃笑鸡"和抢"铺床鸭"之风。农村丧葬一般都实行土葬,以吹木叶、口哨、唢呐奏哀乐为主,葬礼比较简朴。苗族也有很多禁忌:送亲时忌讳扭伤腿脚;亲人死后一个月内,忌婚嫁,也不能唱歌;禁止在寨子周围挖土;禁止砍伐寨子附近的古树;同辈男女以兄弟姐妹相称;忌讳将腊肉直呼"腊肉",而称之为"干肉";产妇在哺乳期禁忌外人入房等。

另一方面是传统节日。龙胜各族自治县各民族节庆十分丰富,被誉为"百节之县"。被民族节庆专业委员会授予"中国品牌节庆示范基地"。村一级组织举办的民族节庆活动有侗年节、祭萨节、传歌节、花炮节、广福王节、红衣节、姑娘节、开耕节、祭茶节等,乡镇一级组织举办的民族节庆活动有鼓楼文化节、跳香节、敬牛节、鱼宴节、盘王节、晒衣节等,全县各乡村都有自己的品牌节庆活动。龙胜各族自治县还连续成功举办了8届龙脊梯田文化节,2届农民丰收节,4届龙脊梯田百公里跑山赛。被称为"天下第一长发村"的黄洛瑶寨红瑶妇女表演的长发梳妆与龙脊梯田文化节已经成为龙胜各族自治县靓丽的民族文化品牌,该县的"中国农民丰收节暨龙脊梯田全球重要农业文化遗产地稻耕文化旅游节"活动被列入70个全国最具特色庆丰收活动。这些民族节庆文化活动嵌入、植入、融入民族团结进步元素,促进各民族交往、交流、交融,很好地保护和传承了民族文化。①

（3）民族艺术:民族特色与时代气息并重

龙胜各族自治县开展了民族民间传统文化的保护工作,对全县民歌、舞蹈、曲艺、民间文学等民族民间文化艺术进行挖掘、搜集和整理,完成了《龙胜各族自治县少数民族古籍》《龙胜各族自治县碑文集》《龙胜各族自治县少数民族知识读本》和《龙胜少数民族概况》丛书的《侗族》《壮族》《盘瑶》编纂出版工作,丰富了人民群众的精神文化生活;创作推出了如《洗三朝》《瑶妹羞羞》《榨油》《斗竹》《板鞋接力》和《侗寨传奇》等具有浓郁民族特色和时代气息的少数民族文化精品,并获得了自治区级以上的不同奖励。②

---

① 中共桂林市委统战部网站.龙胜各族自治县创新"民族+文化"传承模式,绽放民族传统文化魅力[EB/OL].(2021-10-28)[2022-07-18].http://www.gltzb.gov.cn/yw/202110/t20211027_2150753.html.

② 中共桂林市委统战部网站.龙胜各族自治县创新"民族+文化"传承模式,绽放民族传统文化魅力[EB/OL].(2021-10-28)[2022-07-18].http://www.gltzb.gov.cn/yw/202110/t20211027_2150753.html.

（4）民族交流:和睦相处且关系融洽

龙胜各族自治县与柳州市交界处有 12 个村,边界线上的各民族长期以来互相来往,和睦相处,关系融洽。特别是改革开放以来,随着经济的发展,交通的改善,边界之间的各族群众交往日益密切,在经济、文化、生产、生活等方面来往更加频繁。边界之间建起了农贸市场,各种商品互通有无,市场繁荣,增加了群众收入。近年来,边界村与村、乡与乡之间开展了健康、有益、丰富多彩的文化、体育活动,增强了边界地区之间的交往,相互了解,消除了彼此间的隔阂。边界之间还互相通婚、互认"老庚",逢年过节,走亲访友,你来我往,从不间断,增进了民族团结。在中国共产党的民族政策指导下,当地各民族之间一直保持着良好的关系。龙胜各族自治县各民族的风俗习惯都得到互相尊重,各民族团结互助,亲如一家,平等和睦。龙胜各族自治县深入贯彻党和国家的民族方针和政策,互不通婚的戒律早已被打破,各民族不分大小,一律平等,往来密切。随着改革开放和社会主义市场经济的发展,龙胜各族人民的思想逐渐开放,价值观念发生了新的变化,具体表现为各民族间的交流日益密切,能够相互学习,真诚帮助,加深了彼此的情谊。平等、团结、互助、共同繁荣的社会主义新型民族关系已在龙胜各族自治县建立起来并得到不断巩固与发展。龙胜各族自治县曾两次被评为全国民族团结进步先进集体,这是党和国家对龙胜各族自治县民族团结进步事业取得成绩的肯定。

（三）龙胜各族自治县城乡义务教育发展概况

结合在广西桂林龙胜各族自治县人民政府门户网站收集的信息与田野调查时在学校调研所获得的资料,对龙胜各族自治县城乡义务教育发展概述如下。

1.义务教育概况

2019 年秋,龙胜各族自治县有完全小学 13 所,教学点 44 个,在校学生 10 257 人,教职工 1 073 人,专任教师 781 人。全县 7—12 周岁适龄儿童入学率达 100%,小学生辍学率为 0,小学六年级学生 1 739 人;全县有初级中学 3 所,在校学生 4 994 人,教职工 388 人,专任教师 340 人,九年级学生 1 706 人。每万人口拥有小学在校生 596 人,普通初中在校生 290 人。九年义务教育巩固率 99.15%,高中阶段教育毛入学率 90.5%。①

---

① 广西桂林龙胜各族自治县人民政府门户网站.《龙胜年鉴（2020）》——教育［EB/OL］.（2020-06-01）［2022-07-12］.http://www.glls.gov.cn/zwgk/gdzdgk/zdly/shgysy/jyly/jyzcygh/202006/t20200601_1819669.html.

2.义务教育主要成就

作为各民族自治县,龙胜民族文化底蕴浓厚,呈现方式多样。学校非常重视民族文化的传承,一校一品牌地开展"民族文化进校园"活动。SS中心小学挂牌成立了"瑶族服饰传承人工作坊",龙胜MZ中学打造的"多耶"等多种民俗团体歌舞表演深受师生欢迎;龙胜SY中学大力推广少数民族体育运动,学生"背篓绣球"队代表龙胜各族自治县参加桂林市民族运动会获得一等奖,2014年代表桂林市参加广西壮族自治区第十三届少数民族传统体育运动会获背篓投绣球男子团体赛二等奖。民族教育工作成果显著,2019年9月,龙胜各族自治县教育局获得国务院授予的"全国民族团结进步模范集体"称号。

二、田野考察:龙胜各族自治县城乡义务教育一体化发展的案例描述

本次田野调查的田野点为龙胜各族自治县两所县城中学和两所乡镇小学,分别是龙胜MZ中学、龙胜SY中学,SS中心小学、龙胜BT小学。通过对这四所学校进行实地考察并对四所学校的校长、教师、学生进行访谈,了解城乡学校在硬件资源、教师与学生、课程与教学、教育信息化几个方面的同一性与特殊性,揭示龙胜各族自治县城乡义务教育一体化发展状况。

(一)龙胜各族自治县城乡义务教育一体化发展的硬件资源基础

硬件资源是学校开展各项活动和工作的必备条件,城乡学校在硬件资源的建设上存在着差异。城乡学校实际的硬件设施和资源,在一定程度上可以反映城乡义务教育一体化发展的整体情况与水平。

1.教育硬件:农村学校基础服务设施建设仍有待加强

龙胜各族自治县的SS中心小学始创于1934年,是一所国家公办全寄宿制学校。SS中心小学距县城12千米,地处乡政府所在地。目前,SS中心小学共两个校区:低年级校区和高年级校区。低年级教学区南与泗水粮所隔墙相邻,东与泗水乡卫生院隔路相对;高年级教学区北与泗水乡卫生院相依,两个校区门临公路,出行便利。SS中心小学原为SS村完全小学,主要接收泗水村适龄儿童就读。从2005年以来逐步推进全乡集中办学,至2011年9月,实现全乡三年级以上学生全部集中到龙胜SS小学就读。经布局调整以后,龙胜SS小学更名为"SS中心小学"。由此,SS中心小学的教学规模扩大近一倍,校园占地面积由2 922平方米增加到4 756.4平方米,校舍建筑面积由4 000平方米增加到7 310平方米。教学教辅建筑面积3 249平方米,生均4.98平方米。学生教室17个,少先队活动室1个、图书室1个、

阅览室 1 个、电教室 1 个、电脑室 1 个、仪器室 1 个、自然实验室 1 个、音乐室 1 个、形体室 1 个、体育器材室 1 个。学校教学仪器归 6 大类 412 种共 10 933 件,藏书 24 961 册,生均 38.3 册,教学仪器、藏书数量基本达标,17 个教学班配有多媒体教学设备,计算机 45 台,生机比达 14.5:1。学校生均经费是 800 元,政府资金到位,没有其他经费来源。该校的经费来源虽然没有专项基金作为补给,但偶尔会有社会资助。

龙胜 BT 小学是一个教学点,和同样是乡村学校的 SS 中心小学相比,更凸显乡村学校的困难和问题。学校地理位置较为偏远,四面环山,交通不便,给学生和教职员工的出行带来一定的不便,学校周边人口稀少。建筑设施方面,学校的校门仅由两扇铁门和一把大锁组成,且没有门禁系统,这可能对学校的安全管理产生一定的影响;学校占地面积较小,教学楼墙面、窗户等建筑设施破旧,学生的活动场所受限,缺乏操场及其内硬件设施如篮球场、乒乓球台等。教学设施方面,教室内课桌椅是按照义务教育的标准配备,学校有两个教室配备希沃电子白板,符合基本需求。但学校没有专门的器材室,一些活动器材摆放在教师办公室,影响教师的工作环境;学校有 200—300 册藏书,无线网覆盖上课的教室和办公场所,没有独立的校园网。教师和学生情况方面,目前学校的教师老龄化情况比较严重,对多媒体设备的使用不太了解,所以教学多媒体设备使用率并不高;学校一共有 25 名学生,学生宿舍由原来的一间教室改造而来,没有供学生洗浴的热水系统,也没有室内厕所,里面摆满了床,由于床位数量有限,目前存在两个学生挤一张床的现象。

龙胜 MZ 中学位于县城苗园路 98 号,创办于 1975 年,前身是龙胜小学附属初中,1983 年从龙胜小学分离出来,命名为"龙胜镇中学",1998 年 8 月更名为"龙胜各族自治县 MZ 中学"。学校占地面积 3.33 万平方米,校舍建筑面积 2.88 万平方米,教学及教学辅助用房建筑面积 0.94 万平方米,体育运动场地面积 1.34 万平方米。学校教育装备齐全,教学仪器 821 种,共 169 608 件(套);学生用计算机 206 台,39 个班级配有多媒体教学设备;体卫艺器材 98 种,共 2 251 件(套);图书 83 207 册。[①] 学校现有学生公寓楼 5 栋,教学楼 1 栋、综合楼 1 栋、实验楼 1 栋。有校长办公室、教师办公室、团队活动室、图书室、电教室、电脑室、多媒体教室、物理仪器室、化学仪器室、生物仪器室。有物理实验室、化学实验室、生物实验室、音乐

---

① 广西桂林龙胜各族自治县人民政府门户网站.《龙胜年鉴(2020)》——教育[EB/OL].(2020-06-01)[2022-07-12].http://www.glls.gov.cn/zwgk/gdzdgk/zdly/shgysy/jyly/jyzcygh/202006/t20200601_1819669.html.

教室、美术教室、校医室、体育器材室等功能室。理科教学仪器配齐率达100%,电教设备配齐率达100%,体育器材配齐率达100%,音乐器材配齐率达100%,美术器材配齐率达100%。卫生设备配齐率达100%,劳技设施配齐率达100%。

龙胜SY中学占地面积5.0万平方米,建筑总面积4.22万平方米,教学及教学辅助用房建筑总面积1.429 4万平方米,体育运动场地面积1.95万平方米。体卫艺器材108种,2 512件(套);教学仪器847种,共40 843件(套),图书86 840册。配有多媒体教学设备的班级共50个,每个教室均配备了先进的希沃一体机。学校还配备有教学大楼、食堂大楼、学生公寓楼、教师办公大楼、图书科技楼、实验楼、教师周转房、全塑胶足球草场、田径场、篮球场、排球场、羽毛球场及室内100米跑道和其他运动场地;同时,学校配齐了教学设施和教学软件,为学校教育教学提供了完善的软硬件设施和畅通的信息获取渠道,实现了办公自由化、备课网络化、教学多媒体化;每个教学班均安装"班班通"现代教学设备,且使用率较高;校园网络监控设备覆盖整个校园。①

表4-1　龙胜各族自治县四所中小学教育硬件情况对比表格

学校	教学设备	校园基础服务设施	图书保有量/册
SS中心小学	多媒体教学设备	少先队活动室、图书室、阅览室、电教室、电脑室、仪器室、自然实验室、音乐室、形体室、体育器材室	24 961
龙胜BT小学	希沃电子白板	无运动场地及专门的功能教室	200—300
龙胜MZ中学	多媒体教学设备	团队活动室、图书室、电教室、电脑室、多媒体教室、物理仪器室、化学仪器室、生物仪器室	83 207
龙胜SY中学	希沃一体机	教学大楼、食堂大楼、学生公寓楼、教师办公大楼、图书科技楼、实验楼、教师周转房、全塑胶足球草场、田径场、篮球场、排球场、羽毛球场	86 840

从表4-1可以看出,县城中学的教学设备更加先进,校园基础服务设施更加多

---

① 广西桂林龙胜各族自治县人民政府门户网站.《龙胜年鉴(2020)》——教育[EB/OL].(2020-06-01)[2022-07-12].http://www.glls.gov.cn/zwgk/gdzdgk/zdly/shgysy/jyly/jyzcygh/202006/t20200601_1819669.html.

元,图书保有量更大。SS 中心小学及龙胜 BT 小学虽然具有多媒体教学设备,但是从数量和利用率上均没有县城学校高。在校园基础服务设施方面,龙胜 MZ 中学、龙胜 SY 中学基础服务设施齐全,而龙胜 BT 小学却没有专门的功能教室和运动场地。在图书保有量方面,龙胜 BT 小学只有 200—300 本,而县城中学的藏书量超80 000 本。总体来说,乡村学校与县城学校在硬件设施建设方面的差距依旧明显,仍需要进一步加强。

2.教育投入:农村学校经费投入还需持续增加

近年来,SS 中心小学十分关注留守儿童的成长问题,努力促进教育公平。学校着眼于"让贫困孩子读得起书",按相关文件精神落实好农村义务教育学生营养改善计划,义务教育学校"两免一补"、小学中学免学费补助等国家资助政策。同时由县财政投入,实施中小学生上下学往返路费补助政策、特困学生营养改善餐配套补助政策、少数民族学生补助金政策等,切实保障困难学生群体的入学。SS 中心小学是西部地区"营养计划"国家试点学校,从 2012 年 3 月 1 起实施国家西部地区义务教育阶段学生"营养工程",全体寄宿生享受国家寄宿生困难补助,国家的多种惠民政策让学生住得安心、吃得健康,教育发展趋势良好。2019 年,龙胜各族自治县妇联代表中国儿童少年基金会"爱心书箱"公益项目在 SS 中心小学开展爱心捐书发放仪式,为 250 名学生送来了"爱心书箱"。"爱心书箱"活动是由中国儿童少年基金会联合中国邮政集团北京市分公司共同组织实施的公益项目,项目面向留守儿童、贫困儿童,向他们捐赠爱心书籍,并针对小学低年级、小学高年级配置不同的书目,每个爱心书箱捐赠标准为 200 元。2021 年,广西江滨医院为了让学生积极主动地学习卫生健康知识,向 SS 中心小学捐赠了体育器材和学习用品,帮助学校解决体育器材及课外书籍匮乏的实际困难,改善了学校的教学条件。

龙胜 BT 小学作为一个教学点,主要服务于周边村落低年级的学生,在硬件设施方面只能满足基本的教学,学校的总体情况与 SS 中心小学相比差距较大。但学校校长和教师能够借助基本的教学条件,努力让每一个学生获得更好的教育。在教育投入方面,学校仍需获得教育部门和社会各界的支持,以获取更多教育资源,增加教育设施,提升学校硬件设施水平。

龙胜 MZ 中学的经费保障不足,经费仅能保证学校正常运转的基本支出,但是打造校园文化,改善教师办公条件、学生生活环境等,都需要经费的支持。如果要全方位改造,学校的经费远远不够,且作为寄宿制学校,学校每年的水电费就需要大一笔支出。2011 年,县城范围内的中学布局调整,所有的乡镇初中被撤并到县城办学,目的是使所有学生享受到优质教育资源。由此县城内便有两所初中,在校生4 000多人。同时,学校在几年内也投入了不少资金进行校园文化建设,比如投入200多万打造了仿古亭廊。仿古亭廊的建成不仅给学生提供一个避雨遮阳的场所,还美化了校园环境,不仅如此,仿古亭廊中张贴的海报也能潜移默化地提升学生知识素养。在校园文化建设方面,学校一共做了16处育人景致,比如校园文化墙、阳光运动场、文化长廊等。通过育人景致所传递的校园文化,师生从中能够感受到校园环境的温馨。在教学设施方面,所有班级都配备了希沃一体机,教师教学方式和手段得以丰富。除此之外,所有学生宿舍的公寓楼都安装了热水系统。

2020年以前,龙胜SY中学共投入8万元资金用于科普课题组活动器材的购置。科普活动需要大量的设备制作工具以及教学用具。例如钻台、切割机、3D打印机、电脑、机器人、遥控飞机等,这些都需要经费的支持。没有经费,就没有设备,要想开展好科普活动都是空谈。在2020年,学校又投入了10万元的资金,前后总共投入了18万元的经费供课题开展,使课题组开展的科普活动达到了预期的效果,收获了师生的一致认可。在资金来源上,政府资金能够按时拨付,但学校没有其他经费来源。在广西和合济困助学基金会的支持下,学校每年获得10万元的捐助款,主要用于帮扶家庭经济困难的学生减少辍学,把学生"留"在学校。这10万元共资助一个班的学生,受资助的班级称为"和合班",每个学生一学期获得500元的资助金。

(二)龙胜各族自治县城乡义务教育一体化发展的教师与学生现状

本次调研选取的对象为龙胜各族自治县的四所学校。因龙胜各族自治县"小学集中乡镇办,中学集中县城办"的办学特点,所以四所学校的基本情况有所不同,下面从教师与学生两方面进行详细描述。

1.教师整体水平不高,人员流失严重

(1)龙胜各族自治县两所小学教师情况比较

据调查,SS中心小学目前共64位教师且以本县人为主。其中,学校男教师22人、女教师42人,教师平均年龄为42—45岁,副高级教师24人,无正高级教师,学历以大专居多,本科学历教师29人且多为自考和函授。近三年,新进教师10人,流失5人,其中有一名教师被调去其他学校任校长,有部分教师自发流动教学。学校每学期都会组织教师参加培训,既包括学校内部学习,也包括外出交流学习,尽量保证每人每年一次;平时教师也会参加优质课比赛,一般要求5年以下教龄的新教师才能参加优质课比赛,目的是培养新进教师通过参加展示课、竞赛课进一步提升

教学水平。同时,学校有走教活动,每星期都会有教师去设有教学点的学校上课,如 2021 年学校就安排了一名美术教师去龙胜 BT 小学进行走教;另外,学校教师也会积极与城市学校的教师进行交流学习,促进教师的专业成长与发展。

据了解,龙胜 BT 小学目前共 3 位教师且均为本地人,教师的平均年龄是 46 岁左右,副高级教师 1 人、一级教师 2 人,学历以大专为主。近三年,主要以县内教师调动为主,新入职教师 3 人,调走教师 3 人。由此,学校面临新教师招聘难或入职后立刻借调离开的现实困局。有两位教师即将退休,导致学校师资力量紧缺,教招压力和教学压力较大。学校主要是包班制的教学形式,共两个班级,一名教师包一个班,另外一名教师负责后勤和学校的安全,有时也会担任体育课、写字课等科任教师。学校教师会积极参加县城组织的每学期一次的培训活动和优质课比赛。全乡的教师先进行课堂竞赛,再选派优秀教师到县城参加正式的优质课比赛,虽然学校近几年没有教师参加县城比赛,但是也积极参加乡里面的比赛和培训,不断进行学习。学校教师会与乡镇教师进行交流,比如每周 SS 中心小学的教师都会来进行走教交流,本校的教师也会积极去龙胜各族自治县县城参与交流学习。

(2)龙胜各族自治县两所中学教师情况比较

实地调研发现,龙胜 MZ 中学 2021 年正式教职工 187 人,其中专任教师 162 人,教师以本地人为主。近三年新进教师 22 人,流失 11 人。其中,大多数为中年教师,平均年龄 36 岁左右,副高级教师 19 人,中级教师 80 人,本科学历教师 131 人,研究生学历教师 3 人,本科及以上学历的教师比例达到 83%。学校教师每人每年约有十次培训,包括校内培训、校外培训,校本培训、"国培"和"区培"等;教师也会参加相关的比赛,例如专题复习"同课异构"比赛、全县教师优质课比赛等。此外,学校也会指派教师参加由教育局人事部统一出资安排的走教和支教活动,主要是按年度到乡镇学校每周上两节课,以音乐、美术、信息类科目的教师居多。

龙胜 SY 中学现有教职工 230 人,其中专任教师 174 人,大多数都是龙胜各族自治县县城本地人。近三年新进教师约 30 人,流失 7 人。现有教师平均年龄在 39—49 岁,有较多老教师,副高级教师 20 人,本科学历教师共 150 人,约占总量的 90%。学校教师每人每年有一次出县城交流和学习的机会。同时,根据教育局的安排,学校有两位教师到乡镇学校走教,以促进城乡教师的交流。

2.学生素养良莠不齐,校际呈现明显差距

(1)龙胜各族自治县两所小学学生素养情况对比

SS 中心小学学生共 680 人(包括一名送教上门的学生),16 个班级,其中一、二年级各 2 个班级,三至六年级各 3 个班级。学校生源主要以本地学生为主,全县统考时全 A 率高年级约 1/2,低年级约 2/3,成绩中等。学校里大概有 40 人为留守儿童,这些学生的父母常年在外务工,主要由爷爷奶奶照顾。在此背景下,这些学生缺少父母的关爱,在学习上也没有父母的监管,亲子之间的交流比较少,学生整体素养偏低。另外有 200 名学生的父母属于就近务工,只有在寒暑假会和孩子一起生活,亲子之间交流也不频繁。

龙胜 BT 小学的生源较少,现有学生共 25 人,分为 2 个班级,学前班 19 人、一年级 6 人。由于是低年级的学生,考试区分度不大,整体成绩较好,全 A 率达到 80%,只有个别学生不达标。龙胜 BT 小学属于走读制学校,学生早上上学,下午放学。因此,按就近入学原则,学校的生源都来自附近村落,学生的家长大部分也都在家,学生整体素养表现良好。

(2)龙胜各族自治县两所中学学生素养情况对比

龙胜 MZ 中学共有 2 207 名学生,3 个年级共有 42 个班级,七、八、九年级分别有 12、15、15 个班级。当前学校有 165 名留守儿童,拥有专门的留守儿童帮扶办公室,同时各班的班主任也会特别关注这些学生的成长,定期对他们以一对一的方式进行帮扶,包括学习辅导、思想辅导、生活关心等,帮扶的内容都有相关的记录。由于是集中办学,龙胜各族自治县只有 3 所初中,所以学校生源既包括各乡镇的学生,也包括县城的学生。这所学校的师资力量较雄厚,近几年新进教师也比较多。学生在平时学校的内部测试中,大多数成绩良好,但有些科目仍然需要加强。近些年来,学校的高中升学率为 60%—70%。

龙胜 SY 中学共有 2 478 名学生,3 个年级共有 50 个班级,七、八、九年级分别有 17、18、15 个班级。学校留守儿童数量有 900 人左右,这些学生跟爷爷奶奶在家生活,父母主要在外省务工,无法监管孩子,导致学生出现的思想品德问题较多。由于初中集中到县城办学,这个学校的生源地以乡镇为主,学生整体学习成绩不佳,学习积极性不高,且出现"无所谓"的学习态度。由于正好处于青春期,学生叛逆的情况较多,素养明显低于其他学校的学生。由此,学生全 A 率仅为 5% 左右,单科约 20%,学生学习成绩亟须提高。

(三)龙胜各族自治县城乡义务教育一体化发展的课程与教学实践

课程与教学是学校教育最基本的活动类型和内容。通过了解龙胜各族自治县域内几所义务教育学校课程与教学活动的基本情况,可以推断出当地学校教育的大致情况。

1.艺术类、特色类课程较少

(1)龙胜各族自治县两所小学课程情况分析

SS 中心小学在国家所规定的课程基础之上,为拓展课程内容设立了位于少年宫的第二分校区。少年宫主要根据学生兴趣设置相应的民族课程,包括刺绣、彩调、芦笙和红瑶蜡染等。此课程由教师利用课后时间开展,免费服务本校四、五年级的学生。但受场地面积和教师数量限制,实际参与人数小于报名人数,供不应求。

龙胜 BT 小学只有 3 位任教教师,分别任教语文、数学、英语 3 个科目,还要轮流负责上音乐、美术、体育等课程。龙胜乡镇教学点的走教教师均由 SS 中心小学派遣,这些走教教师有效地缓解了龙胜 BT 小学音乐、美术、体育等学科师资力量缺乏的问题。其中,美术、音乐这两门课每两周上一次,还有一些课程则由 SS 中心小学的走教教师教授。由于学生人数较少而且师资力量有限,学校没有开发地方课程和校本课程,但目前也在努力推进中,如音乐教师计划把侗族琵琶技艺及民族歌曲融入音乐课堂中。

(2)龙胜各族自治县两所中学课程情况分析

龙胜 MZ 中学在课程方面开齐开足国家规定开设的课程,七、八、九 3 个年级均开设有体育课,且每个年级每周 3 节,美术课和音乐课在七、八年级开设,一周一次课,九年级则不开设。该校目前已有校本课程和校本教材,其中最具民族特色的是《龙胜红瑶蜡染制作》教材,已经编制出版。但校本课程没有面向全校开设,覆盖面较小,且教材仅供教师使用,未给学生发放。此外,学校的民族体育课程多样,开设有抛绣球、踩高跷、打陀螺等独具民族特色的体育课程。这些民族体育课程丰富了学生的体育活动内容,不仅让他们感受到传统文化的魅力,还培养了他们的动手能力、协调性和团队合作意识,也有助于传承和推广中国的传统体育文化。

龙胜 SY 中学做到了按照国家规定开设齐全的课程。学校每个年级都有音乐、美术、体育等课程,并且每个年级每周都有 3 节固定的课程安排。为了备战体育中考,九年级一直保持每周 3 节体育课的设置。此外,学校还开设了一门名为"绣球"的民族体育运动课程,并且为这门课程开发了相应的教材《绣球》。艺体类课程设置的多样性和齐全性为学生提供了更广泛的学科选择和充实的学习体验。音乐和美术课程培养了学生的审美能力和创造力,而体育课程则促进了学生的身体健康和团队协作精神。特别是绣球课程作为一门民族体育运动课程,不仅承载着传承传统文化的使命,同时也为学生提供了了解和体验民族传统体育项目的机会。通过这样的课程设置,学校为学生提供了全面发展的机会,使他们在学习课程的同时,也能探索自己的兴趣和潜力。这对于学生的成长和全面发展至关重要。同时,校本课程"绣球"的开设也体现了学校对于本地民族文化传承和发展的重视,为学生提供了更多接触和了解本土文化的机会。

2.教师教学技能水平仍需不断提高

(1)龙胜各族自治县两所小学教学概况对比

据了解,SS中心小学正积极进行教学改革,以探索课堂教学提效的新路径。在新教学评价体系下,SS中心小学积极响应龙胜各族自治县教育局的要求,从2021年3月开始进行五项管理,分别为手机管理、作业管理、读物管理、体质管理和睡眠管理五项,将教学管理常规化。在作业管理中,学校要求一、二、三年级不安排作业,四、五、六年级当堂布置作业或安排一个小时内可完成的课后作业。为贯彻落实"立德树人"的教育理念,在全校整体实践课堂思政教学,从低学龄阶段开始渐进式培育学生"爱国家,爱民,爱学校"的观念,各学科在课堂渗透德育,做到全员、全方位育人,让学生及时了解国家时事政治。在硬件上,SS中心小学教室都安装了希沃一体机,教师能够利用希沃平台创建资源库,实现资源共享,很大程度上提升了备课、上课的教学质量和工作效率。

龙胜BT小学共有学前班和一年级两个班级。全部学生在龙胜BT小学读完一年级之后升入SS中心小学继续读二年级,龙胜BT小学在一年级阶段之后出现教育断层,故升学率无法统计。近年来,在国家高度重视乡村教育振兴的大背景下,学校师生的共同努力下,龙胜BT小学取得了学科统考成绩在乡村教学点中排名第一或第二的优异成绩。同时2020年学校已安装了希沃一体机,硬件设施有所改善,但该教学点教师队伍老龄化严重,对信息技术运用不足,所以不能灵活地运用希沃一体机上课。但希沃一体机的加入,为教师提供改变"教师讲学生听"单一教学方法的机会,能够凸显学生在学习中的主体地位。为培养学生的学习自主性和积极性,教师在课前布置学习任务,学生根据任务完成预习,在课堂中通过随堂测验检查预习情况,并对学生提出的问题作出解答。

(2)龙胜各族自治县两所中学教学概况对比

龙胜MZ中学教师上课基本使用多媒体设备,特别是希沃一体机普及后,教师使用多媒体的频率逐年提升。学校立足于本土化、特色化和创新化发展,始终以快乐教育为教育准则,办学凸显龙胜各族自治县民族特色。在教师队伍建设方面,学校坚持以学校特色文化促进教师专业化发展。第一,教学研究常态化。学校实施教师月度集中研讨课活动,统一模式、统一行动、统一整改。不管是普通教师身份还是行政领导身份,都须通过"随机摇号"的方式上研讨课,并且听课教师参与评课,极大促进了教师的专业成长。同时以师徒结对的方式帮扶新入职教师,新入职教师获得专业化发展。第二,教学常规制度化。学校定期组织九年级"同课异构"比赛,师徒同台比拼,让作为帮扶者的教师产生紧迫感和危机感,彼此相互学习,相互取经。无论是比赛课还是研讨课,参与的教师通过扫描二维码将学分存到"学分银行"中。第三,校本教研本土化。学校秉承特色立校的原则,推广"1253"课堂教学模式,按"四化"要求加强集体备课与导学案制作,突出环节个性化、重点题型化、解题规范化、专题系统化。学校积极推行教师个性化课堂,鼓励教师在校本课程教学中创新教学方法,支持教师有选择性摒弃传统教学方法,在择其优基础上创新教学方法,促进传统与创新结合,集体与个体集合,统一模式和个性化教学齐头并进。经过不懈努力,龙胜 MZ 中学被教育厅授予"广西壮族自治区民族文化教育示范学校"称号。2018 年龙胜 MZ 中学高中升学率达 51.60%,2019 年高中升学率达68.08%,2020 年高中升学率达 55.51%,被县人民政府授予 2019—2020 学年度教育教学质量先进单位。(表 4-2)

表 4-2 龙胜 MZ 中学 2018—2020 年高中升学率统计表

年份	参考人数/人	升入高中人数/人	高中升学率/%
2018	655	338	51.60
2019	661	450	68.08
2020	726	403	55.51

龙胜 SY 中学教师上课都使用多媒体设备,同时学校还邀请希沃一体机团队进入学校开展教师使用操作培训,使教师了解并掌握了希沃一体机的使用方法。学校的教学改革体现在备课和上课。教师备课以集体备课为主,教师以团队形式共同研讨,各学科团队统一准备教案和课件,并建立了一个资源库,实现备课资源共享。在课堂教学上,学校备齐的希沃一体机极大丰富了教师的教学方法和手段。

龙胜 SY 中学在 2019 年高中升学率达 69.2%,在 2020 年达66.79%。其显著成绩有四点:第一是学校优等生成绩突出。从 2011 年撤并开始,学校优等生数量和质量逐年上升。第二是学校的硬件设施完善。学校希沃一体机的安装标志着学校信息化硬件设施越来越齐全;学校实验室的完善程度在广西同类初中名列前茅;另外学校新建的图书馆为广大师生提供了便利。第三,教师培训人次不断增加。学校积极安排各学科教师参加"国培""区培"或者由桂林教科所牵头的培训项目。据悉,2020年教师培训人次达三百以上,这是学校重视教师队伍建设的表现。第四,是国防科普成效突出。龙胜SY中学着重激发学生对科学知识的兴趣,加强国防知识科普活动的开展,荣获"科普示范单位"称号。

(四)龙胜各族自治县城乡义务教育一体化发展的教育信息化深描

为了明晰城乡教育信息化发展的差距,调研组深入调研学校,并了解教育信息化的基本情况,现将有关调研情况陈述如下:

1.城乡学校多媒体设备等硬件设施均能满足教学需求

(1)龙胜各族自治县两所小学多媒体设施情况对比

SS中心小学共有16间教室,每间教室都配备相应的多媒体设备。学校有一间电脑教室,电脑教室总共有45台电脑,当班级人数较多时会存在两个人共用一台电脑的情况。在教学方面,教师上新课时通过运用图文并茂和视频音频相搭配的幻灯片激发学生课堂学习兴趣。教师在讲练习时使用投影仪,将习题投影至一体机屏幕上,方便学生读题、解题。除考试之外,教师也会利用多媒体设备拓宽学生视野。为加强家校合作,学校使用"班级优化大师"App与家长建立联系,家长可通过App了解学生的学习情况,掌握学生在校学习的动态,同时能与校方及时沟通和交流。

龙胜BT小学共有3间教室,每间教室都配备了多媒体设备。其中一间教室专门用于幼儿园的孩子,另外两间分别是一年级和二年级的教室。然而,由于学生升入二年级时转入SS中心小学,导致有的多媒体设备目前处于闲置状态。龙胜BT小学是一个教学点,学生相对较少且年龄较小,因此并没有配备专门用于信息课的电脑教室,也没有信息技术教师。

(2)龙胜各族自治县两所中学多媒体设施情况对比

龙胜MZ中学教师上课基本使用多媒体设备,特别是随着希沃一体机的安装,教师使用多媒体频率逐年提升。每个教室都配备有多媒体设备,教师会使用多媒体设备进行教学,对多媒体设备的使用都比较熟练。学校有3个电脑教室,5个信息技术教师,每个电脑教室有51台电脑。

龙胜SY中学共50个班级,每间教室都配备有一台多媒体设备,教师会使用多媒体设备进行教学。学校有4间电脑教室,配备有8个信息技术教师。全校计算机总数为275台。

2.城乡教学对使用信息化技术的重视程度均较高

（1）龙胜各族自治县两所小学信息化教学情况分析

SS中心小学由于每年都会进行信息技术的培训,教师都比较熟悉多媒体设备的基本操作,学校教师都采用"互联网+"的教学方式,将本学科的知识与互联网相结合。但是一些年纪较大的教师操作不够熟练,遇到相关的使用问题,他们会请教年轻教师。信息化设备的使用充分提高了学生上课的积极性,动画视频与知识相结合,以直观的教学方式让知识变得更加浅显易懂,推动学生成为课堂的主人翁,使得学生在课堂上"活"起来。但是,学校只有一位信息技术教师,学历本科,专业是教育技术学,现已从教十年有余。

龙胜BT小学没有专门的信息技术教师,但学校的科任教师也会参加县里组织的针对教师信息素养提升的相关培训活动,旨在学习和了解多媒体设备的基本操作。所有任课教师在课堂上也积极尝试运用多媒体设备进行教学,充分利用电脑进行备课,挖掘图片、音频、视频等网上课程资源,丰富自己的课堂形式。这种信息化的教学方式一定程度上让知识更加直观易懂,提高了学生的学习动力和参与度,使他们在课堂上更加主动活跃。

（2）龙胜各族自治县两所中学信息化教学情况分析

龙胜MZ中学所有教师使用多媒体进行教学的频率都较高。目前,学校虽没有采取双师课堂的教学模式,但学校有这方面的设想。每个年级都开设信息技术课,但只有初一、初二的学生需要参加信息技术考试。学校相对重视信息技术的建设,会自发组织学生参加比赛,一般都是市级、区级电脑绘画等相关的比赛,但是由于学校未配备如机器人、3D打印机、无人机等部分设备,导致一些比赛项目无法参加。

龙胜SY中学偶尔会采用双师课堂教学,但是缺少相关的优质资源,并且教师实施的积极性不高。所有教师都采用"互联网+"的教学方式授课。学校十分重视教师的信息技术培训,组织教师分批次外出培训,培训回来的教师再对别的教师进行培训。即便如此,仍然存在教师检索资源不够熟练的情况,也存在教学方式单一,不能灵活使用多媒体,做不到最大化利用多媒体设备的情况。学校的信息技术课主要在初一、初二开设,期末会安排考核。学校购买的"创课堂"系统,为学生们提供了一个全新的学习平台。通过该系统,学生们可以在网络课堂上听课,并且可以在课后完成线上作业。"创课堂"系统的使用可以使学生们更加高效地消化和巩固所学知识。可以通过该系统对课堂上的教学内容进行录像或者直播,学生们可以根据自己的学习进度和时间安排,在任何地方重温教师的课程。此外,作业也可以通过该系统在线提交,教师可以及时批改和反馈。这个系统的引入不仅方便了学生们的学习,也为师生之间的交流提供了更多的机会。学生们可以随时向教师提问,教师也可以通过系统对学生们的学习情况进行监控和分析,提供有针对性的指导。同时,教师们也可以通过该系统共享和交流教学资源和经验,不断推动教师之间的互动和提升。学校通过不懈努力在信息技术建设方面取得了很大的成就,2017 年该校被遴选为"广西中小学生发明创造示范单位""广西青少年科学调查体验活动优秀学校""全国青少年人工智能活动特色单位""全国青少年科学调查体验活动优秀学校"。学校高度重视信息化建设,每年都会带领学生参加相关的比赛,曾参加市级和市级以上的科技竞赛项目 5 项,共 8 人次获奖,最高奖项为区级二等奖。学校科技兴趣活动多姿多彩,校领导高度重视科研活动,科研组织的结构从组建校级科研领导小组到组建科研课题探究团队,最后到班级科研活动小组,每一个部分都有相应的要求。

三、资料分析:龙胜各族自治县城乡义务教育一体化发展的问题与对策

基于上文案例描述,深度分析龙胜各族自治县义务教育发展的现状,从龙胜各族自治县城乡学校的硬件资源、教师与学生、课程与教学以及教育信息化四方面了解龙胜各族自治县城乡义务教育一体化发展的现存问题,并针对现存问题提出相应对策,为下文深入研究龙胜各族自治县城乡教育发展的文化模式提供扎实的材料支撑。

(一)龙胜各族自治县城乡义务教育硬件资源建设的问题与对策

教育硬件资源是评价一所学校办学条件的重要指标。目前龙胜各族自治县域内各学校还存在城乡教育硬件资源经费投入失衡、城乡学校技术教育各类硬件资源配置不均等现实问题。针对这些问题,本书提出合理配置城乡学校教育硬件资源、拓宽县域内乡村教育资金来源渠道的对策。

1.龙胜各族自治县城乡义务教育硬件资源的现存问题

(1)城乡学校硬件资源经费投入结构不合理

据本次调查了解到,乡村学校(如 SS 中心小学、龙胜 BT 小学)教育硬件资源经费投入比城镇学校(如龙胜 MZ 中学、龙胜 SY 中学)的少,整体呈现城乡失衡状态。龙胜各族自治县乡村学校的教育经费只能维持学校的正常运转,没有多余经费用

于丰富教育硬件资源和校园建设。主要表现为：一是乡村学校用于水电维修、各种仪器维修等的经费投入无法落实。由于乡村学校住宿生较多，住校学生用水用电量大，水电维修成为乡村学校的常规开支。同时，乡村学校的各种实验仪器、体育器材、课桌椅等面临老化或损坏的问题，需要及时进行维修。二是乡村学校聘用相关宿舍管理人员的经费投入无法解决。学生住校需要大量的人力物力投入，同时因乡村学校教职工人员紧缺，缺乏专门的宿舍管理人员，导致学生管理不到位。三是乡村学校教学硬件资源的经费投入有待增加。相较于城镇学校而言，乡村学校的教学硬件资源（如教室、器材、教具、图书资料等）的经费投入不足，存在"一器多生共用"的情况。

（2）城乡学校信息技术教育的各类硬件资源匮乏

信息技术教育课程是一门新兴的课程，各学校的相关教育资源非常匮乏，尤其在乡村学校更是非常罕见。信息技术教育课程所需的硬件包括技术实践室、工具仪器设备、教学用具模型、挂图、音频和视频等。由于这些教学设备的购置费用高昂，并且教学对设备的质量要求较高，因此只有少数条件较好的城镇学校才能提供这些设备，有些学校甚至缺乏任何信息技术教育的硬件设备。总体而言，无论是在乡村学校还是城镇学校，与传统课程相比，信息技术教育课程所需的硬件设备严重不足，这对学生的实践操作造成了极大的影响。尽管龙胜各族自治县的城乡学校都为响应国家号召而开设了信息技术教育课程，但两者在教学设备方面都存在不足，其中乡村学校各种硬件资源的配备尤为不完善，学校教学仍然局限于利用网络图片、视频资料和纸质课本授课的方式，因此信息技术教育质量的提升面临着诸多困难。

2.龙胜各族自治县城乡义务教育硬件资源优化的对策思考

（1）合理配置城乡学校教育硬件资源

学校的教育硬件资源配置情况是评价一所学校好坏的直观标准之一。[①] 针对龙胜各族自治县县域内城乡义务教育硬件资源投入失衡的问题，县政府应积极转变观念，合理配置城乡中小学教育硬件资源。首先，县政府应设立专门的评估管理机构对县域内城乡义务教育硬件资源进行评估。这需要县政府充分认识到乡村学校的重要性及县域内城乡学校间的差距，在教育硬件资源配置上向乡村学校倾斜，使县域内乡村学校教育硬件资源数量得以保障。其次，县政府应统一城乡各校的

---

① 苏扬程.城乡义务教育公平问题研究：以日照市山海天旅游度假区为例[D].济南：山东师范大学，2016：29.

建设标准,保障县域内义务教育硬件资源达标。县政府应积极引导社会资金参与教育基础设施建设,使城乡各校的教学楼、操场、实验室、食堂、宿舍等共同达到学生使用的标准。最后,县政府应增加对乡村学校图书资源的投入。图书资源属于教学硬件资源,是促进教学水平提升的重要内容。增加县域内乡村学校的图书藏量,鼓励县域内城乡学校图书流动,是缩小城乡教育差距、提高乡村学生阅读能力的有效方式。

（2）拓宽县域内乡村教育资金来源渠道

乡村教育发展受到经费投入不足的制约,这是龙胜各族自治县乡村教育发展的瓶颈。为了解决这个问题,县政府应该积极探索增加乡村教育资金引进的途径。政府相关部门可以通过与社会企业和教育集团合作,利用其专业教育资源,增加县域内乡村教育资源的供给,提升乡村教育教学质量和服务保障能力。首先,县政府应明确城镇学校教育的经费投入,将结余经费用于乡村学校。其次,县政府应鼓励社会团体、企业及个人进行投资捐款,并予以相应的表彰及宣传。再次,相关新闻媒体应增加县域内乡村教育的曝光度,并及时反映县域内乡村学校现状,提升县域内乡村学校教育的社会关注度。最后,政府应支持社会组织的帮扶团队对乡村学校进行援助,并鼓励城镇学生捐赠闲置书籍、玩具和器材等,供乡村学生使用。

（二）龙胜各族自治县城乡义务教育教师与学生发展的问题与对策

教育大计,教师为本。教师队伍建设是龙胜各族自治县教育发展的重中之重。同时,教师队伍的整体建设也影响着学生的发展。目前龙胜各族自治县城乡义务教育教师队伍建设与学生发展还存在着乡村教师队伍不稳定、乡村教师工资福利制度不完善、乡村留守儿童教育难等问题。针对此类问题,本书提出向乡村教师适度倾斜职称荣誉及学习资源、重点关注留守儿童学习认知及表现情况两项对策。

1.龙胜各族自治县城乡义务教育教师与学生发展的主要问题

（1）乡村义务教育教师队伍不稳定

目前,龙胜各族自治县县域内的乡村义务教育教师队伍不稳定,主要表现为:第一,乡村教师队伍老龄化严重。近几年县域内乡村学校主要由县政府直接分配教师,虽然教师总数基本能满足教学需求,但存在整体老龄化严重、中坚力量较弱、年轻教师招聘难等问题。第二,年轻教师入职后经验不足,难以迅速开展教学工作。由于乡村教师队伍学历大多不如城镇教师队伍,在培养教师上,尽管乡村学校采取一对一的师徒结对制,年轻教师还是难以快速投入教学工作。第三,乡村教师职业倦怠现象出现频率较高。本次调查发现,大部分乡村教师都不同程度地出现了职业倦怠现象,他们大多产生弱幸福感,对自身认同度较低。第四,乡村学校难以留住人才。乡村学校的教师流动性大,尤其是乡村优秀教师,大多会被调走,还有部分乡村教师想要更换工作类型,如选择考公务员向县城或市区流动。

(2)乡村教师工资福利制度不完善

长期以来,工资福利问题是困扰乡村教师队伍建设的一大难题。目前,龙胜各族自治县县域内的乡村教师工资福利制度不完善,主要表现为乡村教师工资低、津贴补助少、晋升空间小三方面。首先,工资待遇是影响乡村教师流动意愿的重要因素,龙胜各族自治县政府充分考虑了学生的资助情况,却较少关注乡村教师的收入状况。调研结果显示,龙胜各族自治县乡村教师对工资的满意度仍有待提高。其次,在县域内,乡村教师津贴补助也需要进一步提高。本次调查了解到,部分乡村学校教师在从事日常教学工作的同时,还要兼顾课后服务,早上七点到校,晚上十点才回家,在校时间有时长达 15 小时,但补贴较少。最后,县域内乡村教师晋升空间小。龙胜各族自治县县域内城乡教师晋升空间存在差异,城镇教师晋升机会多,而乡村教师晋升机会少,导致许多乡村教师失去工作动力,职业发展动力不足。

(3)乡村学校留守儿童教育困难

龙胜各族自治县县域内各乡村学校多为寄宿制,留守儿童数量较多造成学校管理难度较大,留守儿童教育成为难题。一是家校沟通少,留守儿童缺乏关爱。留守儿童的心理问题是目前各学校应关注的重点,但由于家校之间沟通较少,家长欠缺对学生的监督,大部分家长忙于生计并将孩子的教育全部交给学校,在缺少父母关爱的情况下学生容易产生心理问题,出现厌学、辍学等现象。二是部分留守儿童学习积极性较低,缺乏学习兴趣。更有部分留守儿童自我约束能力差,上课分心、走神,导致出现课上听不懂、课下学不会的现象,加大了教育的难度。

2.龙胜各族自治县城乡义务教育教师与学生发展的对策

(1)发挥职称荣誉和学习资源促进乡村教师成长的作用

当前,向乡村教师适度倾斜职称荣誉及学习资源已经得到一定落实,但是如何通过政策倾斜助力乡村教师专业发展成为现实议题。这一对策的出发点是解决乡村教师获得政策倾斜后发展质效仍得不到提升的问题。首先,坚持适度倾斜职称荣誉和学习资源。通过减少"向城性"的职称评定数量,为乡村教师设置独立的职称评审方式,保障城乡各教师共处同一起跑线。其次,对长期在乡村学校任教的教师予以表彰,激发乡村教师投身乡村教育的动力和信心,体现对乡村教师充分的尊重与认可。[①] 通过对教师的表彰,强化教师的自我效能感,让获得荣誉的教师带动

---

① 闫巧,车丽娜.城镇化进程中乡村教师的社会认同研究[J].教育研究与实验,2017(04):50-53.

其他教师共同成长。最后,优化乡村教师的学习资源。乡村教师的学习资源和学习方式需要与时俱进,不仅是停留于线下组织培训,要积极创新学习提升的方式。县政府可专门为乡村教师建立学习资源中心,供乡村教师远程学习,从而打破空间限制,为因地理位置偏远而缺乏学习机会的乡村教师提供专业化发展的机会。

（2）重点关注留守儿童学习认知及表现情况

乡村留守儿童属于社会大众较为关注的弱势群体,如何让留守儿童的学习不受留守境遇的影响是目前乡村教师应聚焦的重点。乡村教师应以留守儿童的学习认知、表现及情感体验为关注点,从而提升留守儿童的学习成效。[1] 首先,在学习认知上,乡村教师应鼓励留守儿童进行明确的学习规划及目标定位。教师可采取小组讨论、师生交谈、命题作文等方式了解学生的真实想法,帮助学生规划学习,从而使学生更清晰地认识自己,增强学生学习内驱力。其次,在学习表现上,乡村教师应建立留守儿童学习激励机制。教师可让学生尝试完成进阶性任务,并给予高效完成学习任务的学生以不同形式的鼓励,提升学生学习的主动性。最后,在学习情感体验上,乡村教师应加强与留守儿童的情感交流。教师应积极发现学生的情感缺失缘由,可采取一对一辅导、角色扮演等方式与学生进行心理互动与情感交流,使学生在学习生活中产生对学习的热爱,激励学生培养积极的学习态度。

（三）龙胜各族自治县城乡义务教育课程与教学发展的问题与对策

课程开足、开齐、开好是乡村教育高质量发展的重要保障。教学是教师与学生互动的主要形式,是促进学生全面发展的有效方式。调查发现,龙胜各族自治县在课程与教学的开展过程中,出现国家规定九年级课程开设不足、城乡各学校"灌输式"教学依旧盛行的问题,对此,需要确保国家规定的课程开齐开好和鼓励城乡教师摆脱教学经验固化困境,进而促进龙胜各族自治县城乡义务教育课程与教学实现一体化发展。

1.龙胜各族自治县城乡义务教育课程与教学的实践问题

（1）城乡九年级升学导向下非考试课程旁落

本次调研发现,龙胜各族自治县城乡各学校针对九年级开设的课程主要是中考科目,忽视了学生非智育课程的开设,如美术、音乐、信息技术等,这些课程皆被视为"非主流"课程。产生这类普遍现象的原因有三:一是城乡各校应试观念根深蒂固。多数学校认为九年级学生应以升学为重,不在中考科目之列的课程都没有

---

① 赵磊磊,姜蓉佳,李凯.教师支持如何影响农村留守儿童学习适应:基于县域视角的调查研究[J].教师教育研究,2020(02):102-109.

必要开设,而开设"主流"课程才是重中之重。二是城乡各校未真正意识到学生全面发展的本质。教师与家长更多考虑的是学生未来的职业发展,注重智力教育,忽视了学生个体身心全面发展,漠视美术、音乐、信息技术课程对学生的深远影响。三是学校对开设多元课程的重视程度不足。多元课程旨在让学生德智体美劳多方面齐发展,而非仅注重"智"的提升。目前学校为提高学生的分数,保证升学率,普遍不重视九年级美术、音乐、信息技术等课程。

(2)城乡各学校"灌输式"教学依旧盛行

深入考察发现,龙胜各族自治县城乡许多学校依旧盛行"灌输式"教学,教学内容浅表化,导致各校教学质量难以提升,学生学习成效不显著。具体表现为:一是教学方法单一化。课堂教学通常以教师教、学生学的形式为主,教师采用"灌输式""注入式"的方法教学,试图将碎片化的知识强加给学生,忽视了学生对知识点的理解与领悟,导致学生产生"呆滞的思想",影响学生的学习成效。二是教学内容浅表化。教学内容脱离学生生活实际,难以唤起学生对知识点的感通。三是教师照本宣科的现象频发,一味地按照教材内容逻辑顺序进行授课,漠视学生学习的思维逻辑,导致学生极易疲于课堂,失去学习兴趣。四是师生课堂互动频率较低。师生互动本质上是一种启发式的教学过程,但教师在教学的时候往往会因为考虑教学进度,在课堂中没有安排足够的时间进行师生互动,或是对师生互动的理解较为浅显,认为只是简单的提问与回答,便一味地提问让学生作答,导致学生对学习产生畏惧心理,失去对学习的兴趣。

2.龙胜各族自治县城乡义务教育课程与教学的对策构建

(1)立足"五育并举"保障课程开足、开齐、开好

我国的教育目的在于培养德智体美劳全面发展的社会主义建设者和接班人。然而,单一的学科课程或综合(活动)课程不可能塑造全面发展的学生。[1] 针对龙胜各族自治县县域内城乡各校九年级非中考课程开设不足的问题,县教育局应督促各校结合学生发展需求,开足、开齐、开好促进学生全面发展的课程。首先,积极促进县域内城乡各校、教师、家长转变传统观念。不同类型的课程承载着不同的价值和育人功能,教师及家长不能一味地以升学为重,只注重中考测试科目,而应将目光着眼于学生的全面发展。其次,城乡各校应补齐国家规定开设课程,尤其是九年级阶段。城乡各校应着眼于学生的全面发展,破除"功利化"教育取向,补齐音乐、

---

① 殷世东,龚宝成.我国基础教育课程结构的变革、经验与反思[J].河北师范大学学报(教育科学版),2020(02):37-46.

美术、信息技术等国家规定开设课程，促进学生健康成长。最后，城乡各校应积极开设校本课程。城乡各校可鼓励学生、教师共同参与到校本课程开发中来，着眼于学生的学习需求，促使学生在参与开发过程中能正确且充分发挥主体意识及主体能力，全面调动学生学习的积极性。

（2）鼓励城乡教师创新教学方法摆脱教学经验固化困境

教师的教学经验是在教学中产生并随机运用的，教学是教师教与学生学相互磨合内生素养的过程，并非急功近利、机械重复的学科教学[①]。因此，县域内城乡教师需要在教学过程中主动摆脱教学经验固化困境，学会创新并运用多元的教学方法。首先，教师应做好充分的课前准备，深入了解学生，以生定法。教师所选择的教学方法都应与学生异质性的文化背景相契合。其次，教师应将教学过程中所遇到的每个问题都看成崭新的问题，用积极的态度面对课堂的生成性，因势利导选择合适的教学方法。最后，教师应积极主动进行教学方法的反思，并努力创新教学方法，以学生最能接受的教学方法为主，激发学生学习兴趣，同时能真正打破教师教学经验固化的现象。

（四）龙胜各族自治县城乡义务教育信息化发展的问题与对策

县域城乡义务教育信息化优质均衡发展是实现县域城乡义务教育公平的重要内容。目前龙胜各族自治县城乡义务教育信息化还存在着乡村学校课堂多媒体使用频率低、各校校长信息化领导力有待加强、校园信息设备缺乏及时维修与更新等现实问题。对此，本书提出合理利用经费投入以完善信息化硬件设施配备、大力落实"学做"结合多元化教师培训体系、稳步提升校长信息化领导力带动教师发展的改进策略。

1.龙胜各族自治县城乡义务教育信息化发展的突出问题

（1）乡村学校课堂多媒体使用频率低

随着教育信息化的不断推进，多媒体技术作为一种现代化教学手段开始被广泛应用于课堂教学中。目前，龙胜各族自治县县域内城乡各校正在推广使用希沃一体机。然而，由于县域内乡村教师队伍老龄化问题突出，尽管学校对老教师采取多种培训方式，但由于他们的学习积极性低，仍旧固执地选择传统板书进行教学，导致信息化素养难以提升。由此学生在课堂上仅拘泥于课本知识，而无法借用信息设备获取课本之外的知识，导致学生学习质量难以提升。调研发现，老教师对多

---

① 丁奕然,吕立杰.论教法定势的二重实践样态及其固化突破策略[J].教育学报,2019(03):40-47.

媒体教学的积极性低的原因主要有两点:第一,乡村老教师对新技术的认识存在偏差。希沃一体机作为一种先进的教学资源被引入乡村课堂,打破了部分老教师固定的教学模式,催生教师的畏惧心理,从而把它当成教学负担,并认为没必要浪费太多时间和精力去学习。第二,乡村老教师在应用新技术时存在操作偏差。即便部分老教师认可多媒体教学,但由于他们对多媒体操作不熟练,一旦出现小故障,他们便会束手无策。同时,部分老教师受自身信息技术水平限制,无法灵活制作课件而直接使用他人的课件进行教学,课件的不适用性导致课堂教学质量难以保证。

(2)城乡各校校长信息化领导力有待加强

校长信息化领导力是指校长在数字校园环境下,通过借助各类信息化资源对信息进行收集、整理、加工与处理,支持自身决策并激励与影响全体师生员工,促进学校可持续发展与创新超越的能力。[①] 成熟的校长信息化领导力是促进学校教育信息化的重要保障,对学校推进教育信息化起着至关重要的作用。[②] 然而,本次调研发现,龙胜各族自治县县域内四所学校校长的信息化领导力都较弱且自我提升困难。主要表现为:第一,城乡各校校长信息素养不足。超半数校长认为自己平时工作任务重,并没有空余时间提升自身信息化领导力。同时,访谈还了解到,各校校长对当前的教育信息化相关政策都不太了解,关心程度也较低。第二,城乡各校校长推动学校信息化工作的能力较弱。教育信息化建设是县域内城乡学校建设的重要组成部分,校长作为全校信息化工作的组织者和领导者,却无法推动学校信息化工作,导致龙胜各族自治县县域内城乡各校教育信息化发展较缓。

(3)校园信息设备缺乏及时维修与更新

在走访中发现,四所学校都存在信息设备故障得不到及时维修与更新的问题。SS 中心小学校长指出,受地理位置限制,学校难以及时联系维修人员,信息设备一旦损坏,维修等待时间过长,有时候甚至一个月都得不到维修。这种情况成为信息化校园建设的巨大阻力,甚至对教师的正常教学都产生了一定影响。城区的学校尽管相对于乡村学校进行设备维修更为方便,但是维修的时效性也比较差,时常无法及时完成维修。龙胜 MZ 中学校长反映,现在教师利用多媒体设备教学是常态,使用率高,耗损也随之增大,多媒体设备很容易出现问题,而设备服务费用较高。

---

① 王陆.未来学校前进之路:校长信息化领导力的愿景与实现[J].中小学信息技术教育,2010(10):10-11.
② 饶爱京,万昆,任友群.优质均衡视角下县域基础教育信息化发展策略[J].中国电化教育,2019(08):37-43.

尽管龙胜各族自治县政府负责设备采购与配备,但后期的维护和更换由学校来承担,因为故障问题得不到及时解决,一年就淘汰了十几台多媒体设备。加上缺乏资金支持,学校负担加重,无力建设信息化校园。

2.龙胜各族自治县城乡义务教育信息化发展的改进策略

(1)合理利用经费以完善信息化硬件设施配备

龙胜各族自治县城乡义务教育信息化建设要想达成硬件资源均衡配备,需要各校合理使用投入经费和帮扶物资,建设校园网络物理环境,促成信息化教学。据了解,县政府对信息化建设的资金投入包括各项建设经费共计约231万元,同时为全县10个乡村的小学配备了154套电子白板,让全县义务教育学校实现了电子白板全覆盖。每所学校拥有自己的多媒体数字化教室后,有效打通了信息壁垒,让学生掌握最新学习方法是未来努力的方向与目标。从调研的学校来看,四所学校虽都有配备多媒体设备,但缺乏后续管理和持续完善。乡村小学教育信息化建设需要教育经费的持续投入,县政府可以设立专项经费以建设信息化教学网络,提升乡村义务教育学校的办学水平。在互联网信息平台的基础上,实现乡村优质教育资源在网络媒介上的共享,为学生自主学习创建良好的网络平台。完善信息化硬件设施配备,为实现乡村学校信息化教学管理提供硬件基础,同时制定科学的建设规划,完善资源共享与设备维护工作,为促进城乡义务教育信息化一体化发展奠定软件基础。

(2)大力落实"学做"结合的多元化教师培训体系

信息技术应用能力作为新时代教师的重要素养,提升乡村教师的信息技术应用能力和信息化教学能力是建设高水平民族地区乡村教师队伍的重要途径。龙胜各族自治县以推进民族地区义务教育信息化为目的,为进一步缩小城乡义务教育之间的数字鸿沟和教育信息化发展差距,推进义务教育优质均衡发展,实施了"学做"结合的多元化教师培训。"学做"结合是指教师培训包括知识技能的学习和应用两部分,既要掌握教育信息化的理论知识和操作技能,又要在具体的教学实践中将其充分应用。多元化指培训方式的多元化,因此教师培训要坚持"引进来"与"走出去"相结合,引进优秀名师,以开展讲座或指导教学工作等形式来提升本校教师信息素养。此外,也鼓励教师借助龙胜各族自治县各校实施走教的机会学习信息化教学经验,实现城乡教师间的沟通促进。在教师自我提升方面,教师培训还应坚持线下培训与线上学习相结合。线下培训是由全员参与的各类信息技术专题培训,按教师信息化教学的需求开设。线上学习主要作为线下培训的补充,其优质资源既可以由学校或工作坊推荐,也可以由教师根据自身需求自主选择。

(3)稳步提升校长信息化领导力带动教师发展

学校校长作为领导者,肩负规划学校发展、营造育人环境、领导课程教学、引领教师成长等重要使命。在教育信息化背景下,校长既是学校信息化建设的设计者,也是校园信息化教学环境的创建者。以校长为牵头者带动教师信息化素养发展具有重要意义。龙胜各族自治县各校的校长应积极组织校本研修活动,更新教师理念,深刻认识到教育教学与信息技术的融合是符合时代潮流、需要逐步推进的重要举措,也是推动学校发展的战略举措。作为校长,必须具备正确的信息化发展观念和良好的信息技术领导能力,积极应对教育信息化带来的挑战,在学校内构建健全的教育信息化发展和建设机制。龙胜各族自治县各校需采取校本研修的方式促进全校教师整体提升,在管理过程中坚持示范推进,形成一套行之有效的方法:首先,由优秀教师担任骨干教师,展示示范课或研讨课;其次,组织全体教师集中研讨,科学评估,并总结出经验教训,逐步推广;最后,根据以学生为中心的原则,评估学生在课堂中的学科素养和信息素养的提高情况,注重实际效果。最后根据期末评价,制订下学期的校本研修计划,有目标、有组织地推进信息技术的全员化。提升校长的信息化领导力对信息化建设、发展与管理具有重要价值,能够带动教师队伍整体提升。

四、"山田育人":县域城乡义务教育一体化发展的龙胜模式

龙胜各族自治县作为多民族聚集的重要民族县域,其发展现状体现地域特色。前文对龙胜各族自治县的城乡义务教育一体化发展现状作了深描,在此基础上我们试图建构县域城乡义务教育一体化发展的龙胜模式——"山田育人"模式。下文主要从该模式的本质内涵、主要特征、构成要素、内在结构及表现形式五方面进行具体阐述。

(一)城乡义务教育一体化发展龙胜"山田育人"模式的本质内涵

龙胜"山田育人"文化模式主要由居民生活的客观环境要素组成,即由坚韧兼容的"山"文化,以及勤劳踏实的"田"文化共同构成。由此,龙胜文化模式的基本内涵离不开"山"和"田",与两者紧密相连。

1."山"文化:群山环峙下的民族共生

龙胜各族自治县位于广西壮族自治区东北部,地处越城岭山脉西南麓的湘桂边陲。境内诸山皆属越城岭山系,最高峰是县城以东18千米的福平包,海拔1 916

米。越城岭自东北向西南穿过县境,地势东、南、北三面高,西部低。山岭之间沟壑纵横,构成"万山环峙,五水分流"的地理环境。这里旖旎的山城风貌孕育了龙胜各族自治县独特的"山"文化。在中国所有的文化表达里,山是最具有包容性的象征,龙胜各族自治县地处大山之内,山中梯田错落有致,这样的地理环境造就了多民族文化在县域内和谐生存、共存共生的文化特色。龙胜"山田育人"模式展现出当地各族人民生于斯、长于斯的地域性格特色,其孕育下的大山子女拥有像山一样宽广博大的胸怀和坚韧质朴的品质。正是因为宽广博大的胸襟,龙胜各族自治县各民族人民在交流、交往、交融过程中,生发出包容共处的社会心理,构筑成一个各民族兼容并包、共同繁荣的社会共同体,一代代各族子孙在这种积极社交体验中濡染包容精神养成博大胸襟。以滩底为例,村落背倚青山,大罗河绕村而过,河里、河岸巨石成滩,各种奇石形态各异,似乌龟望月,似神仙钓鱼……寨子依山而建,数十栋房屋错落有致,规整排开,似建在一艘倚岸扬帆的巨轮之上,体现了中国传统村落风水模式。这里古风古韵浓厚,现存有大湾永安石拱桥、石板桥及广福王庙宇、防空哨所、炮楼等古建筑;各类能人巧匠众多,如风水师、道师、木匠、铁匠、石匠、裁缝等;各种民俗活动多,如吹唢呐、唱彩调、舞狮子、还盘王愿、杠铜、把师等,盘王节、广福王节、庞桶药浴、盘瑶服饰、盘瑶挖地歌等传统得以较好地保存。龙胜各族自治县的村落山清水秀,倍具文化特色,其中一些被列入中国传统村落名录。根据龙胜各族自治县人民政府于 2021 年 6 月公布的人口资料,全县常住人口为 139 483人,其中汉族占 20.83%,壮族占 18.65%,苗族占 15.64%,侗族占 26.25%,瑶族占18.42%。龙胜各族自治县傍山而建,拥有众多民族和丰富多彩的民俗文化,以及众多文化遗产,其民族建筑、村落、习俗与传统技艺既是民族文化的重要组成,也是各类文化遗产的主体部分。

2."田"文化:桑江穿流下的梯田农耕

农业作为龙胜各族自治县居民赖以生存和发展的重要基础,当地人民在进行自然改造、农业生产等活动时形成了一系列的农耕特色文化。从文化的来源看,构成龙胜文化模式的要素与龙胜各族自治县内部各民族密切相关,苗、瑶、侗、壮、汉五个民族的民族文化在县域内和谐生存,共存共生,这也可视为龙胜这一地域兼容并包的特色。龙胜各族自治县的 30 处中国传统村落包含了桑江流域所有 7 个族群的乡村聚落。然而,龙胜各族自治县最引人关注的不是这些民族遗产,而是绵延壮美的龙脊梯田。龙脊梯田在广西龙胜各族治县龙脊镇平安村龙脊山,距县城 22 千米,距桂林市 80 千米。龙脊梯田又称为龙胜梯田,这是桑江北流支流金江河河谷两侧的梯田群,上游金坑是红瑶聚居区,下游龙脊以壮族村寨为主,因而龙脊梯田景区主要分为平安壮寨梯田和金坑红瑶梯田两处。平安壮寨梯田有"七星伴月"和"九龙五虎"两大著名景观,景色秀美飘逸;金坑红瑶梯田有"大界千层天梯""西山韶乐"和"金佛顶"三大著名景观。梯田从龙脊山脚一直盘绕到山顶,形成"小山如螺""大山成塔""层层梯田绕山村,条条渠道涌山泉"的曲线工程。梯田海拔最高880米,最低380米,垂直高度差500米。从山脚到景观区现已开通公路,盘山而上可到半山腰。据史料记载,龙脊梯田开垦于元代,完工于清朝,距今已有近700年的历史。相传这里的壮族居民是宋末为避战乱,从山东的海边迁徙定居于该地的族群之后代。为表示对大海的怀念,他们的头饰至今还保留着蓝白相间的飘带,与其他壮族人服饰略有不同。为适应地形条件,每块田均开垦得小巧玲珑,精致细腻,因而有"青蛙一跳三块田"之说。景区内居住着壮、瑶两个民族,在该地能看到古朴的壮、瑶族民间舞蹈和保护完美的民族服饰,可听到优美的壮族山歌,享受原汁原味的壮族风情,传统习俗如龙脊铜鼓舞、师公舞、瑶族傩舞、打扁担令人耳目一新,此外,还有古朴的壮乡民居、吊脚楼、木屋木楼,还有风味独特的龙脊茶和龙脊辣椒,沁人心脾的"东方魔水"——龙脊水酒。① 梯田自20世纪90年代开发为景区,2017年入选全球重要农业文化遗产。

总之,正是因为龙胜各族自治县坚韧朴质的地域性格,勤劳致富深入当地各族人民的观念,各民族善于倚重地形和气候优势,在大山中开辟一片片梯田,日出而作,日落而息,耕作在梯田间,用勤劳双手斩断贫穷根基,缔造深山贫困县齐步奔向小康社会的创举。也正是如此,涵化出一个山的"兼收并蓄"与田的"勤勉淳朴"交互共生成的龙胜"山田育人"模式。

(二)城乡义务教育一体化发展龙胜"山田育人"模式的主要特征

文化模式一旦形成,就会成为规范其所在场域全体成员的"行为准则"。龙胜"山田育人"模式具有整合性、复杂性、适应性等特征。

1.龙胜"山田育人"文化模式的整合性

龙胜各族自治县是一个包括苗、瑶、侗、壮、汉五个主要民族的多民族自治县。各民族团结和谐,共处共生,从各民族之间的和谐互动可以看到龙胜文化发展的整合性,尤其是核心文化的互动过程更能体现民族文化的整合特点,例如语言、婚俗等风俗习惯。整合性强调系统整体性,整体性与内在要素的关联度极高,以至于内

---

① 贺剑武.广西少数民族农业文化遗产旅游开发研究:以桂林龙胜龙脊梯田为例[J].安徽农业科学,2010(19):10300-10302.

在要素的微小变化都会对系统整体造成巨大影响,甚至出现"细节决定成败"的情况。① 据此,龙胜"山田育人"模式要关注各个民族的文化发展。本次调研就对龙胜各族自治县的语言做了整体性的阐释。龙胜各族自治县地区拥有丰富多样的民族语言,包括苗、瑶、侗、壮和汉族等各族独特的语言。由于长期以来文化传统相对独立,导致当地存在多种民族语言并存的现象,分布在不同地区的同一民族内部也有不同的方言,有时甚至还存在互相听不懂对方语言的情况。然而,随着新中国的成立,各民族之间的联系越来越紧密,懂普通话的人也越来越多。如今,虽然民族语言仍然是各民族内部主要的交流方式,但不懂普通话的人已变得越来越少,只有未上学的小孩和年长的老人才可能不熟练或不会使用普通话。在村寨之外的场合,人们普遍使用通用的普通话进行交流。如今,在日常生活中,当地人使用普通话和民族语言交流时的语言转换变得非常自然,特别是在旅游业发展和劳务输出后,当地年轻人使用普通话与外地人交流的情况越来越普遍。总体而言,龙胜各族自治县民族关系主体上呈现整体发展的特点。各个民族经过整合之后成了有机整体和相对稳定的文化状态。一种文化在选择了自身的行为方式、社会价值、目标取向后会将所有要素整合成为一种模式。

2.龙胜"山田育人"文化模式的复杂性

文化模式的复杂性还体现在同一地域下的不同文化群体之间,他们的文化模式可能会有所不同。每个文化模式就像一个套盒,其中包含着各种小的模式,这些模式以不同的方式联系在一起,并在特定的语境下相互激活。龙胜各族自治县保留了原生态的苗族、瑶族、侗族和壮族等多元民族的文化,被生动地概括为"无山不瑶,无林不苗,无峒不侗,无水不壮"。《复杂性:一种哲学概观》一书中提到,复杂性既存在于现实领域,也存在于虚构的想象领域。② 因此,复杂性存在于真实世界的各个领域,也同样适用于文化模式。龙胜各族自治县在长期的历史进程中,积淀了丰富多彩、具有地域和民族特色的民族文化。不同民族属于不同的文化群体,他们的文化习俗各不相同,对客观世界的看法和理解也带有阶级、政治和地域色彩。

综上所述,龙胜各族自治县的文化模式具有复杂性的特点。龙胜各族自治县多民族共存,内部民族在社会互动中既存在着文化整合的现象,又不可避免地存在文化冲突的现象。一种文化模式可以融合不同的社会文化价值观,同时,一个人有

---

① 常绍舜.从经典系统论到现代系统论[J].系统科学学报,2011(03):1-4.

② 雷舍尔.复杂性:一种哲学概观[M].吴彤,译.上海:上海科技教育出版社,2007:9.

可能同时持有不同社会文化群体的文化模式。

　　3.龙胜"山田育人"文化模式的适应性

　　在人与环境的关系中,人可以适应环境,也可以改变环境,更可以用自己的文化来创造新的环境。人与自然环境的关系尚且如此,人与社会环境、人文环境的关系也是如此。因此,随着近现代生产生活方式的变化,龙胜各族自治县各民族的联系日益紧密,文化习俗也在日益发生改变,民族与民族互相交流时,也会适时调整自身的行为,采取顺势而为的态度,彼此之间相互适应,各民族在磨合互动时文化也在不断地变迁。特别是20世纪80年代以来,龙胜各族自治县不同民族间的重要节日活动常常成为其他民族文化娱乐的实际内容。龙胜文化模式是动态发展的,会因不同社会文化群体而有不同表征,随时间的推移、社会的变迁和人的认知经验的变化而变化。总之,龙胜"山田育人"文化模式的特征与功能能够使群体内部各文化要素处于整合状态并趋于一致,长期影响群体内每一个成员的价值观念、思维习惯和行为方式,进而还会影响政府的制度安排、法律和政策的制定等。

(三)城乡义务教育一体化发展龙胜"山田育人"模式的构成要素

　　龙胜各族自治县山居百姓居住较为分散,乡村学校具有分布广、布点多,但规模小、质量低的特点。为了让学生享受到更高质量的教育,龙胜各族自治县从2006年开始提出"小学集中乡镇办,中学集中县城办"的布局思路,按"先建后撤,成熟一所,撤并一所"的原则,对本地学校进行调整。龙胜各族自治县城乡教育一体化发展是在探究龙胜文化模式的基础上,对其运作机理以及要素的实践。结合上文对城乡义务教育一体化文化模式构成要素的分析,得出城乡义务教育一体化发展龙胜模式的构成要素,包括硬件资源、教师与学生、课程与教学和教育信息化以及这些构成要素间的关系。

　　1.基于山与田的场域要素:硬件资源涵盖教育资源和民族特色文化建设成果

　　硬件资源在城乡义务教育一体化发展模式中起物质保障的基础作用。硬件资源是物质性的显性资源,在学校中主要表现为教育场所与相关教育设备等。龙胜各族自治县的基本设施配备情况良好,义务教育保障学校项目建设启动"5+2""白+黑"的工作模式,全体项目建设者以实干精神打赢义务教育保障之战,改善了学校办学条件,促进了教育均衡发展纳入社会事业发展总体规划。具体表现为县政府大力加强学校建设,对义务教育薄弱学校进行改造,更新基础设施和教育设备,购置图书资料等。此外,在民族文化进校园的倡导下,民族文化相关的校园建设也得到加强,例如龙胜 MZ 中学打造校园文化墙,龙胜 SY 中学则投入资金建设了以"民族团结进步教育走廊""民族团结进步教育宣传专栏橱窗""民族体育文化浮雕墙建"为主体的民族团结教育基地,并购置了以苗族、瑶族、侗族、壮族为代表的民族乐器、民族服饰和民族传统特色体育器材。教育硬件资源和民族文化的相关建设成果为龙胜各族自治县的城乡义务教育一体化发展提供了基础保障。

2.基于山与田的行动主体:教师与学生是城乡义务教育一体化发展的关键

教师与学生在城乡义务教育一体化发展中起关键作用,离开了教师与学生,城乡义务教育一体化也无从谈起,教师与学生这一要素是龙胜"山田育人"文化模式的焦点。一是在教师主体上,从 2008 年起,全县推进中小学教师轮换支教与挂职研修,定期向乡村薄弱学校派出支教人员,从薄弱学校遴选教师到优质学校挂职学习。全县注重教师专业化发展,县教育局定期组织教师参加"国培""区培"和市本级培训,新教师岗前培训、信息技术应用能力提升工程、双师教学试点教研团队培训、校长各项培训、龙胜各族自治县全县骨干教师及优秀班主任高级研修班等各级各类培训,全面提高了教师队伍的整体素质。二是在学生主体上,龙胜各族自治县实施"政策进乡村""政策进家园""政策进校园"的"三进"宣传模式,有序推进各项学生资助工作,努力实现没有一个学生因家庭困难而失学。重点监督"双线四包"机制、控辍保学联席会议制度、暑期集中家访制度这三项制度的落实,压实控辍保学主体责任。对控辍保学 15 个联席单位的主要负责人进行提醒约谈,对未到校学生和回校不稳定学生实行"一生一案""一生一档"管理。按照"小学集中乡镇办,中学集中县城办"的学校布局计划,家校路程较远的学生可获得上下学交通补助。

3.基于山与田的活动内容:课程与教学是彰显各民族特色的重要载体

城乡义务教育一体化发展过程中,课程与教学一体化发展是重要组成部分。缩短城乡课程与教学间的差距,在课程资源、校本课程、数字课程、民族特色课程方面发挥文化模式的作用,有利于促进城乡教育资源的共享。龙胜各族自治县号称"百节之县",各族群众举办的民俗节庆活动全年有 87 个,一年之内,全县一乡一大节,村村寨寨都有民俗节,全县民族文化旅游氛围非常浓厚。龙胜各族自治县各中小学、幼儿园非常重视民族文化的传承责任,一校一品牌地开展"民族文化进校园"活动。充分挖掘本土资源,创造性开发具有民族文化特色的校本课程,把各民族的民族体育、民族音乐、民族舞蹈和民族服饰带进学校,带进课堂。SS 中心小学挂牌成立了"瑶族服饰传承人工作坊",龙胜 MZ 中学打造的"多耶"等多种民俗团体歌舞深受师生欢迎,此外还开设了蜡染、抛绣球,踩高跷和打陀螺等活动;龙胜 SY 中学大力推广少数民族体育运动"背篓绣球",同时还开办了芦笙、葫芦丝、琵琶、团歌等民族音乐乐器兴趣班。课程和教学的积极开发为文化模式提供了具有民族共性的内容,为促进城乡义务教育一体化发展提供了重要支撑。

4.基于山与田的辅助手段:教育信息化是推进城乡义务教育一体化发展的创新实践

教育信息化背景下,信息技术发展带来的网络教育资源互通对缩小城乡教育差距具有促进作用,教育信息化促使教学手段的变革,使教学具有了信息时代的特征。龙胜各族自治县的学校通过实施多媒体电教室工程实现宽带网络"校校通"全覆盖,义务教育阶段学校全部建成"班班通"教室,并已交付使用,由此可以借助"班班通"实现优质教学资源的全面覆盖。完全小学及以上学校都配备了计算机教室,所有教学点均配备了"教学点数字教育资源全覆盖"项目接收设备,全县教师基本上达到人手一台电脑。在投入经费得到保障的条件下,LS 小学更新了"班班通"设备 12 套,LS 中学建设了数字化实验室和创客空间,PD 小学建设了拥有阅览座位 11席的电子阅览室 1 间,马堤乡 LS 教学点建设了拥有 21 席座位的云教室 1 间。无论是物资设备还是数字化资源都得到了一定发展,教育信息化水平明显提高,是创新城乡义务教育一体化发展的重要实践。

(四)城乡义务教育一体化发展龙胜"山田育人"模式的内在结构

龙胜各族自治县现有苗族、瑶族、侗族、壮族、汉族等 20 多个民族。长期以来,多个民族聚居在一起,不同民族文化之间产生交流与碰撞,不同民族群体的往来形成了当地独特的文化模式。而城乡义务教育一体化发展龙胜"山田育人"模式的内在结构体现在文化要素的整合上,体现了龙胜各族自治县教育发展和民族文化的有机融合,"山田育人"模式不仅影响教育教学,还影响着全县人民生活的诸多方面,其内在结构如图 4-1 所示。

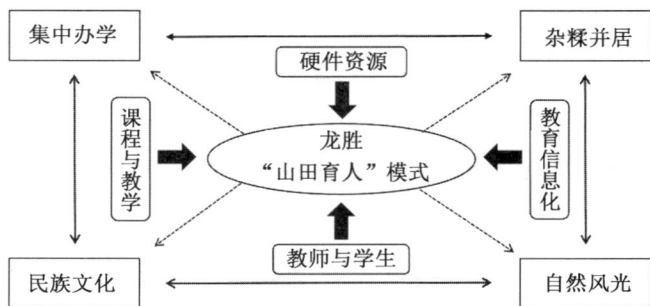

图 4-1　城乡义务教育一体化发展龙胜"山田育人"文化模式的内在结构

1.集中办学：推进城乡义务教育一体化发展的重要条件

由于文化模式调节控制着制度文化,近几年,兼容并包这一特点在城乡义务教育一体化的进程中也有所体现。龙胜各族自治县地处偏远山区,长期以来,受限于地理环境和经济条件,面临着教育资源匮乏、师资水平低下、学生学习条件差等严峻挑战。为解决县内人口负增长、学校分布散乱、管理效率低下、教育教学质量难以提升以及教育发展不均衡等实际问题,2006年龙胜各族自治县县委提出了一项全面布局的发展思路,即初中阶段集中在县城办学,小学阶段集中在乡镇办学,扩大学前教育规模,大力发展高中和职业教育,并在全县统筹规划,分步合理推进。制定了科学合理的学校布局调整工作建设总体规划,共投入了3.3亿元的建设经费。制度文化集中体现着价值观念。受到集中办学的影响,许多贫困山区儿童享受到了更高质量的教育资源,家长也越来越重视教育,人们开始普遍认可教育的育人价值。集中办学对推进城乡义务教育一体化起重要作用。

2.杂糅并居：促进城乡义务教育一体化发展的外在因素

文化模式调节控制着生产生活方式,兼容并包的特点体现在人们生产生活的各个方面。龙胜各族自治县居住着苗、瑶、侗、壮等多民族。各民族有自己特有的文化传统、风俗、习惯及宗教信仰,其生活方式、生活习惯均有差别。龙胜各族自治县人们的居住方式往往是各个民族杂糅并居,在学校中也是如此。一个班级有不同民族的学生,一个宿舍的成员也由不同民族学生构成,不同民族的学生互相交流学习,习染不同民族文化,彼此的价值观念也会相应地受到影响。在这个过程中,不同民族文化相互碰撞,各美其美,学生不仅能感受到各个民族文化的魅力所在,还潜移默化地形成了尊重他者文化的价值态度。通过生活上的杂糅并居和学习上的融合教育,增强学生民族文化认同感,培养其中华民族共同体意识,促进城乡义务教育一体化发展。

3.民族文化：落实城乡义务教育一体化发展的现实基础

龙胜各族自治县是一个多民族聚集县,每年都会举行多种多样的民族文化节。例如,每年农历的三月三,各民族聚集在一起参加一些趣味性节目,展现不同民族文化。各民族文化相互交融,共同构成了具有地域和民族特色的文化模式。这种文化模式包含着多元的文化习俗和观念,对教育发挥着积极的影响。它推动城乡义务教育的一体化发展,不仅能够提升教学质量和师资水平,还能够促进不同民族之间的相互了解和文化交流。每逢民族节日,县城热闹非凡,各民族人民聚集在一起唱歌跳舞,这不仅为当地经济发展增添了活力,还促进了各民族人民团结一致、共同奋斗价值观念的形成。这种价值观念在城乡义务教育一体化的进程中也有所体现。最具代表性的是龙胜SY中学。一是采取措施将本县优秀的民族体育、民族音乐、民族舞蹈、民族服饰和民族手工艺等引进校园,引入课堂和课外主题活动,以此达到"三个普及"(普及民族知识、普及民族体育、普及民族歌舞)。以"民族文化进校园"为契机,全面提升校园文化品位,构建新的校园文化体系。二是学校的基本目标是以优美的校园环境、多彩的文化生活、高雅的艺术情趣、浓厚的学习氛围、科学的人文精神、优良的学风校风带动形成催人奋进的学校精神、科学进步的价值观和导向正确的舆论氛围,引导广大师生树立正确的世界观、人生观和价值观。三是学校定时对学生进行民间文艺辅导,除了开展"民族文化进校园"活动,还每月教唱一首民族歌曲或红歌,开办民族特色兴趣班。每天下午5:30至6:20对学生进行民间音乐、舞蹈、绘画、手工艺制作辅导培训。四是学校利用传统节日精心设计和组织开展丰富多彩的民族特色文体活动,调动学生主动参与校园文化建设的积极性;同时弘扬优秀民族文化,传承地方先进文明成果,培养青少年一代向真、向善、向美,推动民族文化艺术不断发展。这些举措使学校全体成员团结一致,从而增强学校成员的凝聚力和荣誉感。在这个过程中,各族人民形成了"团结一致、共同奋斗"的价值观念。

4.自然风光:孕育城乡义务教育一体化发展的精神力量

文化模式调节控制着物质文化,梯田是劳动人民面对自然环境表现出来的想象力和创造力具象化的物质成果,是人与自然和谐共生的经典示范。梯田作为龙胜各族自治县人民辛勤劳动的场所,承载着当地群众无数的梦想。龙胜地区虽然位于偏远山区,但拥有得天独厚的自然资源,这里的土地肥沃,适宜农业和林业的发展,当地人民通过勤劳努力,利用土地和自然资源种植农作物、养殖畜禽,从而获得丰富的农产品和特色农副产品。丰富的物产,是龙胜各族自治县人民热爱自然、勤劳勇敢的体现。龙脊梯田在金秋时节流光溢彩,漫山铺金,层层梯田若级级天阶,梯田环绕的山峰又似座座金塔。"天下一绝"描绘龙脊梯田的壮美,"华南第一泉"盛赞龙胜温泉的温润,还有原生态彭祖坪景区、被列为国家级自然保护区的花坪原始森林保护区,种种自然风光孕育独特人文风情。由自然风光中衍生出的坚韧不拔、脚踏实地的精神力量在教育教学中也有所体现。在城乡义务教育一体化的进程中,龙胜MZ中学举办一系列活动,其中包括具有民族特色的体育项目,例如抢花炮、投绣球、上刀梯等体育活动,都是根据人们日常劳作的动作和样态而编制。在此类活动中,学生形成了热爱自然、勤劳勇敢的价值观念。

（五）城乡义务教育一体化发展龙胜"山田育人"模式的表现形式

龙胜各族自治县不仅因其自治管理的历史悠久而闻名，更是以民族间团结和谐、共处共生的特点吸引着政府和学界的关注。一定程度上，由于特定地域文化的影响，龙胜各族自治县各族人民具有宽广的胸襟和坚韧的品质，在长期的交往过程中能和谐共处。龙胜文化模式就是在这种特定山田地域背景下孕育而生的民族团结模式，顺应了中国民族关系发展的大趋势。各个民族在长期共存的生活中，相濡以沫、团结一致，构成了龙胜各族自治县多元的民族结构。民族逐步融合的过程表现出极大的包容性，体现在社会生活的方方面面，最突出的表现就是族际通婚的普遍发展，而兼容并包的特点在教育方面也十分明显。在城乡义务教育一体化发展的背景下，龙胜各族自治县依据本县的地域特点和文化特色，以实施学校布局调整规划为抓手，以标准化学校建设为重点，以教师队伍建设为核心，以提高教育教学质量为主线，以"办好每一所学校、教好每一个学生、发展好每一位教师"为目标，全力推进民族地区义务教育均衡发展。为了缩小城乡教育差距，龙胜各族自治县在教育探索与发展的过程中逐渐形成了自己的特点和模式，主要表现形式如下：

1.小学集中乡镇办，中学集中县城办

为了建设优质教育资源，龙胜各族自治县人民政府出台了全县教育布局调整规划，明确全县学校布局结构调整的方向。总体思路是：在"十一五"末至"十二五"初，实现小学集中乡镇办，初中、高中集中县城办，利用富余的校舍和教师资源发展农村学前教育，扩大学前教育规模，大力发展高中和职业教育，全县统筹规划，分步合理推进。学校布局调整遵循"整体规划，分步推进；实事求是，因地制宜；先建后撤，确保普及；坚持标准，确保达标；专家论证，科学实施；加强管理，严防浪费"六项基本原则。同时按照《广西壮族自治区义务教育学校标准化建设项目规划（2010—2020年）》的要求，认真实施义务教育学校标准化建设，并着力抓好薄弱学校改造工程。经过几年的努力，全县义务教育阶段学校的办学条件得到极大改善，其集中办学的思想促使校际教育资源基本实现均衡化，为全县各族学生提供了良好的学习和生活环境，使农村孩子和城镇孩子能享受到同样的优质教育资源，进一步促进了龙胜各族自治县城乡义务教育的一体化发展。

2.挖掘民族文化资源，开设多元文化课程

龙胜各族自治县因为多民族聚居的特点，拥有丰富的文化遗产，孕育了多彩多样的少数民族文化。近年来，龙胜各族自治县充分挖掘苗、瑶、侗、壮等民族的文化资源，并将其与旅游产业相结合，给当地带来了巨大的发展机遇。龙胜各族自治县

的多民族多元化特色也为当地的教育发展提供了天然的财富。挖掘本地优秀的民族文化,构建教育资源,努力实现"民族文化进校园"的重要目标。这不仅有利于文化的传承和发展,更有助于推动当地教育向着民族化、特色化方向发展,实现教育的长远发展。通过借助民族特色文化,进一步推动城乡义务教育的一体化发展。例如,在 SS 中心小学,有专门的瑶族教师开设刺绣课程,培养学生对瑶族文化的兴趣,满足他们的发展需求;龙胜 SY 中学也积极开设背篓绣球等课程,充分利用民族文化资源进行教育教学。因此,挖掘民族文化资源并开设多元文化课程是龙胜各族自治县教育发展的重要方向。这不仅有助于推动当地教育朝着民族化、特色化方向发展,而且对其他具有多民族文化特点的地区提供了有益的借鉴和启示。

3.加大教师培训力度,提高教育教学水平

加大教师培训力度,提高教育教学水平是学校教育可持续发展的必然要求,龙胜各族自治县各学校根据其自身的师资情况,采取了一系列举措,以促进教师的专业成长。首先,在新教师培养方面,各学校开展"青蓝结对,互助共赢"的师徒结对活动,充分发挥优秀骨干教师的引领作用,加快青年教师的成长,培养了一批又一批青年教师,大多都成为学校教育教学中的骨干力量,一定程度上也推进了教师专业发展。其次,在县教育部门的推动下,开展优质课比赛活动,为教师专业化发展提供新的平台,促进教师的学习和成长。最后,学校组织各种培训活动,例如校本培训、"区培"和"国培"等,加大师资培训力度,促进校际交流和学习,提升教师学习能力和研究水平,从而提高教育教学水平。

4.实行教师"走教"制度,解决师资缺乏问题

在龙胜各族自治县教育主管部门的统一管理下,城镇学校与农村学校落实"一对一帮扶"工作,实行"走教"制度,充分发挥走教教师自身的示范、带动和辐射作用。这不仅能满足农村学校教育发展的需要,而且能促进校际交流和学习,从而达到"走教一处,受益一方"的效果。以龙胜 MZ 中学为例,学校在教育局的统一安排下,按年度实行走教制度和支教制度,教师主要是去乡镇的校点或者中心校,每周教授两节课,根据学科需要确定科任教师,特别是音乐、美术、信息等课程,满足学生发展的需要。另外,乡镇学校也会有走教任务,主要对周边教学点进行走教。例如,我们在调研中发现 SS 中心小学每星期都会安排教师去教学点的学校上课,每学期安排一名美术教师去龙胜 BT 小学进行走教,一定程度上弥补了教师结构性缺员问题,同时也促进了教师间和学校间的交流与学习,从而实现教育共同发展。

5.关注留守儿童问题，促进学生健康发展

留守儿童教育问题是义务教育阶段值得重点关注的问题,不仅关系着学生的发展,更影响着学校的教育教学。加强留守儿童教育工作,是促进学生身心健康发展、推进城乡教育协调发展的重要手段。龙胜各族自治县教育主管部门根据实际情况,积极改善寄宿制学校条件,保障留守儿童的生活和学习,指导各义务教育阶段学校关注留守儿童教育问题,学校也积极努力加强家校联系。例如龙胜 MZ 中学有专门的留守儿童帮扶办公室,各班主任也会对留守儿童特别关注,进行一对一帮扶并保留相关记录,主要内容有学习辅导、思想辅导、生活关心等;龙胜 SY 中学会安排心理健康教师给予学生积极正确的指导,关注学生的身心发展;SS 中心小学建立了留守儿童活动之家及心理咨询室,安装可视电话并已投入使用,为留守学生与家长联系和沟通提供了极大的便利。这些措施对于留守儿童的发展起到了积极的作用,进一步促进学生健康发展。

总体而言,龙胜各族自治县根据本地民族文化和谐共生、兼容并包的特点,将文化与教育紧密联系。为了建设优质教育资源,促进教育一体化发展,在县教育局的统一安排下,全县科学调整学校布局结构,实行"小学集中乡镇办,中学集中县城办"的教育方针;深入挖掘民族文化,开设多元文化课程;加大教师培训力度,提高教育教学水平;实行教师"走教"制度,解决师资缺乏问题;关注留守儿童问题,促进学生健康发展。在相关教育政策的指导下,各学校着重关注教师和学生发展问题,将理论与实践相结合,从行动上努力推动城乡义务教育的一体化发展。

第五章

文化模式观照下民族地区县域城乡义务教育一体化发展的经验与策略

民族地区城乡义务教育一体化发展是中国城乡义务教育实现一体化发展的重要组成部分,尤其是县域发展情况,深刻影响着义务教育现代化发展的末端进程。在政策推动下,民族地区县域城乡义务教育质量得到了有效提升,形成了各自的发展模式,例如作为本书研究对象的广西柳州市三江侗族自治县、广西桂林市恭城瑶族自治县和广西桂林市龙胜各族自治县。这些县域义务教育的发展给我们提供了丰富的发展经验,但也存在需要进一步优化的现实问题。因此,本书基于文化模式视角,通过比较三个县域的城乡义务教育一体化发展文化模式,从中提炼民族地区县域城乡义务教育一体化发展经验,并依据三者发展的不足之处提出优化策略。

一、民族地区县域城乡义务教育一体化发展的三种文化模式比较

民族地区的经济、政治、地理环境等存在着明显的差异,形成了各民族特有的文化模式,并影响着各民族的教育实践。由此,对比广西柳州市三江侗族自治县、广西桂林市恭城瑶族自治县和广西桂林市龙胜各族自治县三个县域城乡义务教育一体化发展的文化模式的异同,能够为民族地区县域城乡义务教育一体化发展提供整体思路。

(一)民族地区县域城乡义务教育一体化发展三种文化模式基本情况比较

本书以三江侗族自治县、恭城瑶族自治县、龙胜各族自治县三个民族自治县为研究场域,聚焦城乡义务教育一体化发展,将各自治县所选案例学校的硬件资源、教师与学生、课程与教学、教育信息化四个方面情况进行对比、分析,以小见大,为

探索民族地区县域城乡义务教育一体化发展的策略提供思路。三江侗族自治县、恭城瑶族自治县、龙胜各族自治县的义务教育基本情况如表5-1所示。

表5-1 民族地区县域义务教育基本情况统计（2020年）

自治县名称	地理位置	生源民族	管辖范围	常住人口/人	小学数量/所	初中数量/所
三江侗族自治县	广西壮族自治区柳州市	侗族为主	6镇9乡	321 538	39	14
恭城瑶族自治县	广西壮族自治区桂林市	瑶族为主	6镇3乡	245 432	111	9
龙胜各族自治县	广西壮族自治区桂林市	侗、苗、瑶等十余个民族	6镇4乡	139 483	13	3

1.硬件资源情况比较

学校的硬件设施构成了课堂教学的物理环境，因此，硬件资源是满足学生学习需求、提升学生学习质量的重要条件。由《广西壮族自治区义务教育学校办学基本标准（试行）》可知：小学人均占地面积不宜小于20平方米，初中人均占地面积不宜小于25平方米。对比调研数据可知，民族地区县域义务教育学校相对于城市中小学布局略为拥挤，此外，这三个民族自治县域的学校大多数都存在多媒体设备覆盖率不高、教具数量不足，教学设备陈旧、教材种类单一的问题。可见，民族地区县域教育硬件资源有待完善。综上所述，民族地区县域中小学在基础设施建设方面较薄弱，仍需不断改善办学条件，提高办学水平，具体如表5-2所示。

表5-2 民族地区县域义务教育学生人均占地面积情况统计

县域范围	小学学校		初中学校	
	学校占地总面积/m²	学生人均占地面积/m²	学校占地总面积/m²	学生人均占地面积/m²
三江侗族自治县	576 244.23	16.62	316 375.9	21.01
恭城瑶族自治县	778 476.62	36.87	532 972.02	47.44
龙胜各族自治县	—	—	152 366.67	30.51

2.教师与学生情况比较

一是民族地区县域范围内学校师资力量不足,学生与教师数量失调,进而导致教育质量失衡。相对于城市中小学而言,县域学校面临教师招聘难、流失快、数量少、年龄大等诸多问题,教师队伍在数量上需进一步补充。据《2020年全国教育事业发展统计公报》调研数据可知,全国小学师生比约为1∶16.67,初中学校师生比约为1∶12.73。与表5-3对比可知,三江侗族自治县中小学的师生比还有完善空间,恭城瑶族自治县和龙胜各族自治县的初中学校师生比也与全国平均水平存在差距,县域的师资力量仍需加强。同时,三个县乡村学生均具有向城性流动趋势,一方面由于乡村基础设施建设滞后、产业发展不充分、就业机会少,乡村学生家长选择离开乡村寻求就业机会,乡村孩子被动随迁进城入学;另一方面由于乡村教育资源匮乏、师资力量薄弱、教育质量低,乡村家庭为选择更好的教育条件,带领乡村学生主动向城市优质教育靠拢。

表5-3　民族地区县域义务教育师生比情况统计

县域范围	小学学校			初中学校		
	教师人数	学生人数	师生比	教师人数	学生人数	师生比
三江侗族自治县	1 809人	34 673人	1∶19.2	952人	15 060人	1∶15.8
恭城瑶族自治县	1 420人	21 112人	1∶14.9	609人	11 234人	1∶18.4
龙胜各族自治县	781人	10 257人	1∶13.1	340人	4 994人	1∶14.7

二是民族地区县域学校的师生素质普遍低于城市师生水平。民族地区县域由于经济条件相对较差,人才吸引力较低,很难吸引高素质的优秀教师到县城任教,而县城以下的乡镇和村点的学校对教师的吸引力就更低。加之由于工资待遇和职业发展空间有限,一些有潜力的年轻教师几乎都会选择离开,而留下的教师多为经验不足或专业水平相对较低的人员。这导致了教师队伍整体素质的下降,直接影响到学生的学习效果和学生的综合素质。同时,由于经济发展不平衡,民族地区县域的家庭普遍收入较低,家庭教育投入有限。一些学生可能面临着教育资源匮乏、家庭经济困难等问题,这使得他们在学业上相对于城市学生来说面临更大的挑战。

3.课程与教学情况比较

就三个民族自治县的县城与乡村学校课程与教学来说,乡村学校"班次多,学生多,教师少"是常态,按照编制数量难以配齐各学科专职教师,外加在任的教师结构配置不够合理,往往会出现一人身兼多科教学任务的情况,这在一定程度上影响课堂教学质量。此外,在各乡村学校里艺术课程和英语课程的专业教师更是稀缺,这不利于当地中小学生德智体美劳全面发展。就校本课程开发情况来说,虽然考察的这三个民族地区县域各校尚未形成完善的校本课程体系,但都在一定程度上尝试开发了独具特色的校本课程。可在此基础上,继续深入挖掘本土文化和民族传统,将文明瑰宝与教育课堂紧密联结,进一步打造以中华文化为底色的地方创意课程。

4.教育信息化情况比较

民族地区县域范围内城乡学校教育信息化差别较大。首先,乡村的教育信息化技术覆盖率低、利用率少,多媒体教学器材的数量和质量都不达标,综合水平远落后于县城。其次,乡村学校的教师信息技术水平不高,课堂模式较陈旧,多媒体使用并不频繁,且信息技术课程教师不足。以三江 MZ 初级中学和三江 TL 乡中学为例,这两所学校都仅有两名信息技术教师,且这两位教师还要负责学校网络维修和其他科目的教学任务,身兼数职,难以保证信息技术课教学质量。再者,因为民族地区县域范围内各家庭的经济水平差距较大,导致学生的家庭教育水平和互联网普及水平存在差距,进而使得当地学生的信息技术基础参差不齐。

(二)民族地区县域城乡义务教育一体化发展三种文化模式本质内涵比较

文化模式是基于人类在共同认识、共同生产、互相评价、互相承认中产生的,即文化模式在社会之中具有共同的要素。所以,文化模式的本质内涵自然而然地体现出一些共同特征,但也各有区别。三种文化模式是本文在三个民族地区调研结果的基础上所提出的,其内涵也分别表现出与本民族文化相契合的不同特点。下文主要从三种文化模式的相同点和不同点展开对比分析。

1.三种文化模式本质内涵的相同点

第一,三种文化模式均旨在通过"民族文化进校园"促进民族地区县域城乡义务教育一体化发展。三江侗族自治县城乡中学均将侗族大歌、侗族故事、侗族舞蹈、侗族芦笙等具有侗族特色的文化资源引入校园。恭城 MZ 中学民族氛围浓厚,学校的体育课程设有拔河、踩板鞋、抛绣球、滚铁圈等七八种传统民族体育项目,民族特色课程已趋向成熟。龙胜 SY 中学积极开设背篓、绣球等课程,将民族文化资源充分运用于教育教学。三种文化模式将促进城乡义务教育一体化发展的民族文化纽带联结起来,打破城乡间文化壁垒,为县域城乡义务教育一体化发展提供支撑。

第二,三种文化模式均旨在通过旅游促进经济发展和促进民族地区县域城乡义务教育一体化发展。三江侗族自治县凭借其得天独厚的木建筑群文化资源优势以及山水生态资源优势,大力推行"文化+"行动,极大推动了经济增长。恭城瑶族自治县大力发展生态文化旅游,入选广西特色旅游名县,被列为国家全域旅游示范区创建县,刺激了地方经济增长。龙胜各族自治县龙脊梯田风光壮丽,乡土气息浓郁,吸引了大量游客前来观赏。三处县域的旅游风光以村寨居多,通过旅游带动了乡村产业发展,助力乡村经济振兴,从而为缩小城乡教育差距、促进县域城乡义务教育一体化发展打下坚实的基础。

第三,三种文化模式均旨在通过城乡学校结对帮扶促进民族地区县域城乡义务教育一体化发展。三江侗族自治县通过城乡教师走教、轮岗、共同研讨等方式促进城乡教师的深度交流。恭城瑶族自治县通过"划片招生,就近入学""城乡统筹,强弱搭配"的方式促进学区内资源共享。龙胜各族自治县则落实县城学校与乡村学校"一对一帮扶"制度,实行走教制度。通过充分发挥走教教师自身的示范、带动和辐射作用,促进校际交流和学习,从而达到"走教一处,受益一方"的效果。

2.三种文化模式本质内涵的不同点

三江"文旅促教"模式中"文化+旅游"模式独具匠心。"文化+旅游"的产业发展模式是三江侗族自治县"生态立县,旅游富民"的发展方略之一。其内涵为将侗族饮食、建筑、服饰、民间信仰、音乐、舞蹈等民族特色文化与旅游产业相结合,在继承与发展侗族文化的同时促进地方经济的发展。随着文旅产业的深度开发,三江侗族自治县的民族文化旅游收获了良好的社会效应,发展迅速,该县短时间内便成了全国著名的旅游自治县。

恭城"耕读并进"模式中的"三心三治一守"社会治理模式的效果明显。自2019年6月县委、县人民政府印发《恭城瑶族自治县创建"三心三治一守"社会治理"恭城模式"工作实施方案》以来,恭城瑶族自治县的社会治理与乡村振兴工作取得了新发展,群众安全感、满意度得到了有效提升。全县正在努力打造新时期社会治理"恭城模式",努力实现"千亩鱼塘无须看,万亩果园不用守;街上门面无人盗,农村住房不上锁"的美好愿景。

龙胜"山田育人"模式中"小学集中乡镇办,中学集中县城办"模式特色鲜明。为均衡区域教育资源,增进教育公平正义,促进义务教育均衡发展,实现城乡教育一体化,龙胜各族自治县人民政府提出了"小学集中乡镇办,中学集中县城办"的办学思路。学校布局调整遵循"整体规划,分步推进;实事求是,因地制宜;先建后撤,确保普及；坚持标准，确保达标；专家论证，科学实施；加强管理，严防浪费"六项基本原则，分步合理推进学校布局建设。目前，此发展模式已在稳步推进，在促进龙胜各族自治县城乡义务教育一体化方面发挥着重要作用。

总之，三种文化模式的本质都具有其独特的外在表征，以具体的形式存在于教育实践中，具体如表5-4所示。

表5-4 民族地区县域城乡义务教育一体化发展的三种文化模式本质内涵比较

三江"文旅促教"模式	挖掘民族文化，构建教育资源
	深化文旅结合，增加教育投入
恭城"耕读并进"模式	城乡经济文化交互式发展模式
	"三心三治一守"社会治理的"恭城模式"
	义务教育均衡发展模式
龙胜"山田育人"模式	小学集中乡镇办，中学集中县城办
	挖掘民族文化资源，开设多元文化课程
	加大教师培训力度，提高教育教学水平
	实行教师"走教"制度，解决师资缺乏问题
	关注留守儿童问题，促进学生健康发展

（三）民族地区县域城乡义务教育一体化发展三种文化模式主要特征比较

文化的特征复杂多样，三江侗族自治县、恭城瑶族自治县和龙胜各族自治县在不断发展中呈现出的特征既有相似性又有差异性。因此，通过比较三种县域文化模式的基本特征能够为城乡义务教育一体化发展提供经验。

1.三种文化模式的相同点

一是整合性。三江文化模式的整合性主要体现在"文旅促教"上。三江"文旅促教"模式在发展过程中，不断整合文化旅游资源，在选择和传承中实现发展，推动教育进步。恭城文化模式的整合性则是体现在节日文化中。在恭城瑶族自治县的节日文化中既有反映历史上当地人民对先祖深切怀念的除夕节、盘王节等原生传统节日，又有表现当地人民对诸多神灵虔诚崇拜和英雄感恩戴德之情的再生传统节日，还有一些展示当地人民庆祝丰收的喜悦心情的现代节日，如桃花节、月柿节等。节日文化是所有节日的转化、发展与集合，想融合发展需要兼顾不同类型的节日。龙胜文化模式的整合性则体现在民族团结共生中。龙胜各族自治县是一个包括苗、瑶、侗、壮、汉五个主要民族的多民族自治县，从各民族在县域内部和谐互动的过程中可以看到龙胜文化整合发展的依据，而考察民族交往交流交融中的核心文化要素，诸如语言、婚姻、风俗等，可以较为快速、准确地把握各民族文化互动整合的过程与特点。如同我国各民族"大杂居、小聚居"的相互嵌套式分布格局，多民族分布的龙胜各族自治县在民族语言方面也呈现出交叉互嵌的分布特点。龙胜各族自治县有着丰富的民族语言资源，其种类繁复，发音各异，具有较为独特的语言转化环境系统。随着旅游业的发展，国家通用语言在这些地区也得到迅速推广。少数民族群众在日常生活中也逐渐由单纯使用民族语言转变到国家通用语言与民族语言切换使用的状态，特别是年轻人，用国家通用语言与游客等外来人员交流的现象已经非常普遍，发展势头良好，这样就促进了各民族间的交流，有利于整体发展。

二是动态性。三江"文旅促教"模式已成为该地区人们广泛认同的生存形式。随着文化旅游的发展，来旅游的群体所带来的文化冲击会随着时间的变迁呈现动态的发展。恭城"耕读并进"模式也是动态发展的，因社会文化群体的不同而不同，随时间的推移、社会的变迁和人的认知经验的变化而变化。例如通过研究当地的庙宇，我们发现庙里除了供奉瑶族传统神祇祖先婆王、盘王外，还会一同供奉雷公电母、灶王爷等其他民族尊崇的神灵。在龙胜各族自治县，各民族的文化习俗也在逐步发生改变，民族与民族互相交流时，会适时调整自身的行为，采取顺势而为的态度，彼此之间相互适应，在各民族的相互磨合中文化也在不断地变迁。尤其是各民族间的重要节日活动往往成为其他民族文化娱乐的实际内容。

2.三种文化模式的不同点

一是三江"文旅促教"模式的共生性。三江侗族自治县的文化是基础性的旅游资源，旅游资源的开发促进区域经济的发展，经济的发展为教育的进一步发展奠定基础。反之，教育为文化的挖掘与传播创造了条件，教育为旅游的发展培养了专业化人才。共生性包含良性的共生和非良性的共生，整体来说，三江"文旅促教"文化模式的共生是一种要素间良性循环的共生。

二是恭城"耕读并进"模式的趋向性。地处少数民族聚居区域的恭城瑶族自治县有着丰富的民间信仰风俗。例如，作为区域性主体民族的瑶族，因祖先崇拜而兴的盘王节是其最盛大的民族节日。恭城瑶族自治县瑶族人口众多，盘王节成为团结当地瑶族群众的重要纽带。每逢节庆时间，人们欢聚一堂共叙族情，追怀先祖恩德，庆祝活动规模宏大。还有如当地民众为表示崇敬忠义精神而兴办的关公节，对推动中华优秀传统文化传承起到积极作用。

三是龙胜"山田育人"模式的融合性。生活在龙胜各族自治县的各族群众,在长期交往交流交融的历史进程中,形成了既有地域特色、异彩纷呈,又相互借鉴、趋向融合的民族文化。不同民族属于不同的文化群体,文化模式各有不同,对客观世界的看法以及解释也不同,但不同民族能够充分交往交流交融,能够和平相处,能够在镶嵌杂居之中实现文化融合。因此龙胜文化模式具有融合性的特点,龙胜各族自治县多民族共存,各民族在社会互动中存在着文化整合的现象。

总之,三江侗族自治县、恭城瑶族自治县和龙胜各族自治县三个县的文化模式具有共同特征,能够从中发现相似性,也存在不同特征,形成了各自县域独特的文化发展路径。具体如表5-5所示。

表5-5　民族地区县域城乡义务教育一体化发展的三种文化模式基本特征比较

模式分类	相同点	不同点
三江"文旅促教"模式	整合性、动态性	共生性
恭城"耕读并进"模式		趋向性
龙胜"山田育人"模式		融合性

(四)民族地区县域城乡义务教育一体化发展三种文化模式构成要素比较

城乡义务教育一体化发展文化模式的构成要素在校园场域中显现,具体表现为硬件资源、教师与学生、课程与教学和教育信息化。按本书文化模式构成要素组成,主要分为显性文化和隐性文化。作为文化模式构成要素之一的物质文化能借助外显的载体直接或间接表现出来,因而它是显性文化,具有外显性,在学校中主要表现为硬件资源。而隐性文化,包括信仰、生产生活方式、习俗文化、制度文化以及科学文化,在学校中主要体现在师生关系、课程文化与教育教学等方面。文化模式的构成要素并非互相独立,而是有机结合组成特定文化模式。同样,城乡义务教育一体化发展文化模式的构成要素既包括单一构成要素,也包括要素间的有机结合。

1.三种文化模式构成要素的共性

硬件资源方面三者均具有基础保障。硬件资源是城乡义务教育一体化中的物质文化基础,主要体现在学校教育硬件中的教学设备、校园管理设备、基础服务设施、图书资源和教育资金投入。三种文化模式的硬件资源城乡差距并非特别显著,基本的希沃白板教室、多媒体教学系统、图书室、体育器材室和实验室等都配备齐全,且硬件资源的资金投入有一定保障。

教师与学生方面三者均体现本土性。教师队伍中本地教师占比较高,学生主要是当地居民,教师数量较为充足,且学历基本处于本科及以上。教师岗位具有一定流动性,但多为教师职业内流动,凸显教师职业的稳定性。受政策影响,各校的教师招聘力度较大。

课程与教学方面三者均突出民族性。不同文化模式下的各校利用当地独特的民族文化开发校本课程或开展教学活动。如三江"文旅促教"模式的侗族多耶舞蹈队、侗族芦笙音乐队、侗族大歌活动、侗语故事演讲、侗族刺绣等活动形式;恭城"耕读并进"模式的体育课程也颇具民族特色,设有拔河、踩板鞋、抛绣球、滚铁圈等七八种传统民族体育项目;龙胜"山田育人"模式中一校一品牌地开展"民族文化进校园"活动,有蜡染、抛绣球、踩高跷、打陀螺、吹芦笙、吹葫芦丝、弹琵琶和团歌等特色活动。

教育信息化方面三者均具备基础性条件。三种模式都有教育信息化工作开展的一定物质基础,教师与学生具备一定信息素养,在日常教学活动中均一定程度利用信息化教学设备,同时有针对教师开展的教育信息化相关培训。

2.三种文化模式构成要素的差异

硬件资源方面,三江"文旅促教"模式具备"双师课堂"主播室和录播室,教师能够开展"双师课堂"相关教育活动,进行教学创新;恭城"耕读并进"模式则形成了校园网络建设特色,无线网络覆盖和光纤网络连接两种方式确保网络覆盖面和运行速度,打造信息化校园,同时为教师配备网络教学的设备;龙胜"山田育人"模式的硬件资源更突显民族特色。校园文化墙、民族团结进步教育走廊、民族团结进步教育宣传专栏橱窗和民族体育文化浮雕墙等特色建筑彰显民族风情。同时学校购置了以苗族、瑶族、侗族、壮族为代表的民族乐器、民族服饰和民族传统特色体育器材。

教师与学生方面,三江"文旅促教"模式受旅游业繁荣的影响,乡村年轻教师较多,同时对残疾学生的帮助扶持力度大,凸显侗族感恩向善精神文化内核;恭城"耕读并进"模式下的教师平均年龄中等,学生多为民族生且留守儿童占比高,教师以校际流动促进城乡教育均衡发展,同时有在岗教师培训活动保障教学质量;龙胜"山田育人"模式实行轮换支教与挂职研修,注重教师能力提升,同时重点进行控辍保学专项行动。

课程与教学方面,三江"文旅促教"模式借助"柳州市县域在线同步课堂"项目实现优质教学资源的共享促成数字化教学;恭城"耕读并进"模式下的各校则充分利用校外课程资源,如恭城瑶族自治县所提供的自然与人文环境、各种机构、各种生产和服务行业的专门人才等资源,以及偶尔与校外博物馆、图书馆、科技馆等机构合作;龙胜"山田育人"模式则将民族文化特色发挥到极致,在浓厚的民族文化旅游氛围下,打造了传承民族文化的学校特色课程,形成一校一品牌的"民族文化进校园"特色。

教育信息化方面,三江"文旅促教"模式有特色"智慧校园"管理设备,其教育信息化物质基础具有充分保障,同时教师队伍信息化培训充足;恭城"耕读并进"模式则在教育信息化方面有所不足,城乡间物质基础存在一定差距,教育信息化的师资力量和教学培训数量也有待提升;龙胜"山田育人"模式实现宽带网络"校校通"全覆盖,分不同学校进行各具特色的信息化建设活动,做到全体教师人手一台电脑用于备课等教学工作,教育信息化发展较好。

总之,文化模式的构成要素投射到乡村学校或者城乡结合学校的场域中,表现为城乡义务教育一体化发展文化模式,其相同点和不同点如表5-6所示。

表5-6　民族地区县域城乡义务教育一体化发展的三种文化模式构成要素比较

文化模式	硬件资源	教师与学生	课程与教学	教育信息化
三江"文旅促教"模式	配有希沃白板教室;一定数量的"双师课堂"主播室和录播室;相同的生均经费	乡村教师中年轻教师居多,流动频率较大;乡村学校教师流失和流入比例平衡;特殊教学帮扶残疾学生	"柳州市县域在线同步课堂"项目;体现民族风情的系统性校本课程开发	安装"智慧校园"管理设备;配备希沃白板等多媒体教学设备;具有信息化教师队伍;开展学生信息化活动
恭城"耕读并进"模式	硬件资源的经费投入充足;图书馆等教学场所充足;多媒体教学系统完善;网络设施优良	师生数量合理;教师队伍稳定性较高;教师培训机会充足;生源多为民族生;留守学生占比较高	校内课程资源充足;功能室种类完善;教学质量有待提升	信息化物质基础有城乡差异;信息化师资力量不足;信息化教学培训有限
龙胜"山田育人"模式	基本设施配备齐全;基础设施、教育设备和图书资料得到更新;民族文化墙等特色建筑丰富;配有民族乐器、服饰以及体育器材	支教人员扶持;注重教师培训;落实控辍保学,实行"一生一案"管理	充分挖掘本土资源;开发具有民族文化特色的校本课程;推广少数民族体育运动及乐器;开设民族特色活动课	宽带网络"校校通"全覆盖;计算机教室配备齐全;全县教师备课电脑基本上达到人手一台;其他信息化建设分学校进行

（五）民族地区县域城乡义务教育一体化发展三种文化模式内在结构比较

本书提及的"文旅促教""耕读并进""山田育人"三种文化模式在内在结构上既有相同之处，又各自拥有其独特性。故下文主要通过对比三种文化模式，展示其内在结构的相同点和不同点。

1.三种文化模式内在结构趋同性

首先，三种民族地区县域城乡义务教育一体化发展的文化模式内在结构均强调民族文化的构成。三个民族地区县域均以各自独有的民族特色为代表，其中，三江侗族自治县城乡义务教育一体化发展的"文旅促教"文化模式以民族文化作为实现城乡义务教育一体化发展的重要条件；恭城瑶族自治县城乡义务教育一体化发展的"耕读并进"文化模式虽然未明显概括民族文化标志，但其民族特有的生活习俗文化的确涵盖于耕读文化之中，是民族文化的一种表现形式；龙胜各族自治县是一个多民族聚居县，该县域城乡义务教育一体化发展的"山田育人"文化模式以多元民族文化作为落实城乡义务教育一体化发展的现实基础。三种文化模式内在结构均包含民族文化成分，旨在通过独具特色的民族文化彰显各种文化模式的独特韵味。

其次，恭城瑶族自治县城乡义务教育一体化发展的"耕读并进"文化模式与龙胜各族自治县城乡义务教育一体化发展的"山田育人"文化模式内在结构均强调景观构成对教育的影响。景观分为人文与自然两大类。自然风光对于"耕读并进"文化模式与"山田育人"文化模式而言，不仅在文化模式的名字上有所体现，更是在文化模式的内在结构中显现。耕读文化作为"耕读并进"文化模式的重要构成成分体现了该县域特有的古建风光，该文化模式注重县域人文风光对城乡义务教育一体化发展的影响。同时，"山田育人"文化模式以自然风光作为助推城乡义务教育一体化发展的精神力量，注重县域自然风光对城乡义务教育一体化发展的影响。

2.三种文化模式内在结构的差异性

其一，三江侗族自治县城乡义务教育一体化发展的"文旅促教"文化模式突出公共价值与公共政策。公共价值是城乡义务教育一体化政策制定和执行的核心要素，在"文旅促教"文化模式内在结构中，尤其注重价值的传达，旨在以正确的公共价值方向保障城乡义务教育一体化政策的制定与实施。此外，公共政策也是"文旅促教"文化模式内在结构的特别之处，与社会活动内容和社会风向紧密联系，是该县域内城乡义务教育一体化发展的现实基础。

其二，恭城瑶族自治县城乡义务教育一体化发展的"耕读并进"文化模式突出耕读文化与四大构成要素的有机结合。"耕读并进"文化模式是通过耕读文化与四大构成要素有机结合而形成较为稳固的结构。该文化模式特有之处在于将县域内独特的耕读文化同城乡义务教育硬件资源、教师与学生、课程与教学、教育信息化这四大构成要素结合起来,并用耕读文化调节与控制四大要素,凸显耕读文化的杠杆性作用。

其三,龙胜各族自治县城乡义务教育一体化发展的"山田育人"文化模式突出各民族杂糅并居下的集中办学。"山田育人"文化模式的内在结构以县域内集中办学为特色,突显该文化模式兼容并包的特点,这也成为推进城乡义务教育一体化发展的重要条件。此外,该文化模式的内在结构还以其多民族杂糅并居的特色在三种文化模式中脱颖而出,杂糅并居也成为促进城乡义务教育一体化发展的有利因素。

因此,三种文化模式展示出了其内在结构的相似性与独特性,具体如表5-7所示。

表5-7 民族地区县域城乡义务教育一体化发展的三种文化模式内在结构比较表

文化模式	内在结构	
三江"文旅促教"模式	公共价值是城乡义务教育一体化推进的核心要素	
	民族文化是实现城乡义务教育一体化的重要条件	
	公共政策是城乡义务教育一体化发展的现实基础	
恭城"耕读并进"模式	恭城耕读文化是调节控制城乡义务教育一体化发展的现实基础	
	四大基本要素是实现城乡义务教育一体化发展的重要条件	

文化模式	内在结构	
龙胜"山田育人"模式	集中办学是推进城乡义务教育一体化发展的重要条件	
	杂糅并居是促进城乡义务教育一体化发展的外在因素	
	民族文化是落实城乡义务教育一体化发展的精神力量	
	自然风光是助推城乡义务教育一体化发展的现实基础	

二、基于文化模式的民族地区县域城乡义务教育一体化发展经验

广西柳州市三江侗族自治县、广西桂林市恭城瑶族自治县和广西桂林市龙胜各族自治县三个县域都形成了各自的文化模式,在推动城乡义务教育一体化发展中发挥了重要作用。三个县的文化模式都能够依托于区域特殊的条件为义务教育服务,在当地取得了较好的效果。由此,总结三个县民族地区县域城乡义务教育一体化发展经验具有现实意义。

(一)民族文化传承创新对民族地区县域城乡义务教育一体化发展有推动作用

首先,民族文化的传承与发展有利于带动地方旅游经济增长,增加教育投入来源,缩小城乡教育差距。经济与文化的关系可以用"互为一体,相互交融"来阐释。①随着时代的发展,文化产业迅速崛起,在国民经济体系中占据着越来越重要的地位,成为拉动经济发展的重要增长点。所以,充分利用当地民族文化,挖掘民族文化资源,发展文化产业,可以极大地促进当地经济发展,收获巨大的经济效益。而经济的增长对于教育事业发展的规模、速度和教育结构具有正向促进作用。城乡

① 辛世俊.经济与文化关系的新认识[J].云南民族大学学报(哲学社会科学版),2011(05):216-220.

教育的差距之一就是乡村学校缺乏教育经费,教育质量低下。所以,乡村地区可以充分利用民族文化发展文化产业,利用文化产业带动地方经济增长,增加教育经费投入,进而缩小城乡差距,促进县域城乡义务教育一体化发展。

其次,民族文化的传承与发展有益于唤醒县域城乡师生共同的文化记忆,打破城乡间的文化壁垒,有效通过教育促进民族团结与进步。当民族文化以融入城乡校园中的方式得到传承与发展时,城乡学校的教师和学生也在民族文化传承的过程中潜移默化地受到熏陶和浸染,产生了共同的文化记忆。城乡教育一体化具有城乡教育目标共识、城乡教育观念互通特征,[①]即城乡间教育机构、教师、学生等持有共同的目标,能消除城乡偏见,打破城乡壁垒,进行深度交流。而城乡教师和学生基于民族文化所产生的文化共识对达成城乡教育目标共识、城乡观念互通具有促进作用。故此,民族文化的传承与发展有益于打破城乡间的文化壁垒,促进民族地区县域城乡义务教育一体化发展。

最后,民族文化的传承与发展有助于开发民族特色校本课程,促进资源共享,通过城乡学校结对帮扶教研实现一体化发展。本书所调研的三个县域均是少数民族聚居区,民族文化氛围浓郁,拥有得天独厚的校本课程开发资源。城乡间的教育资源共享也是城乡义务教育一体化发展的内容之一。资源共享具体包括硬件资源共享、课程共享、经费共享等。民族地区学校可以充分利用本地区的民族文化开发校本课程,开发后做到城乡间课程资源共享,通过资源共享促进县域地区城乡义务教育一体化发展。例如,三江侗族自治县同乐乡以刺绣技艺为当地远近闻名的"地标"性民族文化标识,而三江 TL 乡中学则以此区域性文化特征为校本课程开发的文化资源,将乡镇中熟悉侗绣的年长者邀请到学校中授课,是依托民族文化开发校本课程的积极实践与探索。

(二)"耕读并进"能更有效推动民族地区县域城乡义务教育一体化可持续发展

耕读文化是中国传统文化的经典代表[②],同时也是乡村文化经久不衰的核心构成要素[③]。2021 年中央一号文件正式提出要"开展耕读教育",全面推进乡村振兴。可见,国家强调乡村振兴中"耕"与"读"二者并进的重要性,既要重"耕",又要重

---

① 李玲,宋乃庆,龚春燕,等.城乡教育一体化:理论、指标与测算[J].教育研究,2012(02):41-48.
② 吕叙杰,刘广乐.论耕读文化的价值意蕴及启示[J].学校党建与思想教育,2022(12):43-45.
③ 杨华,范岳,杜天欣.乡村文化的优势内核、发展困境与振兴策略[J].西北农林科技大学学报(社会科学版),2022(03):23-31.

"读"。从基本涵义上看，"耕"即从事农业劳动，"读"即读书识字、修身立德。"耕"与"读"融合于教育之中，凸显"位育"功效，也即能够帮助受教育者适应生存和发展所依赖的自然环境和社会环境。[①]

在国家政策大力支持下，长期处于教育发展末梢的民族地区，在城乡义务教育一体化方面也得到了快速的发展，而深具民族特色的恭城"耕读并进"模式也在其中扮演着愈来愈重要的角色。其一，"耕读并进"有利于增强民族地区县域乡村学校的文化自信。"耕读并进"所衍生的耕读文化是乡村文化的重要代表，是乡村学校所特有的文化优势。各民族地区县域通过在城乡义务教育中融入耕读文化，进而恢复乡村文化生产力，能够为乡村学校师生提供熟悉的本土文化支持，从而在参与城乡之间的交流对话时获得充分的文化自信。其二，"耕读并进"有利于减少民族地区县域县城学校对乡村学校的文化偏见。目前，城市尚存对农村基础教育的文化偏见与排斥，城乡文化间显现鸿沟。[②] 而在民族地区县域城乡义务教育中，县城学校对乡村学校的文化偏见也依旧存在。通过将耕读元素融入民族地区县域县城义务教育学校中，增强县城学校对乡村文化的认同感，使之自愿吸收饱含乡土特色的耕读文化，继而减少县城学校对乡村学校的文化偏见，促进民族地区县域城乡义务教育学校文化的融合共生。因此，"耕读并进"对民族地区县域城乡义务教育一体化发展有着重要作用。各民族地区县域通过注重"耕读并进"将耕读文化引入城乡义务教育中，在帮助民族地区县域乡村学校提升文化自信的同时，不断减少县城学校对乡村学校的文化偏见，持续加强民族地区县域城乡文化的交流与交融，最终有效推动民族地区县域城乡义务教育一体化发展。

本书所考察的三个民族地区县域都属于宜耕宜种的优势地带，地域优势为当地人民奠定了良好的耕读基础。三个民族地区县域城乡义务教育一体化发展的文化模式皆重视"耕读并进"，强调耕读文化，为其他民族地区县域城乡义务教育一体化发展提供了重要参考经验。如三江侗族自治县的旅游产业大多集中在各个独具文化特色的村寨之中，其城乡义务教育一体化发展的"文旅促教"模式，更是以乡村文化旅游为中心的人文教育形式来推进城乡共享"耕读并进"理念；恭城瑶族自治县城乡义务教育一体化发展的"耕读并进"模式从恭城古建文化出发，结合恭城民间信仰文化、恭城生活习俗文化形成独具恭城特色的耕读文化，并将其融入恭城瑶

① 袁同凯,冯朝亮.从耕读教育变迁看乡村教育的"位育"之道[J].原生态民族文化学刊,2022(03)：123-134,156.
② 颜晓程.城乡基础教育一体化发展的生态位困境及优化策略[J].理论月刊,2020(11)：132-139.

族自治县城乡义务教育中,与全县各校文化紧密结合,有效促进县域城乡义务教育一体化发展;龙胜各族自治县城乡义务教育一体化发展的"山田育人"模式中"耕读并进"理念尤为突出。由于龙胜各族自治县地处高山区域,各民族善于倚重这样的地形优势,在大山中开辟一片片梯田,较好地将"耕"与"读"融为一体,耕读文化更是影响着整个县域。

从三个民族地区县域城乡义务教育一体化发展的文化模式来看,"耕读并进"可以促进其县域耕读文化的传承,在城乡文化的交流与交融中发挥着杠杆性作用,能够有效推动民族地区县域城乡义务教育一体化发展。

(三)特色旅游资源对民族地区县域城乡义务教育一体化发展有经济保障功能

我国民族地区县域大都拥有秀丽的自然风光,与环境日益被污染的发达城市相比具有得天独厚的环境优势;同时,民族地区县域大多拥有自然与历史文明相结合的旅游文化资源,例如传统的农耕文明和淳朴厚重的民风民俗等,这比大都市多了一层文化底蕴。因而基于文化模式,针对城市和县域的不同,从民俗的多元和旅游产业的开发程度等方面出发,因地制宜地发展民族地区特色旅游业,大有前景。这有利于提高民族地区县域经济水平,促进民族地区县域民族文化传承,推动民族地区县域义务教育一体化发展进程。

1.乡村旅游:为民族地区县域城乡义务教育发展提供资金保障

首先,发展乡村旅游能够实现民族地区县域资源与外界市场的直接对接,推动民族地区县域市场结构优化,巧妙地将乡村资源优势变为市场优势,为民族地区县域居民进入市场发展提供更多机会。其次,乡村旅游的发展可以更充分地将民族地区县域原有的"闲置"资源"变废为宝"为热门旅游资源;也使已利用的当地资源解锁新身份,进一步发挥新作用,提高资源利用率。例如,民族地区可以根据其独具特色的区域农业以及原生态的乡村田园风光和生活习俗,开发系列旅游产品,形成专题化的精品旅游路线,将之推向旅游市场,为当地居民打造一条以特色旅游业为主体,以各村特色农业、手工业为辅的产业链,即可为当地居民增收。因此,如何充分而又合理地调动民族地区特色资源来发展欠发达地区的经济,是推动乡村振兴的关键,也为缩小发达地区和少数民族地区义务教育一体化发展差距提供了有力的资金保障。

2.全域旅游:利于民族地区城乡义务教育学子开阔眼界和思维

习近平总书记指出:"旅游是不同国家、不同文化交流互鉴的重要渠道,是发展经济、增加就业的有效手段,也是提高人民生活水平的重要产业"①。乘借着国家发展全域旅游的东风,在民族地区县域开发特色旅游,可在县域与县域、县域与城市、县域与国外之间搭建旅游联动平台,通过以点带面、协同发展的方式,促进民族地区县域城镇集群化建设,以此攻克当地资源重复、特色单一、独力难支等旅游发展难题。同时,各地区间人们的交流因旅游而变得密切、频繁,民族地区县域的居民不出门远游,便可接触形形色色、四面八方往来的游客,这在一定程度上为当地的青少年开阔了眼界、拓宽了见识,利于促进当地青少年综合素质提升,实现全面发展。

3.研学旅游:促进民族地区县域城乡义务教育教学模式革旧创新

习近平总书记在党的十九大报告中指出,要坚定文化自信,推动社会主义文化繁荣兴盛。没有高度的文化自信,没有文化的繁荣兴盛,就没有中华民族伟大复兴。中华人民共和国文化和旅游部2018年4月成立当日,即标志着我国步入了文旅融合发展的新篇章。这无疑给有着源远流长的民族历史文明的民族地区县域提供了发展文化旅游的良好契机。文旅与研学融合的发展趋势,又能推动民族地区县域城乡义务教育教学模式革旧创新。例如,可深入挖掘民族地区县域历史文化内核,体验其热烈、浓厚的民俗风情,打造义务教育研学实践基地。把当地自然风光和生产劳动实践融入课堂,将课堂讲授知识贴近生活,积极探寻民族地区县域城乡义务教育教学新模式,开发教学新资源,寓教于行,推动传统民族文化传承和弘扬的同时,也有助于为学生营造一个快乐、多元的学习环境,促成知行合一、劳逸结合、学以致用,真正实现在学中游、游中学。

(四)自然与人文共生对民族地区县域城乡义务教育一体化发展有持续推动作用

人与自然和谐共生,是习近平生态文明思想的一个重要理念,是指导生态文明建设的根本理念,也是新时代坚持和发展中国特色社会主义十四条基本方略之一。中国古代就已有"天人合一"思想,来表述天与人之间的统一性和相通性,充分显示了人与自然是和谐的有机整体。本书考察的三个民族地区县域都有着复杂多样的自然环境和特色鲜明的人文习俗。依山傍水,山水育人,在遵循人与自然和谐共生的理念下倡导共生教育。这种和谐共生体现在生产生活中,如考虑到山区的生存

---

① 中华人民共和国中央人民政府.习近平向联合国世界旅游组织第22届全体大会致贺词[EB/OL].(2017-09-13)[2022-08-02].http://www.gov.cn/xinwen/2017/09/13/content_5224768.htm.

环境,侗寨建筑采用杉木结构的杆栏式吊脚楼,底层架空,上层住人。恭城瑶族的多神崇拜和龙胜各族的精湛民族技艺等,体现的都是在人与自然和谐共生下诞生的具有民族特色和地域风情的人文景观。同时,这种和谐共生也体现在利用人与自然的生态关系,巩固发展民族文化和提高民族地区人才素质水平的共生教育中。

对于城乡义务教育一体化发展而言,人与自然和谐共生对民族地区县域城乡义务教育一体化发展具有可持续推动作用。从价值追求来看,人与自然和谐共生对城乡义务教育一体化发展的作用,是让城乡义务教育水平提升,实现优质教育和教育均衡的追求,实现保全生态环境和人文景观的双重诉求。人与自然和谐共生的"生",突出体现人与自然和谐共生是一个不断发展的过程,形成的是一个开放延续的人与自然和谐的共生体,经历着生长发育的过程。[1] 故此,教育应当立足于当地的自然与人文资源,实现人与自然、人与文化的共生。[2] 本书所考察的三种民族地区县域文化模式皆体现了人与自然和谐共生的理念,对县域城乡义务教育一体化发展具有重要参考价值。民族地区自然与人文的多样性与独特性使其教育发展也遵循民族地区的发展特色。任何民族地区都有其独特的自然或人文资源,而将这些资源转化为教育资源,结合时代发展潮流与传统民族特色,将地域特点转化为现实教育资源并落实在课程与教学中,是文化模式形成过程中的重要经验之一。如三江侗族自治县城乡义务教育一体化发展的"文旅促教"模式中,学校开发的体现人与自然和谐发展的侗族多耶舞蹈队、侗族芦笙音乐队、侗族大歌以及侗语故事演讲等特色校本课程及活动;恭城瑶族自治县城乡义务教育一体化发展的"耕读并进"模式中将教育与当地人文历史境遇和自然环境样态结合,形成的以恭城民族文化为基础,恭城古建文化、恭城民间信仰文化、恭城生活习俗文化三者相互融汇、相互结合的共生教育特色;龙胜各族自治县城乡义务教育一体化发展的"山田育人"模式中将"九山半水半分田"的自然旖旎特色风光与兼容并包的多元民族人文环境特色有机结合起来,形成注重民族部落文化传承发展与各族和谐共生繁荣发展的地域特色,同时将人与自然和谐共生创造的精神财富和优良品质通过教育和日常生活影响着龙胜各族自治县的孩子们。

从三种民族地区县域城乡义务教育一体化发展文化模式来看,人与自然并非二元对立的关系,三个地区人民在征服自然的过程中又同时对自然心存敬畏,在长期的历史发展中形成一种人与自然和谐共生的动态平衡。这种和谐共生同样铸就

---

① 方世南.人与自然和谐共生的价值蕴涵[J].城市与环境研究,2020(04):3-11.
② 秦瑞芳,闫翅鲲."共生"视角下的农村教育扶贫路径探讨[J].教学与管理,2011(24):16-17.

当地教育的独特品性,利用独特的自然与人文教育资源形成办学特色,对民族地区县域城乡义务教育一体化发展而言是更为持久的推动力,是人与自然、人与文化、人与人之间共生发展的重要追求。

(五)多民族文化交融为民族地区县域城乡义务教育一体化发展创造实践空间

县域城乡义务教育一体化发展强调的"一体"与多元文化交融共生的"多元"并非对立关系,而是一种"你中有我,我中有你"的互补相生关系。民族地区是一个多民族生存与发展、多文化交融的场域,在县域城乡义务教育发展的进程中,一体包含多元,多元组成一体,一体离不开多元,多元也离不开一体。因此,多元文化交融共生能够为民族地区县域城乡义务教育一体化发展提供广阔的发展空间。

第一,将多元文化交融共生的"和谐共生"理念融入民族地区县域城乡义务教育一体化发展中。多元文化交融共生既是相互交流汲取的过程,也是相互碰撞的过程。一方面,民族地区是有多种民族生活的地域,各族人民一直生活在一起,历经长久的相处,其政治、经济、文化等多方面的因素具有一定的相似性,形成了一种和谐共生的氛围。另一方面,由于各民族的信仰、习俗、饮食等内容上存在着差异,由此在各民族交融共生中造成了一定的困难。但是,历史发展的进程表明,文化具有选择、创造功能,各民族的多元文化能够寻找到一个契合点,让彼此在县域内实现交融共生。这一重要的契合点就是将"和谐共生"的理念融入其中,具体而言表现为以各民族的节日风俗、宗教信仰等文化形式为载体,虽然具体内容不同但都表现出注重集体精神,与人和平共处,彰显对大自然崇拜与感恩之情等的特质。例如,龙胜各族自治县是一个包括苗、瑶、侗、壮、汉五个主要民族的多民族自治县,县域内各民族团结和谐,共处共生,语言、婚姻、风俗等核心文化要素方面的变迁都可为各民族文化整合发展提供循证。加之,在以现代化发展为主导话题的今日,趋同性更为凸显,国家通用语言文字在其中也发挥了重要的交流介质作用。随着国家通用语言文字的推广,不同民族之间的交往交流交融活动日趋频繁,更有力地推动了民族地区的社会经济发展。但值得注意的是,趋同并不意味着排斥差异,在龙胜各族自治县,各民族之间相互尊重彼此独特的民族文化与风俗习惯的现象十分常见,各民族友好和谐地共同生活在这片繁荣富饶的土地上。

第二,多元文化交融共生与民族地区县域城乡义务教育一体化发展具有目的的一致性。多元文化交融共生是为了实现民族地区文化发展繁荣,也是铸牢中华民族共同体意识的必然选择。而城乡义务教育一体化发展同样为区域内各民族实现共同发展,促进各民族团结打下基础。因此,从二者的目的而言,具有内在的一致性。民族文化具有文化传承和创新的功能,在中国源远流长的历史长河中都占据着重要的地位,每个民族都在自身的文化体系中发展,其中蕴含着丰富的精神财富。教育作为文化的重要组成部分,文化教育则也成了文化的重要构成要素,文化教育活动传递着各民族文化中重大习俗、饮食、信仰等重要元素,并在这种传递中不断创造出能够适应时代发展的内容。正是由于这种传递,民族文化在城乡义务教育一体化发展中能够不断地变化,城镇与乡村之间的文化在这种创生之中实现有效的融合,逐渐从对立走向多元共生的一体。换言之,凡是有利于多元文化共生的内容将会被不断吸收和革新,不利的内容将会被逐步取代,进而生成能够适应城乡义务教育一体化发展的内容新形态。

(六)民族团结进步教育是民族地区县域城乡义务教育一体化发展的动力源泉

民族团结进步教育是一项促进各民族团结、发展和进步的系统工程,是铸牢中华民族共同体意识的重要举措。民族团结进步教育中的行动主要是指人们以实现各族群众"团结"与"进步"为目标、有意识地开展的一系列教育活动,其中"文化认同"是根脉,"共同进步"是方向。[①] 因此,在少数民族聚集居住的民族地区开展民族团结进步教育对于增强各民族的文化认同具有重要意义,这为推动民族地区县域城乡义务教育一体化发展提供可能。

第一,深入挖掘各民族优秀传统文化,用好地方特色课程资源。各民族的优秀传统文化是中华优秀传统文化的重要组成部分,都是中华文明的智慧结晶,在民族团结进步教育中发挥着重要的作用。故而县域城乡义务教育一体化发展可以依托各民族的优秀传统文化,通过深入挖掘和开发,形成促进民族地区各民族团结和进步的重要课程资源。例如,三江 MZ 初级中学和三江 TL 乡中学依托本县侗族文化底蕴深厚的特点,结合自身优势与本地资源,积极开展"民族文化进校园"的活动。具体如三江 MZ 初级中学的侗族多耶舞蹈队、侗族芦笙音乐队等,与学校的德育、音乐课程有机结合。此外,三江侗族自治县每年举办"民族文化体育艺术节"、学生优秀作品巡展等交流活动。可见,在县域内挖掘各民族文化并实现交流与交融,形成县域内开展民族团结进步教育的重要课程资源,能够实现县域内城乡民族文化的交流,有效推动城乡教育走向一体化发展。

---

① 曹能秀,宋南争,王福友.民族团结进步教育概念的内涵与要素:基于结构化理论的视角[J].学术探索,2021(11):150-156.

第二，促进县域内多语系融通共生，积极推广国家通用语言文字。文字是语言的载体，在人类发展的历史上，先出现了语言，之后产生了文字，这是人与人之间相互沟通与交流的重要方式。如果在某一区域内形成了多种语言体系，能够充分说明该地区文化发展的繁荣。换言之，语言文字是促进地区文化发展的重要中介，同时也是影响城乡义务教育一体化发展的重要因素。民族团结进步教育试图促进城乡的语言文字实现交融共生。各民族语系与国家通用语言不是对立关系，而是一种互补的关系，即民族团结进步教育既保留了县域内多语系，使得县域内各民族的文化能够各自展现其特色；同时积极推广国家通用语言文字，促进县域内各民族的文化能够实现有效交流与交融。若语言不通，则在城乡之间很难形成文化认同。例如，恭城瑶族自治县的瑶语大致可分盘瑶语、平地瑶语、过山瑶语和四大民瑶语，展现了恭城瑶族自治县丰富的文化，同时全县也很好地推广了国家通用语言文字，使恭城瑶族自治县内持有不同语言的各瑶族分支实现了有效的交流，推动了城乡义务教育一体化发展。

第三，铸牢中华民族共同体意识的文化基础。作为具有能动性的人，总能在生活中创造符合自身需求的文化。中国是一个多民族交流与交融发展的国家，各民族在生存与发展中创造了各自的文化，形成了一定的文化模式。因此，以民族团结进步教育助力各民族形成对中华民族文化的认同，铸牢中华民族共同体意识，是推动县域城乡义务教育一体化发展的重要途径。具体而言，即要共同致力于创造推动中华民族文化不断发展进步的共同文化。实施民族团结进步教育是其中的关键举措。随着民族团结进步教育的不断深入落实，在个人认知与行动上能够促进民族地区各族人民达成一致的目标，不断发展中的各族文化能够以一种共同体的身份创造出符合城乡义务教育一体化发展的文化。例如，在民族地区中小学开展民族团结进步教育，需要特别关注城乡学校的不同特点，以培育中华民族共同文化精神为导向，有针对性地开展主题教育，这不仅能够促进城乡各族学生形成趋同的认识，增强中华民族文化的认同感，同时还能够让城乡学生感受到城乡文化同一性。就此而言，民族团结进步教育能够弥合城乡义务教育发展的鸿沟，为推动城乡义务教育一体化发展进程提供动力。

三、文化模式观照下民族地区县域城乡义务教育一体化发展策略

在城乡义务教育一体化发展的过程中，需要观照各个民族的生产生活、习俗、文化素养等，从根本上来说就是要观照民族地区中各民族的文化模式。因此，基于

文化模式的视角,本书提出关于推动民族地区县域城乡义务教育一体化发展的相关优化策略,进而推动民族地区教育高质量发展。

（一）转变文化观念以提高民族地区县域城乡义务教育教师交流轮岗的制度实效

民族地区县域城乡义务教育教师交流轮岗制度的实行,对促进民族地区县域城乡义务教育一体化发展有着极为重要的作用。然而,由于传统陈旧的文化观念长期以来在教师群体中根深蒂固,义务教育教师参与流动的意愿缺乏,[①]严重影响民族地区县域城乡义务教育教师交流轮岗制度的有效实行。因而,从教师个体出发,可以通过转变其文化观念来增强教师交流轮岗制度的实效性,进而助力民族地区县域城乡义务教育一体化发展。民族地区县域城乡教师转变文化观念主要体现在以下三个方面。

第一,民族地区县域县城教师应加大对乡土文化的认同。在某种程度上,我国的民族地区大部分属于乡村区域,而乡村传统文化是生于斯长于斯的人们的文化场域,只有充分把握其特点,传统文化才能为推动乡村社会的发展提供切实的支持。从教育层面上看,民族地区县域县城教师掌握乡土知识有利于其加强对乡土文化的认同感,促进教师交流轮岗制度有效实行。然而,在民族地区县域城乡义务教育教师交流轮岗的过程中,多数县城教师由于缺乏乡土知识,对乡土文化的认同感欠缺,因而导致其加入教师交流轮岗队伍的意愿不强。尽管部分民族地区县域县城教师迫于政策原因加入了城乡教师交流轮岗队伍,但其缺乏乡土文化认同,因而在下乡教学过程中仍旧难以融入,教学效果更难达到最佳。因此,加速转变县城教师文化观念,提升其乡土文化认同感,对于促进民族地区县域城乡义务教育学校之间的教师交流轮岗具有重要意义。

第二,民族地区县域乡村教师应加深对城市文化的认同。为促进民族地区县域城乡义务教育教师交流轮岗制度有效落实,部分乡村教师对城市文化的认同感理应加深。对于部分教龄较高的乡村教师而言,教育信息化是城市文化的体现。部分乡村教师对教育信息化教学设备的使用积极性较低,缺乏对城市文化的认同。例如一些乡村教师坚持选择使用"黑板+粉笔",而不愿使用电子白板,故会导致部分乡村教师在进行城乡教师交流轮岗时表现出排斥态度,不利于民族地区县域城乡义务教育教师交流轮岗制度的有效实行。因此,民族地区县域乡村教师应转变

---

① 毛春华.义务教育教师交流轮岗存在的问题、成因与对策[J].教学与管理,2019(18):39-41.

对城市文化的固有观念,加深对城市文化的理解与认同,提高对教育信息化设备的接纳程度,提升进城交流轮岗的意愿,不断推动民族地区县域城乡义务教育一体化发展。

第三,民族地区县域城乡教师应加强对城乡义务教育教师交流轮岗制度的理解与认同。长期以来,由于民族地区县域内城乡之间在基础设施、资源配置等方面有较大差距,导致"城优乡劣"的思维方式根深蒂固。受到该观念的影响,民族地区县域内教师大多认为到经济更发达的市区或县城学校轮岗意味着"镀金",而到乡村学校轮岗更像是去"吃苦",城乡教师进行交流轮岗大多靠政策的强制性规范。[①]显然,民族地区县域城乡义务教育教师未曾意识到教师交流轮岗制度的真正意义,缺乏对该制度的理解与认同,进而导致实际情况与促进县域内城乡师资均衡配置的意愿相背离。因此,民族地区县域城乡教师通过加强对城乡义务教育教师交流轮岗制度的理解与认同,提高对制度意义的认知水平,转变固有的"城乡有别""城优乡劣"的观念,促进民族地区县域城乡义务教育一体化发展。

(二)打破城乡二元结构困境以加快民族地区县域城乡义务教育一体化发展步伐

随着社会经济的快速发展,我国城镇化水平也逐步提高,但城乡二元结构依旧是我国在迈向现代化的道路上需要解决的问题之一。要想打破城乡二元制度现实困境,实现民族地区县域城乡义务教育一体化发展,必须树立科学的城乡文化融合发展理念,推动城乡文化要素有机结合。

第一,树立科学的城乡文化融合发展理念。城乡文化融合要彻底破除以城市文化为核心的传统认知,不能以城市为导向而忽略了乡村文化的发展,使乡村文化受到"排挤"而"悬置"在文化场域之外,由此引发城乡文化错位发展日趋明显。故而,应切实转变发展理念,以城乡一体化为文化事业建设目标,在县域民族地区中建立起城乡文化融合的机制。首先,要认识到城乡文化融合发展的现实意义。城乡文化融合一方面能够提高乡村文化发展的内生动力,改变长期以来乡村努力追赶县城而差距却越拉越大的困局,另一方面能够促使县城文化转向新的发展形态,在县城迈向现代化的进程中汲取乡村优秀传统文化,传承优良文化基因。其次,选择适合城乡文化融合的发展方向。一是县城文化与乡村文化互动。由于城乡文化之间具有较大差异,县城具有现代化的文化优势,而乡村则保留着较多传统文化的

---

① 王艳玲.云南省县域内教师交流轮岗意愿调查:基于 3115 份数据的分析[J].教师教育研究,2020(02):95-101.

优势,以此为基础实现二者的良性互动,能够推动城乡文化的优势互补。二是县城文化带动乡村文化发展。从某种程度上来说,县城文化是乡村文化的先进形态,随着乡村城镇化水平的提高,乡村文化也会发展成为县城文化。因此,以县城文化带动乡村文化能够有效促进乡村文化向前发展,逐步缩小城乡文化的差异。

第二,推动城乡文化要素有机结合。文化要素作为文化的基本单元,推动城乡文化融合发展需要从文化要素这一文化的微观视角切入。一方面要鼓励县城文化要素向乡村流动。即是说县城文化在发展的过程中具有区位优势,政策在执行过程中总是由中心向外围扩散,故推动县城文化向乡村流动具有可行性。在城乡义务教育学校场域中具体而言即是指文化要素中的硬件资源、课程、教育理念等,这些都是乡村文化变革与发展的重要推动力。另一方面要支持乡村文化走入县城。乡村文化不是贬义词,更不是落后的象征,城乡文化是同一时空中不同的发展形态,因而要提炼和升华乡村优秀文化,助力乡村优秀文化走进县城的文化生活中,提升县城文化的品位。

第三,大力推进城乡教育均衡发展。教育均衡发展是教育高质量发展的重要基础,由于受到城乡经济水平差异以及教育分级管理的影响,城乡教育二元结构凸显。因此,大力推进城乡教育均衡发展是破除城乡二元制度困境的重要举措,也是加快民族地区县域城乡义务教育一体化发展的重要前提。城乡义务教育发展的不公平严重制约着城乡文化发展的结构,影响着城乡文化的共生融合。因此,一方面要均衡配置城乡教育资源,这能够有效解决乡村基础教育资源薄弱的问题,在民族地区县域尤为明显。另一方面要完善城乡教育资源合理配置的保障机制,加大对乡村教育的投入,不断改善乡村基础教学的办学条件,实现城乡教育资源的均衡发展。更具体而言就是要构建覆盖城乡公共教育的服务体系,通过加大对留守儿童以及孤儿等弱势群体的扶持力度,确保困难家庭的孩子接受有质量的义务教育,让每一位孩子都能得到受教育的机会,促进教育均等化发展。

(三)利用教育信息化优势赋能民族地区县域城乡义务教育高质量一体化发展

中国的教育信息化建设已从 1.0 时代过渡到 2.0 时代,2018 年,教育部发布的《教育信息化 2.0 行动计划》指出,要"大力支持以'三区三州'为重点的深度贫困地区教育信息化发展,促进教育公平和均衡发展,有效提升教育质量"。在教育信息化支持下,民族地区县域城乡义务教育一体化发展迎来提质增效的突破期,因此应充分挖掘教育信息化的内在优势,以信息技术赋能民族地区县域城乡义务教育一体化发展,开拓均衡、优质、高效的一体化发展路径。

当前,我国基础教育体系结构已经相对健全,人们接受教育的权利也有了保障,基础教育的普及率与巩固率指标在多数地区基本得到实现。① 城乡义务教育一体化发展已取得一定成绩。在此基础上,聚焦县域短板区域,实现城乡教育高质量一体化发展是重要议题。导致城乡教育非均衡发展的根本原因在于我国长期存在的城乡二元经济结构及其所导致的城乡教育资源配备不均。② 依据发展程度的不同,我们可以把教育均衡发展分为两个阶段,分别是以"教育机会均等与教育资源均衡配置"为核心目标的基本均衡阶段,以及以"教育质量均衡与教育成就均衡"为核心目标的优质均衡发展阶段。2019 年 10 月,全国县域义务教育优质均衡发展督导评估认定启动现场会的召开,标志着我国义务教育即将由基本均衡迈向优质均衡的新阶段。③ 此阶段,教育信息化赋能民族地区县域城乡义务教育高质量一体化发展主要依靠信息技术的共享机制,突破时间与空间的桎梏,实现教育资源在县域的流动共享,这对于打破城乡学校教育资源配置不均衡的困境具有重要意义。站在教师视角,民族地区县域教师发展,特别是内生发展的重要依仗,除了自我学习进修提升,教师培训也是重要环节。要打破师资薄弱的局面,通过"内生"与"外引"相结合的方式能够破解城乡学校教师资源非均衡化配置问题。④ 教育信息化对"内生"和"外引"都具有重要作用。一方面,教育信息化带来的教师线上培训平台和优师在线讲座等能同时为多名教师进行在线帮扶提升,同时,利用腾讯会议等平台开展线上教研活动也利于优化教师培训的方式与质量,从而为增强乡村教师的专业素质提供有益途径。教师因此实现"内生"发展。另一方面,在教育信息化语境下,"外引"不单指从优秀学校引入名师优师,而是可以通过云课等在线平台将优秀教师资源由城向乡延伸,使得乡村学校能借助现代远程教育信息技术共享名师师资。当然,这还需要以信息化基础建设质量提升、教师信息化教学能力提升为前提。此外,站在学生视角,教育信息化带来的学习空间延伸,建立了信息交流渠道和资源共享途径。教育信息化的重要作用就是利用网络将优质的城市教育资源引入乡村地区,革新学生的学习方法,开拓学生的学习视野,不断缩小城乡义务教育差距。

① 雷励华,张子石,金义富.教育信息化 2.0 时代城乡教育均衡发展路径反思与重构[J].中国电化教育,2019(10):47-53.
② 雷励华.教育信息化促进城乡教育均衡发展的国内研究综述[J].电化教育研究,2019(02):38-44.
③ 李毅,杨淏璇.城乡义务教育信息化发展的困境与对策[J].湖南师范大学教育科学学报,2022(03):97-108,114.
④ 汪基德,刘革.教育信息化促进基础教育均衡发展[J].教育研究,2017(03):110-112.

在享受教育信息化带来的资源共享的同时也需要不断选择整合适配乡村生产生活的教育信息资源，提升乡村教师的信息素养并强化学生的信息化学习能力。综合来看，发挥教育信息化具备的突破时空限制、覆盖范围广、优质信息共享等特质，有利于赋能民族地区县域城乡义务教育高质量一体化发展。

（四）发挥民族文化的独有优势以促成民族地区县域城乡义务教育优质均衡发展

在文化模式视角下，全面深化义务教育教学改革，加强自治区基础教育教学改革示范区建设，统筹城乡义务教育资源布局，将教育资源重点向乡村、边远、民族地区倾斜，进一步推动县域内义务教育优质均衡发展，促进城乡义务教育一体化发展，是国之所需亦是民之所盼。以下以民族地区特色资源为出发点，以县域为分析范围，提出促进民族地区义务教育均衡发展的优化思路。

1.加强民族团结进步教育

加强民族团结进步教育，为促成民族地区县域城乡义务教育优质均衡发展保驾护航。首先，可在民族地区县域学校开设民族团结教育课程。实施民族团结教育优质课程建设计划，学校在保证义务教育课程教学课时正常完成的前提下，深入推进民族团结进步教育进校园、入课堂、融思想，可辅助游戏任务添趣，且要提高民族团结教育课程的针对性、实效性。其次，可在民族地区县域学校开展民族团结进步教育活动。积极创新载体，丰富内容，将活动做成品牌，长时间持续发力，增强影响。例如，在民族地区县域中小学广泛开展"民族团结科普进班级、进宿舍、进课堂"活动，以党带团、以校带家、以师带生，将民族团结意识深入人心。积极搭建民族文化交流平台，开展各族学生"手拉手""结对子"活动，促进不同民族的学生沟通交流，打牢中华民族共同体思想基础。

2.加强文化认同与文化自信教育

加强文化认同教育，是促成民族地区县域城乡义务教育优质均衡发展的首要任务。"'认同'具有'归属感'或'身份感'的含义。"[①]对文化的认同，关乎学生文化身份的建构与归属、共同体成员的精神凝聚，以及文化行动的开展。首先，应立足民族地区县域城乡各学校，将其当作主阵地，为民族地区学生的文化认同固本强基。民族地区县域中小学应不断丰富课堂教学内容，将课堂教学内容与民族文化相结合，在学科课程中渗入与民族文化相关的内容，用贴近学生生活实际的内容和

---

① 缪学超，聂雅.小学升旗仪式中的身体记忆：塑造、特点与意义[J].武陵学刊，2019(05):134-138.

喜闻乐见的表现形式增强文化认同教育的吸引力和感染力。其次,要打造一支文化认同教育教师队伍。民族地区有着独特的区域优势,悠久的历史脉络和深厚的文化底蕴。教师应以过硬的文化知识引领学生深入了解当地的城乡文化。最后,要加强民族地区县域城乡各校园的文化建设,包括校园环境美化、校园文化活动等形式,真正符合学生的精神需求,使其自觉接受文化陶冶,形成良好的文化氛围。这些都可以增强民族地区县域学生的文化认同感,促进城乡义务教育优质均衡发展。

加强文化自信教育,是促成民族地区县域城乡义务教育优质均衡发展的重要举措。首先,应积极探索低成本、易复制、能落实、高效率、可持续、留特色的乡村教育道路。提高文化自信教育质量,确立乡村教育自信,积极转变当地师生的思想和行为,让民族地区县域的孩子有真实的学习体验感、获得感和幸福感。好的学习效果应该是在令学习者感到舒适、熟悉的情境下达成的,不同的空间承载了不同的意义。本地自然条件、历史文明、民风民俗等多重影响因素构成了真实的教育环境,每一个地方的整体性和独特性都可为民族地区县域中小学教学提供绝佳的教育素材和教学情境。其次,可增强民族地区县域城乡各学校与当地背景文化的联结关系。任何教育都应充分尊重学生原有的生活经验和生活基础,民族地区的孩子也不例外,所以应将义务教育与当地背景文化联系起来,将"家乡文化"概念贯穿各类科目教学活动,鼓励主动式学习、参与式学习,倡导在实践中探求真知。教师也应虚心学习当地乡土知识和习俗文化,促进学生德智体美劳全面发展的同时,传承民族文化经典。民族地区县域的义务教育需要把握时代机遇,紧扣时代脉搏,扎根乡土文化,才可焕发出全新的生机与活力,进一步缩小城乡义务教育之间的差距。

3.增强校园文化教育功能

打造校园文化品牌,为促成民族地区县域城乡义务教育优质均衡发展助力加持。打造校园文化品牌,促进良好学风、教风、校风建设,能够有效提升育人环境质量,利于民族地区县域学校的特色发展。例如,可将当地非物质文化遗产项目和技术引入校园,将各式各样的非遗元素融入校园各处的陈设,烘托渲染民族文化意境,体会中国传统文化的魅力;也可专门建设民族文化展览馆,搜集当地民族器具、民族服饰、精美民族图片等。或积极开展内容丰富的民族文化活动,结合办学的传统项目、特色项目和师资优势,鼓励学校走内涵发展、特色发展之路,形成"一校一品牌一特色"格局,推进特色学校建设。以内涵发展为导向,以素质教育为指向,积极打造学校办学特色,优化学校管理,建设良好的校园文化,丰富办学内涵,提升办学品位,促进学生全面、个性、健康发展。

(五)加大乡村教师培训力度以补齐民族地区县域城乡义务教育一体化发展短板

乡村教师队伍质量不高、专业发展面临多重困境等问题突出,[①]严重影响了城乡义务教育一体化发展的质量和速度。以三江 TL 乡中学为例,由于缺乏相关信息化培训,三江 TL 乡中学的一些年长教师基本不会使用多媒体、希沃白板等电子设备,造成优质教育资源利用不足,教育投入与产出不成正比的资源浪费现象。为了切实缩小由于教师技能发展乏力而引起的城乡教师质量差距,加速城乡义务教育一体化发展进程,加大乡村教师培训力度尤为重要。

第一,制定针对性强的乡村教师培训政策,为乡村教师培训提供指导性依据。相关研究表明,乡村师资培训政策以命令性工具为主导,忽视了不同地区乡村教师的差异性,进而导致乡村教师培训针对性不强的问题。[②] 据此,增强乡村教师培训政策的针对性尤为重要。具体来看,地方政府部门在制定乡村教师培训政策之前需要先征询本地乡村教师意见,充分了解乡村教师培训需求,明晰乡村教师培训方向,进而制定乡村教师培训政策。例如,在龙胜各族自治县所调研的乡村学校存在的最大问题是所招进的教师专业不对口,所以提升教师的专业技能是培训的重点。在三江侗族自治县所调研的乡村学校存在的最大问题是教师信息化教学能力不高,所以培训的主要方向是提升教师的信息化教学能力。

第二,探索符合本地实际的乡村教师培训模式,提升乡村教师培训质量及效率。乡村教师不同于城市教师,乡村教师在地域及身份上具有特殊性。同时,乡村教师的专业发展受到经济、环境、资源、人口等因素的制约而表现出滞后性。所以,针对乡村教师专业发展的特殊性,探索符合乡村教师实际的培训模式十分必要。首先,培训场所可以下沉。以往常让乡村教师去城市或者更远的地区进行培训,有的乡村教师由于种种限制无法前往参加培训,错失了很多机会。所以,可以将培训场所下沉,以乡镇为培训中心,邀请名师或专家来乡镇进行培训。其次,专家结合实际进行现场指导。将培训场所下沉到乡镇后,专家便能贴近实际,针对乡村教师实际情况进行有针对性的培训与指导。最后,选拔乡镇骨干教师以带动整个乡镇教师的提升与发展。培育本土化培训教师是适合乡村实际情况的有效举措,本土

---

① 赵新亮.我国乡村教师队伍建设的实践困境与对策研究:基于全国 23 个省优秀乡村教师的实证调查[J].现代教育管理,2019(11):81-87.

② 殷蕾.转化学习理论视角下教师培训的困境与出路[J].中国教育学刊,2018(10):87-91.

化培训教师对乡村学校、教师、学生、教学资源等非常了解,能实现乡村教师持续性发展。

第三,以信息化教学为培训重点,提升乡村教师信息技术应用能力。通过调研发现,三个调研县的乡村学校教师信息化教学能力都比较低下。例如,三江 TL 乡中学的教师使用多媒体设备的频率相对于县城教师来说非常低,即使使用也只是用到一些最基本的功能,例如投屏。一些年长教师甚至不使用多媒体设备。三江 TL 乡中学虽然安装了希沃白板,但是教师基本上不使用。究其缘由是因为教师对于希沃白板不熟悉,不懂如何将希沃白板与学科教学进行深度融合。所以,提升乡村教师信息技术应用能力,充分利用教育资源迫在眉睫。首先,培训内容要有连贯性及针对性。如教给教师信息检索、软件使用、课件制作、录制微课的方法,针对教师信息化教学盲点进行培训。其次,培训方式要多样。线下学习的效果更佳,但是线下教学也有一些不可克服的缺陷。所以,可以采取线上线下相结合的方式进行培训。通过线上学习的方式习得信息化教学技能,教师更能领略信息化教学的魅力。

(六)深化实施乡村振兴战略以提升民族地区县域城乡义务教育一体化发展水平

党的十九大报告提出实施乡村振兴重要战略布局,《中共中央 国务院关于实施乡村振兴战略的意见》(以下简称《意见》)提出要高度重视发展乡村义务教育,推动建立以城带乡、整体推进、城乡一体、均衡发展的义务教育发展机制。在民族地区,制约其县域义务教育发展的重要因素是城乡发展不平衡、乡村发展不充分问题。实现民族地区县域城乡义务教育一体化发展是破除城乡二元结构的重要举措,同时也是维护民族团结统一、铸牢中华民族共同体意识的必然要求和物质基础。[①] 2021 年中央农村工作会议进一步明确城乡关系要走"以城带乡、以乡促城、城乡互动、城乡融合"的高质量发展之路,我国城乡关系也已进入融合发展的新阶段,出现了新的特点。[②] 在时代背景下,乡村振兴战略作为国家战略的提出与深入落实,是破解民族地区在推进城乡义务教育一体化发展过程中出现的诸多问题的有力抓手。

乡村振兴的实质是乡村现代化,乡村现代化离不开乡村教育的现代化,乡村教

---

① 李俊杰,梁辉.民族地区城乡融合发展水平测度及影响因素研究[J].中央民族大学学报(哲学社会科学版),2022(02):97—109.
② 马斌,宋智勇.基于乡村振兴视角的城乡融合研究[J].宏观经济管理,2022(05):76—84.

育现代化的程度取决于城乡义务教育一体化的发展水平。[①] 乡村振兴战略的发展优势在于将总体战略布局作为政策性指南,为民族地区县域城乡义务教育一体化发展提供制度层面的保障。自教育部将"推动城乡义务教育一体化发展"归进 2018年重点工作以来,各级地方政府相继召开会议出台相关文件,以突出对国家战略的支持和对城乡义务教育一体化的重视。随着乡村振兴战略的全面推进,民族地区县域城乡义务教育一体化发展作为乡村振兴和义务教育发展的必经之路,也将受惠于国家和地方各级政府的政策设计和考核体系从而得到长足发展。此外,乡村振兴战略也为民族地区县域城乡义务教育一体化发展提供物质层面的支持。乡村振兴的重要任务之一便是"建立健全城乡融合发展体制机制",乡村教育振兴是乡村振兴的重要环节,因此城乡义务教育一体化发展是题中之意。受城乡二元结构的影响,义务教育阶段的教育资源配置不平衡是城乡学校均衡发展的问题之所在,也是导致城乡学校教学水平和资源利用程度存在差距的主要原因。乡村振兴战略的实施因城乡融合政策的发展,可确保城乡间资源流动的畅通性,城市的优质教学资源和教学技术流向乡村也更加便利。同时由于政策扶持,国家对于乡村义务教育经费投入力度加大,更能带动社会各界具有影响力的人士出资出力,形成良性教育融资渠道。义务教育物质保障和资金流入使乡村教师岗位吸引就业的能力增强,对于壮大乡村义务教育师资队伍有深远影响。物质支持还体现在对乡村义务教育的科技投入上,城乡融合发展带动乡村教育信息化水平的提升也有助于城乡义务教育一体化发展。

乡村振兴战略与城乡义务教育一体化发展是互惠共促的关系。推动城乡义务教育一体化能为乡村教育带来现代化的教育资源、优良的师资和先进的教育理念,从而最终实现城乡教育融合和均衡发展,助力乡村振兴。[②] 抓住乡村振兴战略发展优势,是利用政策导向和乡村发展趋势下实现民族地区县域城乡义务教育一体化发展的推进力量,为一体化发展提供体系支持和物质保障。

---

① 乡村振兴与教育发展(笔谈)[J].教育研究,2018(07):79.
② 张敬燕.城乡义务教育一体化发展论略[J].中州学刊,2019(12):100-104.

参 考 文 献

（一）著作类

[1]《龙胜各族自治县概况》编写组,《龙胜各族自治县概况》修订本编写组.广西龙胜各族自治县概况[M].北京:民族出版社,2009.

[2]《龙胜各族自治县概况》编写组.广西龙胜各族自治县概况[M].南宁:广西民族出版社,1985.

[3]《三江侗族自治县概况》编写组.三江侗族自治县概况[M].北京:民族出版社,2008.

[4]本尼迪克特.文化模式[M].王炜,等译.北京:社会科学文献出版社,2009.

[5]本书编写组.民族区域自治与广西经济社会发展[M].南宁:广西人民出版社,2008.

[6]辞海[M].上海:上海辞书出版社,2002.

[7]段俊霞.城乡教育一体化的文化生态研究[M].成都:四川大学出版社,2018.

[8]多伊奇.国际关系分析[M].周启朋,郑启荣,李坚强,等译.北京:世界知识出版社,1992.

[9]费孝通.文化与文化自觉[M].北京:群言出版社,2016.

[10]傅铿.文化:人类的镜子——西方文化理论导引[M].上海:上海人民出版社,1990.

[11]格尔茨.文化的解释[M].韩莉,译.南京:译林出版社,2008.

[12]恭城瑶族自治县地方志编纂委员会.恭城县志[M].南宁:广西人民出版社,1992.

[13]郭齐勇.文化学概论[M].武汉:武汉大学出版社,2014.

[14]国家统计局.中国统计年鉴2021[M].北京:中国统计出版社,2021.

[15]哈经雄,滕星.民族教育学通论[M].北京:教育科学出版社,2001.

［16］黄坤明.城乡一体化路径演进研究:民本自发与政府自觉［M］.北京:科学出版社,2009.

［17］雷舍尔.复杂性:一种哲学概观［M］.吴彤,译.上海:上海科技教育出版社,2007.

［18］李兴,李尚儒.周易［M］.西安:三秦出版社,2018.

［19］梁漱溟.东西文化及其哲学［M］.北京:商务印书馆,1999.

［20］龙胜各族自治县地方志编纂委员会.龙胜年鉴2019［M］.昆明:云南人民出版社,2019.

［21］南达.文化人类学［M］.刘燕鸣,韩养民,译.西安:陕西人民教育出版社,1987.

［22］司马云杰.文化社会学［M］.北京:中国社会科学出版社,2001.

［23］泰勒.原始文化［M］.蔡江浓,译.杭州:浙江人民出版社,1988.

［24］王世忠.少数民族教育发展研究［M］.北京:人民出版社,2013.

［25］王咏.恭城文庙、武庙［M］.北京:中央文献出版社,2006.

［26］吴烨,吴丽萍.广西民族民间文化［M］.北京:旅游教育出版社,2019.

［27］吴增基,吴鹏森,苏振芳.现代社会学［M］.5版.上海:上海人民出版社,2014.

［28］薛可,余明阳.人际传播学［M］.上海:上海人民出版社,2012.

［29］姚舜安.瑶族民俗［M］.长春:吉林教育出版社,1991.

［30］衣俊卿.文化哲学:理论理性和实践理性交汇处的文化批判［M］.昆明:云南人民出版社,2005.

［31］玉时阶.瑶族文化变迁［M］.北京:民族出版社,2005.

［32］张岱年,程宜山.中国文化论争［M］.北京:中国人民大学出版社,2006.

［33］郑杭生.社会学概论新修［M］.2版.北京:中国人民大学出版社,1998.

［34］中国大百科全书总编辑委员会《教育》编辑委员会.中国大百科全书:教育［M］.北京:中国大百科全书出版社,1985.

［35］中国大百科全书总编辑委员会《哲学》编辑委员会.中国大百科全书:哲学Ⅱ［M］.北京:中国大百科全书出版社,1987.

［36］字词语辞书编研组.新编现代汉语词典［M］.长沙:湖南教育出版社,2016.

（二）论文类

1.期刊论文类

［1］安涛,李艺,陈巧云.一体化:教育信息化发展的新理念［J］.现代远距离教

育,2015(01).

[2]安晓敏,邬志辉.区域内城乡教育一体化发展模式探析[J].上海教育科研,2012(06).

[3]白友涛.回族文化模式转型论:基于对大城市回族社区文化模式变迁的思考[J].贵州民族研究,2007(01).

[4]鲍传友.义务教育均衡发展:内涵和原则[J].国家教育行政学院学报,2007(01).

[5]曹德本.和谐文化模式论[J].清华大学学报(哲学社会科学版),2000(03).

[6]曹能秀,宋南争,王福友.民族团结进步教育概念的内涵与要素:基于结构化理论的视角[J].学术探索,2021(11).

[7]曹原,李刚.城乡教育一体化视野下的教师人事制度重建[J].教育科学研究,2011(05).

[8]查有梁.城乡教育一体化的新思考[J].中国教育学刊,2006(01).

[9]常金栋,李玲.西部民族地区城乡义务教育一体化发展的实证研究:基于H省的调研[J].民族教育研究,2012(02).

[10]常绍舜.从经典系统论到现代系统论[J].系统科学学报,2011(03).

[11]陈超凡,岳薇,汤学黎.教育信息化与乡村贫困文化消解[J].中国电化教育,2021(06).

[12]陈静漪,宗晓华.从城乡分立到城乡一体化:中国农村义务教育供给机制演进路径分析[J].西南大学学报(社会科学版),2012(05).

[13]陈炜,蒋剑,唐景薇.试论旅游开发对侗族非物质文化遗产保护的影响:以广西三江侗族自治县为例[J].黑龙江民族丛刊,2010(05).

[14]陈云龙,秦小平.从体育的文化模式看我国高校体育教学改革[J].运动,2014(20).

[15]褚宏启.城乡教育一体化:体系重构与制度创新——中国教育二元结构及其破解[J].教育研究,2009(11).

[16]褚宏启.教育制度改革与城乡教育一体化:打破城乡教育二元结构的制度瓶颈[J].教育研究,2010(11).

[17]丁奕然,吕立杰.论教法定势的二重实践样态及其固化突破策略[J].教育学报,2019(03).

[18]范魁元,王晓玲.城乡教育一体化背景下的教育管理体制改革研究[J].教

育科学研究,2011(06).

[19]范先佐,战湛.我国县域城乡义务教育发展存在的问题、原因及对策[J].贵州师范大学学报(社会科学版),2016(06).

[20]范涌峰,张辉蓉.学校特色发展:新时期城乡义务教育一体化的内生路径与发展策略[J].教育研究与实验,2019(05).

[21]方世南.人与自然和谐共生的价值蕴涵[J].城市与环境研究,2020(04).

[22]方晓田,靖东阁.论我国城乡教育一体化的文化阻滞力[J].高等农业教育,2014(10).

[23]冯晋婧.城乡教育一体化进程中的入学招生制度变革[J].教育科学研究,2011(05).

[24]冯文全,薛梦琦.城乡义务教育师资均衡配置:问题及对策探析[J].当代教育论坛,2013(05).

[25]符太胜,严仲连.主体间性理论视域中的城乡教育一体化[J].教育理论与实践,2016(34).

[26]高树仁,李潮海.城乡一体化:教育发展新范式的内生与他构[J].中国教育学刊,2015(09).

[27]郭彩琴,顾志平.城乡教育一体化的困境与应对措施[J].人民教育,2010(20).

[28]郭彩琴.教育需求:城乡教育一体化发展的动力保障[J].内蒙古社会科学(汉文版),2014(02).

[29]郭俊锋.城乡义务教育一体化的困境与出路[J].教学与管理,2020(15).

[30]郭喜永.实现城乡义务教育一体化的策略研究[J].教育探索,2015(06).

[31]韩清林,秦俊巧.中国城乡教育一体化现代化研究[J].教育研究,2012(08).

[32]郝海洪.以优秀的地域文化支持基层社会治理:以安徽阜阳为例[J].阜阳师范学院学报(社会科学版),2019(01).

[33]何星亮.文化模式:传统模式向现代模式的转换[J].中南民族大学学报(人文社会科学版),2014(03).

[34]贺剑武.广西少数民族农业文化遗产旅游开发研究:以桂林龙胜龙脊梯田为例[J].安徽农业科学,2010(19).

[35]胡起望.瑶医简述[J].中央民族学院学报,1983(01).

[36]黄甫全,游景如,涂丽娜,等.系统性文献综述法:案例、步骤与价值[J].电化教育研究,2017(11).

[37]纪德奎.城乡教育一体化进程中乡村学校文化的冲突与调适[J].教育发展研究,2013(21).

[38]纪德奎.乡村振兴战略与城乡义务教育一体化发展[J].教育研究,2018(07).

[39]蒋平,王正惠.城乡义务教育一体化政策的制度逻辑:基于制度分析理论的视角[J].教育学术月刊,2014(09).

[40]解月光,孙艳,刘向永.可持续发展:农村教育信息化的战略选择[J].东北师大学报(哲学社会科学版),2008(01).

[41]康笑宇.文化人类学视域下的民族美术教育[J].中央民族大学学报(哲学社会科学版),2014(06).

[42]雷励华,张子石,金义富.教育信息化2.0时代城乡教育均衡发展路径反思与重构[J].中国电化教育,2019(10).

[43]雷励华.教育信息化促进城乡教育均衡发展的国内研究综述[J].电化教育研究,2019(02).

[44]李俊杰,梁辉.民族地区城乡融合发展水平测度及影响因素研究[J].中央民族大学学报(哲学社会科学版),2022(02).

[45]李玲,黄宸,薛二勇.新阶段城乡义务教育一体化发展评估研究[J].教育研究,2017(03).

[46]李玲,宋乃庆,龚春燕,等.城乡教育一体化:理论、指标与测算[J].教育研究,2012,(02).

[47]李毅,杨淏璇.城乡义务教育信息化发展的困境与对策[J].湖南师范大学教育科学学报,2022(03).

[48]刘璐,王世忠.民族地区义务教育经费保障机制实施状况研究[J].贵州民族研究,2014(01).

[49]刘敏中.文化模式论[J].学习与探索,1989(Z1).

[50]刘明成,李娜,金浩.城乡教育一体化的评价体系研究[J].教育探索,2012(04).

[51]刘天,程建坤.改革开放40年我国义务教育均衡发展的政策变迁、动因和经验[J].基础教育,2018(06).

［52］楼雯,陈雨晨.是亲缘还是地域？——解读 iSchools 师资流动特性［J］.图书情报知识,2019(02).

［53］卢兆旭,刘颖.回归乡土:校本课程建设的重要路径选择［J］.教育理论与实践,2021(05).

［54］罗哲.城乡教育一体化发展路在何方:对"成都模式"的分析与探讨［J］.人民教育,2013(07).

［55］罗宗志.瑶族的宗教文书:以桂北一位盘瑶师公所收藏之宗教经书为例［J］.宗教学研究,2015(03).

［56］吕叙杰,刘广乐.论耕读文化的价值意蕴及启示［J］.学校党建与思想教育,2022(12).

［57］马斌,宋智勇.基于乡村振兴视角的城乡融合研究［J］.宏观经济管理,2022(05).

［58］马武定.对城市文化的历史启迪与现代发展的思考［J］.规划师,2004(12).

［59］毛春华.义务教育教师交流轮岗存在的问题、成因与对策［J］.教学与管理,2019(18).

［60］缪学超,聂雅.小学升旗仪式中的身体记忆:塑造、特点与意义［J］.武陵学刊,2019(05).

［61］欧阳修俊.新中国成立 70 年乡村教育研究回顾与思考［J］.现代远程教育研究,2019(02).

［62］庞丽娟.统筹推进城乡义务教育一体化发展［J］.教育研究,2020(05).

［63］彭波.困境与突破:农村教师流动问题分析与路径选择［J］.教育导刊,2011(11).

［64］彭兆荣.无边界记忆:广西恭城平地瑶"盘王婆"祭仪变形［J］.广西民族研究,2005(04).

［65］秦建平,张惠,李晓康.现代化进程中的城乡教育一体化监测标准研究［J］.上海教育科研,2014(06).

［66］秦瑞芳,闫翅鲲."共生"视角下的农村教育扶贫路径探讨［J］.教学与管理,2011(24).

［67］秦玉友.城乡教育一体化的压缩发展难题［J］.探索与争鸣,2012(10).

［68］邱芳婷.县域城乡教育一体化教师流动的现实问题与对策［J］.教育探索,2016(02).

[69]曲铁华.城乡义务教育一体化:理论基础与必然性[J].河北师范大学学报（教育科学版）,2017(03).

[70]饶爱京,万昆,任友群.优质均衡视角下县域基础教育信息化发展策略[J].中国电化教育,2019(08).

[71]邵泽斌.流动的教育权:论我国城乡义务教育的"三元统筹"[J].社会科学战线,2014(08).

[72]宋乃庆,杨欣,李玲.以教育信息化保障城乡教育一体化[J].电化教育研究,2013(02).

[73]苏刚.城乡教育一体化:从"二元对抗"走向"有差别的统一"[J].上海教育科研,2013(10).

[74]粟国康,孔卫英.中国特色社会主义文化模式探究[J].重庆社会主义学院学报,2011(05).

[75]孙杰远.文化共生视域下民族教育发展走向[J].教育研究,2011(12).

[76]孙美堂.从中西文化模式的差异看中国的启蒙[J].天津社会科学,2001(06).

[77]孙绵涛.我国城乡教育一体化体制改革与机制创新研究[J].教育理论与实践,2011(22).

[78]孙艳,解月光,曾水兵.农村中小学信息技术教育目标的反思与重构:基于城乡差异视角的分析[J].中国电化教育,2007(10).

[79]谭天美,欧阳修俊.我国城乡教育一体化发展研究的回顾与省思[J].现代远程教育研究,2022(02).

[80]汤光华.音乐文化模式的选择与整合:兼谈民族音乐学的本土化[J].交响（西安音乐学院学报）,2013(01).

[81]汤洪敏,丁邦菊.赖洞村"四月八"花米饭习俗及其文化探究[J].贵州民族研究,2019(12).

[82]汪基德,刘革.教育信息化促进基础教育均衡发展[J].教育研究,2017(03).

[83]王建.城乡一体化义务教育发展战略和机制:基于苏州和成都的实践模式研究[J].教育研究,2016(06).

[84]王克勤.论城乡教育一体化[J].普教研究,1995(01).

[85]王乐,马小芳.城乡教育一体化与乡村文化传承的悖论与化解[J].宁波大

学学报(教育科学版),2021(01).

[86]王陆.未来学校前进之路:校长信息化领导力的愿景与实现[J].中小学信息技术教育,2010(10).

[87]王囡.乡村振兴战略背景下的城乡义务教育一体化统筹发展[J].当代教育科学,2020(04).

[88]王鹏炜,司晓宏.城乡教育一体化进程中的教师资源配置研究:以陕西省为例[J].陕西师范大学学报(哲学社会科学版),2011(01).

[89]王艳玲.云南省县域内教师交流轮岗意愿调查:基于3115份数据的分析[J].教师教育研究,2020(02).

[90]王正惠.城乡义务教育一体化发展研究综述[J].上海教育科研,2015(09).

[91]韦晓康.抢花炮仪式文化的生命力及功能解析:广西柳州三江县抢花炮活动实证调研[J].中央民族大学学报(哲学社会科学版),2011(06).

[92]魏峰.城乡教育一体化:基于文化视角的分析[J].复旦教育论坛,2010(05).

[93]邬志辉.城乡教育一体化:问题形态与制度突破[J].教育研究,2012(08).

[94]邬志辉.当前我国城乡义务教育一体化发展的核心问题探讨[J].教育发展研究,2012(17).

[95]吴黛舒.文化学和教育学中的"文化"研究[J].华东师范大学学报(教育科学版),2005(03).

[96]吴刚平.课程资源的理论构想[J].教育研究,2001(09).

[97]吴文俊,祝贺.从罗尔斯的正义原则看教育公平问题[J].辽宁教育研究,2005(06).

[98]吴远庆,王晓东.美国的种族歧视文化模式探析[J].东岳论丛,2010(07).

[99]夏丽丽.文化因素对区域经济发展影响初探[J].人文地理,2000(04).

[100]乡村振兴与教育发展(笔谈)[J].教育研究,2018(07).

[101]项萌.旅游业背景下侗族传统民居的文化意义与变迁:对广西三江林溪侗族村寨的田野考察[J].黑龙江民族丛刊,2009(01).

[102]谢登斌,段苏颖,谢婷.民族地区义务教育教师合理流动运行机制及实践规制的建构:新型城镇化背景下的思考[J].广西师范大学学报(哲学社会科学版),2020(01).

[103]辛世俊.经济与文化关系的新认识[J].云南民族大学学报(哲学社会科

学版),2011(05).

[104]熊才平,吴瑞华.以信息技术促进教师资源配置城乡一体化[J].教育研究,2007(03).

[105]熊才平.中小学教育信息化进程中的城乡差距调查报告[J].电化教育研究,2006(02).

[106]徐军.当代中国文化模式问题研究述评[J].南京政治学院学报,2008(05).

[107]许凤,柏慧敏.城市不同社会阶层的休闲体育文化模式[J].上海体育学院学报,2012(06).

[108]薛二勇.强化省级统筹 推进城乡教育一体化发展的政策创新[J].教育研究,2014(06).

[109]荀明俐.文化模式理论的解释力研究:读本尼迪克特的《文化模式》[J].学术交流,2008(09).

[110]闫德明.城乡义务教育经费投入一体化水平实证研究:以 X 省为例[J].教育发展研究,2015(03).

[111]闫巧,车丽娜.城镇化进程中乡村教师的社会认同研究[J].教育研究与实验,2017(04).

[112]颜天民,高健,汪流,等.体育文化模式初探[J].首都体育学院学报,2014(02).

[113]颜晓程.城乡基础教育一体化发展的生态位困境及优化策略[J].理论月刊,2020(11).

[114]杨华,范岳,杜天欣.乡村文化的优势内核、发展困境与振兴策略[J].西北农林科技大学学报(社会科学版),2022(03).

[115]杨丽萍.多民族文化共生态及其教育功能释放[J].民族教育研究,2021(05).

[116]杨苏圆,柳军.城乡教育一体化背景下乡村教师学习共同体构建研究[J].上海教育评估研究,2019(05).

[117]杨卫安,邬志辉.城乡教育一体化:范围、实质与研究路径[J].湖南师范大学教育科学学报,2013(04).

[118]杨卫安,邬志辉.机制设计理论与城乡教育一体化建设[J].理论与改革,2012(05).

[119]杨小微.城乡教育一体化:乡村教育现代化的一种路径选择[J].中国民族教育,2021(05).

[120]杨晓宏,梁丽.全面解读教育信息化[J].电化教育研究,2005(01).

[121]衣俊卿.论哲学视野中的文化模式[J].北方论丛,2001(01).

[122]衣俊卿.论中国现代化的文化阻滞力[J].学术月刊,2006(01).

[123]殷蕾.转化学习理论视角下教师培训的困境与出路[J].中国教育学刊,2018(10).

[124]殷世东,龚宝成.我国基础教育课程结构的变革、经验与反思[J].河北师范大学学报(教育科学版),2020(02).

[125]于月萍,徐文娜.论城乡教育一体化制度体系的构建[J].教育科学,2011(05).

[126]余胜泉,赵兴龙.基于信息生态观的区域教育信息化推进[J].中国电化教育,2009(08).

[127]余婷,杨昌儒,周真刚.乡村治理视角下民族地区村规民约的完善路径:以玉溪市红塔区为个案[J].贵州民族研究,2019(05).

[128]袁同凯,冯朝亮.从耕读教育变迁看乡村教育的"位育"之道[J].原生态民族文化学刊,2022(03).

[129]张惠惠,曹羽婷.城乡义务教育一体化进程中乡村教师治理的困境与突破[J].当代教育科学,2020(08).

[130]张积家.容器隐喻、差序格局与民族心理[J].西南民族大学学报(人文社科版),2018(05).

[131]张继远,张艳.城乡教育一体化指标体系:构建与应用——以四川成都市城乡教育一体化发展监测评价指标体系为例[J].中小学管理,2013(02).

[132]张景霓,苏丹.广西三江侗语使用情况及演变趋势预测[J].广西民族大学学报(哲学社会科学版),2016(02).

[133]张敬燕.城乡义务教育一体化发展论略[J].中州学刊,2019(12).

[134]张乐天.城乡教育一体化:目标分解与路径选择[J].复旦教育论坛,2011(06).

[135]张丕芳.城乡义务教育投入一体化是实现教育公平的关键[J].西华师范大学学报(哲学社会科学版),2019(02).

[136]张维.城乡一体化下农村教育的信息化建设研究[J].中国教育信息化,

2009(08).

[137]张亚星,梁文艳.北京市义务教育阶段教师教学能力城乡差异研究:兼论城乡义务教育一体化进程中农村教师专业发展的对策[J].教育科学研究,2017(06).

[138]张宇,于海英.城乡教育一体化进程中农村义务教育教师质量问题与对策[J].教育发展研究,2012(24).

[139]张源源,刘善槐,邬志辉.我国城乡教育一体化的实现逻辑、现实冲突与未来走向[J].现代教育管理,2014(09).

[140]张竹林,张美云.城乡教育一体化的区域模型构建:基于上海市奉贤区的实践思考[J].教育发展研究,2017(20).

[141]赵东,李月云.从本尼迪克的"文化模式"理论探究大学文化的人类学范式整合:兼论赛珍珠"土地文化模式"的意义[J].齐齐哈尔大学学报(哲学社会科学版),2016(09).

[142]赵磊磊,姜蓓佳,李凯.教师支持如何影响农村留守儿童学习适应:基于县域视角的调查研究[J].教师教育研究,2020(02).

[143]赵茜.城乡一体化的教育质量保障制度研究[J].教育科学研究,2011(06).

[144]赵恕敏,纪德奎.城乡教育一体化进程中乡村学校文化的定位与转型[J].社会科学战线,2013(03).

[145]赵新亮.我国乡村教师队伍建设的实践困境与对策研究:基于全国23个省优秀乡村教师的实证调查[J].现代教育管理,2019(11).

[146]周茂荣.论80年代中期以来的国际经济一体化趋势[J].世界经济,1995(06).

[147]周晔.城乡义务教育一体化的时代意蕴、形态与政府财政职责厘定[J].当代教育与文化,2014(05).

[148]朱文辉.城乡义务教育一体化发展:困境剖析与出路分析——政府职能的视角[J].当代教育论坛,2019(01).

2.学位论文类

[1]陈丰.基于财政视角的城乡义务教育均衡发展研究[D].青岛:中国海洋大学,2014.

[2]陈慧慧.非福利主义视角下我国县域内城乡义务教育师资配置研究:以宁

夏 D 县为例[D].西安:陕西师范大学,2019.

[3]郭佳.文化模式视角下京西王平古道传统村落营造体系研究[D].北京:北方工业大学,2017.

[4]李伟华.本尼迪克特文化模式理论探析[D].哈尔滨:黑龙江大学,2008.

[5]罗旭清.凉山州县域经济竞争力评价研究[D].成都:四川农业大学,2012.

[6]容婷.广西瑶族服饰研究[D].上海:东华大学,2017.

[7]苏扬程.城乡义务教育公平问题研究:以日照市山海天旅游度假区为例[D].济南:山东师范大学,2016.

[8]吴平.文化模式与对外汉语词语教学[D].北京:中央民族大学,2006.

[9]张安欢.全域旅游背景下恭城瑶族自治县地名文化旅游开发研究[D].桂林:桂林理工大学,2020.

[10]张金英.城乡教育一体化的动力机制及战略研究[D].天津:天津大学,2010.

[11]张景慧.本尼迪克特文化模式理论研究[D].哈尔滨:黑龙江大学,2014.

[12]张再红.词汇文化语义的认知研究[D].武汉:华中科技大学,2009.

[13]周田田.中国乡村文化中的三大模式变迁研究:基于本尼迪克特的文化模式视角[D].武汉:华中科技大学,2016.

（三）其他

[1]龙胜各族自治县[EB/OL].(2017-12-27)[2022-09-23].https://baike.so.com/doc/5534375-5754930.html.

[2]广西桂林龙胜各族自治县人民政府门户网站.《龙胜年鉴(2020)》——教育[EB/OL].(2020-06-01)[2022-07-12].http://www.glls.gov.cn/zwgk/gdzdgk/zdly/shgysy/jyly/jyzcygh/202006/t20200601_1819669.html.

[3]广西桂林龙胜各族自治县人民政府门户网站.2021年龙胜各族自治县国民经济和社会发展统计公报[EB/OL].(2022-05-12)[2022-06-12].http://www.glls.gov.cn/zwgk/gdzdgk/jcxxgk/sjfb/tjgb/202205/t20220518_2272642.html.

[4]广西桂林龙胜各族自治县人民政府门户网站.龙胜各族自治县地理位置[EB/OL].(2023-06-02)[2023-08-22].http://www.glls.gov.cn/zjls/dlwz/202211/t20221130_2414105.html.

[5]广西桂林龙胜各族自治县人民政府门户网站.龙胜各族自治县第七次全国人口普查公报[EB/OL].(2021-06-28)[2022-07-12].http://www.glls.gov.cn/zjls/

rkmz/202106/t20210629_2083121.html.

[6]广西桂林龙胜各族自治县人民政府门户网站.龙胜各族自治县概况[EB/OL].（2023－03－09）[2023－08－22].http://www.glls.gov.cn/zjls/lsgk/202212/t20221209_2418783.html.

[7]广西桂林龙胜各族自治县人民政府门户网站.龙胜各族自治县政区划分[EB/OL].（2022－04－11）[2022－07－12].http://www.glls.gov.cn/zjls/xzqh/201907/t20190701_1287759.html.

[8]广西桂林市恭城瑶族自治县人民政府门户网站.2021年恭城瑶族自治县国民经济和社会发展统计公报[EB/OL].（2022－06－08）[2022－07－14].http://www.gongcheng.gov.cn/zwgk/fdzdgk/jcxx/tjxx/tjgb/202206/t20220608_2286875.html.

[9]广西桂林市恭城瑶族自治县人民政府门户网站.恭城概况[EB/OL].（2022－05－17）[2022－07－12].http://www.gongcheng.gov.cn/zjgc/gcgk/201610/t20161013_1209456.html.

[10]广西桂林市恭城瑶族自治县人民政府门户网站.恭城盘王节[EB/OL].（2020－12－21）[2022－07－14].http://www.gongcheng.gov.cn/gcly/gcts/201710/t20171019_1240128.html.

[11]广西桂林市恭城瑶族自治县人民政府门户网站.恭城特色[EB/OL].（2021－12－23）[2022－07－13].http://www.gongcheng.gov.cn/gcly/gcts/201711/t20171123_1240129.html.

[12]广西桂林市恭城瑶族自治县人民政府门户网站.恭城文庙[EB/OL].（2017－12－21）[2022－07－13].http://www.gongcheng.gov.cn/gcly/cnjd/201712/t20171221_1240141.html.

[13]广西桂林市恭城瑶族自治县人民政府门户网站.恭城武庙[EB/OL].（2022－04－19）[2022－07－13].http://www.gongcheng.gov.cn/gcly/cnjd/201712/t20171221_1240142.html.

[14]广西桂林市恭城瑶族自治县人民政府门户网站.嘉会镇初级中学[EB/OL].（2018－10－21）[2022－07－14].http://www.gongcheng.gov.cn/zwgk/fdzdgk/zdlyxxgk/shgysyjs/zwgk_m06/xxgk/201612/t20161221_1222949.html.

[15]广西桂林市恭城瑶族自治县人民政府门户网站.人文地理[EB/OL].（2022－06－30）[2022－07－12].http://www.gongcheng.gov.cn/zjgc/rwdl/201610/t20161013_1209463.html.

［16］广西桂林市人民政府门户网站.桂林市第七次全国人口普查主要数据公报［EB/OL］.（2021-05-29）［2022-07-12］.https://www.guilin.gov.cn/glsj/sjfb/tjgb/202105/t20210529_2065948.shtml.

［17］广西柳州市三江侗族自治县人民政府门户网站.2022年三江县教育资助一览表［EB/OL］.（2022-05-19）［2022-07-23］.http://www.sjx.gov.cn/wsbs/ggfw/jypx/jyzhxx/202207/t20220720_3100064.shtml.

［18］广西柳州市三江侗族自治县人民政府门户网站.关于调整和压实控辍保学教育线工作责任的通知［EB/OL］.（2020-07-13）［2022-07-24］.http://www.sjx.gov.cn/xxgk/wjzl/bmwj/202102/t20210207_2523527.shtml.

［19］广西柳州市三江侗族自治县人民政府门户网站.三江侗族自治县教育系统2020年度部门决算［EB/OL］.（2021-10-25）［2022-07-24］.http://www.sjx.gov.cn/xxgk/fdzdgknr/yjsgkpt/bmjs/bmjs2020/202110/t20211026_2942738.shtml.

［20］广西柳州市三江侗族自治县人民政府门户网站.三江概况［EB/OL］.（2022-03-15）［2022-07-17］.http://www.sjx.gov.cn/zjsj/sjgk/.

［21］广西柳州市三江侗族自治县人民政府门户网站.三江县2020年第七次全国人口普查主要数据公报［EB/OL］.（2021-06-10）［2022-07-22］.http://www.sjx.gov.cn/sjzt/sjfb/tjzb/202106/t20210611_2811547.shtml.

［22］广西柳州市三江侗族自治县人民政府门户网站.三江县同乐苗族乡中学简介［EB/OL］.（2017-12-08）［2022-07-23］.http://www.sjx.gov.cn/wsbs/ggfw/jypx/zxjy/202102/t20210207_2533012.shtml.

［23］广西柳州市三江侗族自治县人民政府门户网站.杀土猪、吃刨汤 欢欢喜喜过侗年！［EB/OL］.（2020-12-24）［2022-07-22］.http://www.sjx.gov.cn/zjsj/sjfq/202102/t20210207_2520481.shtml.

［24］广西新闻网.周渭:百代相传周御史［EB/OL］.（2007-06-14）［2022-07-13］.http://news.gxnews.com.cn/staticpages/20070614/newgx4670726f-1115224.shtml.

［25］广西壮族自治区教育厅.桂教规范〔2020〕2号:自治区教育厅关于印发《关于规范普通中小学招生入学工作的意见》的通知［EB/OL］.（2020-01-23）［2022-07-15］.http://jyt.gxzf.gov.cn/zfxxgk/zc/gfxwj/t5248529.shtml.

［26］江西省民族宗教事务局.瑶族［EB/OL］.（2020-07-24）［2022-07-23］.http://mzj.jiangxi.gov.cn/art/2020/7/24/art_37747_2648817.html.

［27］恭城民族中学军训结营l向迷彩告别,青春扬帆起航![EB/OL].(2019-08-29)[2022-07-24].https://www.sohu.com/a/337186779_99959929.

［28］三江侗族自治县这所富有民族特色的初级中学正式挂牌成立啦![EB/OL].(2018-08-30)[2022-07-23].https://www.sohu.com/a/251063365_99930132.

［29］中共桂林市委统战部网站.龙胜各族自治县创新"民族+文化"传承模式,绽放民族传统文化魅力[EB/OL].(2021-10-28)[2022-07-18].http://www.gltzb.gov.cn/yw/202110/t20211027_2150753.html.

［30］中国共产党新闻网.桂林有座"崇廉"祠[EB/OL].(2014-01-13)[2022-07-13].http://fanfu.people.com.cn/n/2014/0113/c64371-24104409-2.html.

［31］中华人民共和国中央人民政府.习近平向联合国世界旅游组织第22届全体大会致贺词[EB/OL].(2017-09-13)[2022-08-02].http://www.gov.cn/xinwen/2017-09/13/content_5224768.htm.

附　录

〜〜〜〜〜〜〜〜〜〜〜〜〜〜〜〜〜〜〜〜〜〜〜〜〜〜〜〜〜〜〜〜〜〜

（一）观察提纲

观察记录表 1
民族地区县域整体情况观察记录表

填表日期：_____年____月____日

行政名称：

所属地理位置：

地理环境	气候	
	地形地貌	
	交通情况	
经济基础	自然/社会资源	
	居民收入水平	
	居民收入来源	
生活习俗	语言	
	饮食	
	服饰	
	建筑	
精神文化	特色节庆	
	宗教信仰	
其他		

观察记录表2

民族地区县域城乡义务教育一体化发展的文化模式研究学校观察记录表

填表日期：_____年____月____日

学校名称：　　　　　　所在县域：　　　　　　学校区域：城镇/乡村

学校概况	
师资情况	
学生情况	
资源配置	
课程与教学	
教育信息化水平	
其他	

（二）访谈提纲

访谈提纲 1
民族地区县域城乡义务教育一体化发展的文化模式研究访谈提纲
（县域内各级教育主管部门负责人）

您好,我们是"民族地区城乡义务教育一体化发展的文化模式研究"课题组成员,现在在做关于民族地区县域城乡义务教育一体化发展的现状调查。城乡教育一体化就通过适当的方式、措施促进城镇和乡村在教育方面的良性互动、双向沟通,推动城镇和乡村教育资源共享、优势互补、相互促进,逐步缩小城乡教育资源差距,全面提升教育质量,使之融合为一个和谐整体的状态和过程。接下来我想就贵县民族地区城乡义务教育一体化发展的相关问题与您进行交流,非常感谢您的积极参与与配合。

一、基本情况

所属县域: 所在岗位: 工作经历:

性别: 学历: 民族:

二、访谈提纲

1.请您简要谈谈贵县义务教育的整体情况(您对贵县义务教育发展水平的看法或评价)?

2.贵县是什么时候开始提出并推进城乡义务教育一体化(或者城乡教育统筹、义务教育均衡发展等)发展政策的?

3.请您介绍一下贵县在促进城乡义务教育一体化发展的过程中主要有哪些重要的行动和举措? 这些举措产生了什么效果?

4.回首城乡义务教育一体化发展工作推进的历程,这个过程是否顺利? 阻力有哪些? 具体表现在哪些方面?

5.您认为县域范围内城乡义务教育一体化发展的水平如何?

6.请您分析、说明贵县推动城乡义务教育一体化发展的动力有哪些?

7.贵县教育界各个层次的人员(教育行政部门领导、校长、教师、家长等)在城乡义务教育一体化发展的政策上是否已经达成共识？如果没有达成共识,他们存在哪些不一样的观点,原因是什么?

8.在城乡义务教育一体化背景下,您认为本县城镇和乡村义务教育存在哪些差距? 城乡义务教育存在差异的原因主要是什么?

9.在城乡义务教育一体化背景下,您认为乡村义务教育在哪些方面需要改善?

10.当地特有的民族文化(民族成分/民族风俗/民族特色/地理环境/民族旅游资源等)对城乡义务教育一体化发展有何影响(促进或阻碍)?

11.您认为有哪些因素影响着贵县城乡义务教育一体化发展的进程,为什么?

12.在城乡义务教育一体化发展中最迫切需要解决的问题是什么?

访谈提纲2

民族地区县域城乡义务教育一体化发展的文化模式研究访谈提纲

（校长及其他学校管理者）

您好，我们是"民族地区城乡义务教育一体化发展的文化模式研究"课题组成员，现在在做关于民族地区县域城乡义务教育一体化发展的现状调查。城乡教育一体化就通过适当的方式、措施促进城镇和乡村在教育方面的良性互动、双向沟通，推动城镇和乡村教育资源共享、优势互补、相互促进，逐步缩小城乡教育资源差距，全面提升教育质量，使之融合为一个和谐整体的状态和过程。接下来我想就贵县民族地区城乡义务教育一体化发展的相关问题与您进行交流，非常感谢您的积极参与与配合。

一、基本情况

所属学校：　　　　　所在岗位：　　　　　性别：

学历：　　　　　　　教龄：　　　　　　　民族：

二、访谈提纲

（一）总体概况

1.简要谈谈贵县义务教育的整体情况（您对贵县义务教育的评价，举一个例子说明）？

2.近几年您参加的县内城乡教育交流活动的情况如何？请您介绍一下贵县在这方面所做的一些事情？这些事情产生了什么效果？这个过程中有何困难？

3.您认为城乡学校存在哪些差距？有哪些方面需要改善？

4.当地特有的民族文化对城乡结合的教育发展有何影响（促进或阻碍）？在城乡教育一体化发展方面您有什么好建议？

（二）资金资源支持，教育硬件投入

1.为促进城乡义务教育一体化发展，贵校在硬件设施上做了哪些努力？您认为学校发展过程中还需要配置哪些硬件资源？为什么？

2.（硬件设施）教学仪器设备、图书资源、多媒体设施等硬件的相关数量和使用

情况是？校园网的覆盖区域？（计算一个学生的平均硬件资源拥有量，到时候两个学校可以进行数值比较）

3.贵校目前的生均经费是多少？政府资金是否到位？还有其他的经费来源吗？是否有社会资助和专项基金？现在学校在经费运行中存在哪些困难？

（三）城乡教师队伍与学生发展

1.请问贵校教师有多少人？大多是本地教师还是外地教师？贵校教师的平均年龄是多少？请问贵校正高级、高级教师有多少人？请问目前贵校本科及以上学历的教师比例、人数大概多少？

2.贵校的教师平时会有教师培训吗？频率如何？教师平时会参加优质课比赛吗？

3.近3年新进教师多少人？教师流失多少人？

4.贵校会有城市乡镇教师流动交流吗？为什么？

5.请问贵校学生的人数大概是多少，一共多少个年级和班级？

6.贵校留守儿童数量是多少？学生整体素养情况怎么样？

7.（县城）学生来源，考全A的学生比例有多少？

（四）城乡课程教学及其质量

1.贵校除了基本的文化课程，音乐、美术、体育等课程是否齐全？（师生）

2.学校是否开发了地方课程或校本课程（民族特色课程）？（师生）

3.贵校平时课堂中会使用多媒体设备吗？使用频率如何？（师生）

4.老师您了解学校目前有进行过什么教学改革吗？

5.贵校学生的升学率如何？一般升学到哪些学校？贵校在提高学校教育质量上，取得哪些成就，还存在哪些困难？

（五）城乡教育信息化差异

1.请问贵校每个教室都配备有多媒体教学设备吗？教师平时是否使用多媒体课件，有无采用双师课堂、"互联网+教学"等？学生对教师在课堂上使用信息化设备的态度如何？

2.贵校有多少间电脑教室，信息技术教师有几位？平时会针对普通教师的信息化水平进行培训吗？

3.贵校在学校信息化建设中有哪些特色？

4.请问贵校会定期组织学生参与信息化学习或比赛吗？有没有科技社团等组织？（侧面反映重视程度）

5.根据前期对学校了解提出针对性问题。

访谈提纲 3

民族地区县域城乡义务教育一体化发展的文化模式研究访谈提纲

（教师）

您好，我们是"民族地区城乡义务教育一体化发展的文化模式研究"课题组成员，现在在做关于民族地区县域城乡义务教育一体化发展的现状调查。城乡教育一体化就通过适当的方式、措施促进城镇和乡村在教育方面的良性互动、双向沟通，推动城镇和乡村教育资源共享、优势互补、相互促进，逐步缩小城乡教育资源差距，全面提升教育质量，使之融合为一个和谐整体的状态和过程。接下来我想就贵县民族地区城乡义务教育一体化发展的相关问题与您进行交流，非常感谢您的积极参与与配合。

一、基本情况

所属学校：　　　　　　所教学科：　　　　　　性别：

学历：　　　　　　教龄：　　　　　　民族：

二、访谈提纲

1.您对近几年县城和乡镇（乡村）学校的发展情况了解吗？您觉得自己所在学校和它们相比在教育资源（硬件设施、师资力量等）、教育质量等方面有哪些区别（差距）？近几年区别变大了还是变小了？

2.您对贵校的办学特色有深入了解吗？学校的办学特色是如何形成的？和当地教育资源（民族文化等）有何联系？当地特有的民族文化对义务教育发展有何影响？

3.贵校和哪些学校有紧密的联系（或者建立了帮扶关系）吗？主要就哪些方面的内容展开？取得了怎样的成果？有什么需要改进的地方吗？

4.为促进城乡义务教育一体化发展，贵校在硬件设施上做了哪些努力？您认为学校发展过程中还需要配置哪些硬件资源？为什么？

5.学校在近年增设的（硬件设施）教学仪器设备、图书资源、多媒体设施等硬件的相关数量和使用情况如何？

6.您是否参与开发了地方课程或校本课程(民族特色课程)?

7.贵校每个教室都配备有多媒体教学设备吗？您平时是否经常使用多媒体开展教学,有无采用双师课堂、"互联网+教学"等新的教学形式?

8.近几年您参与过什么教学改革吗?

9.您参与过城乡教师流动、交流吗?

10.在城乡义务教育一体化发展的推进过程中,您觉得哪些工作是自己可以做的?

11.在城乡教育一体化发展方面您觉得当前最大的困难是什么? 有什么好建议?

访谈提纲4

民族地区县域城乡义务教育一体化发展的文化模式研究访谈提纲

（学生家长及当地群众）

您好，我们是"民族地区城乡义务教育一体化发展的文化模式研究"课题组成员，现在在做关于民族地区县域城乡义务教育一体化发展的现状调查。城乡教育一体化就通过适当的方式、措施促进城镇和乡村在教育方面的良性互动、双向沟通，推动城镇和乡村教育资源共享、优势互补、相互促进，逐步缩小城乡教育资源差距，全面提升教育质量，使之融合为一个和谐整体的状态和过程。接下来我想就贵县民族地区城乡义务教育一体化发展的相关问题与您进行交流，非常感谢您的积极参与与配合。

一、基本情况

所在地： 性别： 年龄：

学历： 民族： 有无义务教育学龄孩子：

二、访谈提纲

1.您家孩子在哪里读书（曾经在哪里读的小学和中学）？现在读几年级？

2.请您对孩子就读学校的校园环境、教学质量、办学特色等方面做一个简要评价。

3.您对县城（乡村）的学校有过了解吗？您觉得该校和您孩子就读的学校在哪些方面有区别？这些区别您觉得是重要问题吗？这几年您觉得这些区别变大了还是变小了？

4.您身边有孩子选择去县城（乡村）读书吗？为什么？（从乡村择校到县城的问题：您为什么会选择将孩子送到县城的学校就读？）

5.您觉得当前县城和乡村的义务教育要共同获得发展，缩小城乡差距，面临的最大困难是什么？您有什么好的建议？

6.您觉得当地特有的民族文化对城乡义务教育一体化发展有何影响（促进或阻碍）？在城乡教育一体化发展方面您有什么好建议？

后　记

　　生于民族地区乡村、长于民族地区乡村的我，自走上教育研究这条道路，就对民族地区乡村教育具有独特的情感。因此，在第一次申报国家课题时，就坚定地选择了"民族地区县域城乡义务教育一体化发展"作为研究方向。本书是国家社会科学基金 2018 年度教育学青年项目"民族地区县域城乡义务教育一体化发展的文化模式研究"（课题批准号：CMA180243）的最终研究成果，该课题在结题鉴定中获得了优秀等级。或许作为一个在民族地区乡村长大的人，我对乡村的认识一直是表象的、感性的，但在本研究过程中，通过对三个民族自治县进行深入的田野考察，我以一个研究者的身份，从理论视角重新审视我所生长的民族地区乡村，以及为我成长为一名博士研究生打下坚实基础的乡村教育。在调研过程中，我见证了一些教育资源匮乏、师资力量不足、学校设施简陋的乡村学校，也目睹了孩子们渴望知识和接受好的教育的迫切需求。这些亲身经历让我更加坚定深入研究民族地区乡村教育的决心，也让我深刻认识到民族地区乡村教育发展所面临的巨大挑战。民族地区的文化和地理环境独特性，使乡村教育发展面临着许多复杂而独特的问题。然而，正是这些问题激发了我对乡村教育改革的热情和动力。

　　通过深入调研和持续研究，我发现民族地区县域城乡义务教育一体化发展的文化模式对于促进教育公平和提高教育质量具有重要意义。这种模式强调了充分利用本地文化资源，注重培养学生的民族认同和自尊心。与当地社区、家庭和学校的紧密合作，能够有效推动城乡义务教育均衡发展和多元文化融合。

　　在本书撰写过程中，我还深入分析国内外相关研究成果和政策文本，借鉴其他地区乡村教育改革的经验和做法,结合田野调查的实证数据以及理论分析,尝试提出一些切实可行的建议,旨在推动民族地区县域城乡义务教育一体化发展的持续进展。

本书依托的课题立项、课题研究、书稿撰写和出版能够顺利开展,得益于单位领导、老师和同学们的帮助和支持,倾注了课题组成员和众多参与者的智慧和努力。

感谢广西师范大学教育学部的领导、老师们,在课题选题论证的过程中的指导,让我的课题核心更加聚焦、视角更加新颖、思路更加清晰。在此特别鸣谢广西师范大学校长孙杰远教授在选题论证会上给予的提纲挈领的指导,并指导我从"文化模式"上修正选题,为课题成功立项提供了创造性的方向指引。

感谢南京师范大学吴康宁教授、郑州大学姜添辉教授、山西大学侯怀银教授、浙江师范大学杭州幼儿师范学院秦金亮教授对课题研究的指导和对成书过程的帮助。还要特别感谢我的导师西南大学范蔚教授、广西师范大学杨丽萍教授为课题和本书提供的巨大支持,感谢西南大学徐学福教授,广西师范大学蒋士会教授、侯莉敏教授等前辈在课题开题、中期考核及整个研究过程中给予的悉心指导。感谢马佳宏教授、马宽斌教授、张玲副教授、赖程程副教授在课题研究、结题材料整理的过程中给予的倾情帮助和指导。

感谢广西师范大学社科处的全体领导、老师们,他们在课题申报、研究、结题,乃至书稿的撰写和修改等各环节,提供了技术指导,还给予了极其细心、耐心的帮助和支持。

感谢在研究过程中参与本课题的研究生们,他们是索畅、刘星池、刘欢、李梦蝶、莫秋璐、印舒洋、马全祥、刘宇珩、李金枝,张钰与、张淑鑫、杜羽桐、张瑾、梁宇健、周润伍、魏凤银、童雨欣、彭博、胡锦霞、吴佳颖、叶卓怡、邱晓敏、谭惠铃、侯多多等,他们在调研的实施、资料的整理、书稿的校对中提供了强有力的支持。

广西师范大学出版社陈玲编辑、雷锋莉老师在书稿的校对、编辑过程中付出了辛勤的劳动,提供了巨大的帮助。在此一并感谢。

同时,也要感谢我的家人和朋友们,他们对我的全力支持、鼓励和帮助让我能够顺利地完成了这项研究工作。

在完成本书过程中,我深刻认识到了民族地区义务教育的重要性,民族地区的乡村教育面临着巨大的困难和挑战,如基础设施落后、师资力量不足、学生流失等问题。但是,这些地区的乡村教育也有其独特之处,如文化传承、生态教育等方面。

因此,在进行民族地区乡村教育研究时,我们需要关注并尊重当地的文化、语言和社会环境,以促进教育的可持续发展。

研究课题虽然顺利结题,并且非常幸运地获得了结题鉴定优秀等级,书稿也已完成,但由于时间、条件及课题组水平有限,让本书难以十全十美。在此,期盼各位前辈、同行、各界朋友批评指正。正如"教育改革永远在路上",我们的研究也不会因为课题的结题和书稿的出版而终止,相反,这是一个新的开始。

最后,再次感谢所有支持和帮助过我的人,他们的贡献使得本书的出版成为可能。同时,我也期待着未来能够与更多的研究者和教育工作者一起,为民族地区城乡义务教育一体化发展贡献自己的力量。我相信,通过全社会的共同努力,我们一定能够为孩子们创造一个更加公平、优质的教育环境,让他们拥有更美好的未来。

谭天美

2023 年 12 月于桂林